Karl Lukan

SCHNEEBERG UND RAX

Karl Lukan

SCHNEEBERG UND RAX

Hochgebirge für jedermann

VERLAG ANTON SCHROLL & CO · WIEN

Dieser Band enthält 16 Farb- und 34 Schwarzweißabbildungen sowie 1 Karte und 9 Abbildungen im Text

Das Bild auf dem Frontispiz zeigt die Kientalerhütte am Schneeberg

Karte und Zeichnungen von Georg Dobrovich, Wien

Gesamtherstellung: Agens-Werk Geyer + Reisser, Wien

ISBN 3-7031-0469-4

Abbildungsnachweis

Foto Cesar, Wien: Seite 79; Willi End, Baden bei Wien: Seite 2, 11 (links), 29, 45 (oben und links unten), 46/47, 74, 75, 113, 116 (unten), 117, 119, 120, 154–157, 159; L. Kaster, Düsseldorf: Seite 160; Archiv Felix Lukan, Wien: Seite 33 (unten); Fritzi Lukan, Wien: Seite 76, 114, 115 (unten); Adolf Mokrejs, Wien: Seite 11 (rechts), 12, 30–32, 33 (oben), 34–36, 45 (rechts unten), 48, 73, 77, 78, 80, 115 (oben), 116 (oben), 118, 153, 158; Österreichische Nationalbibliothek, Wien (Bildarchiv): Seite 59.

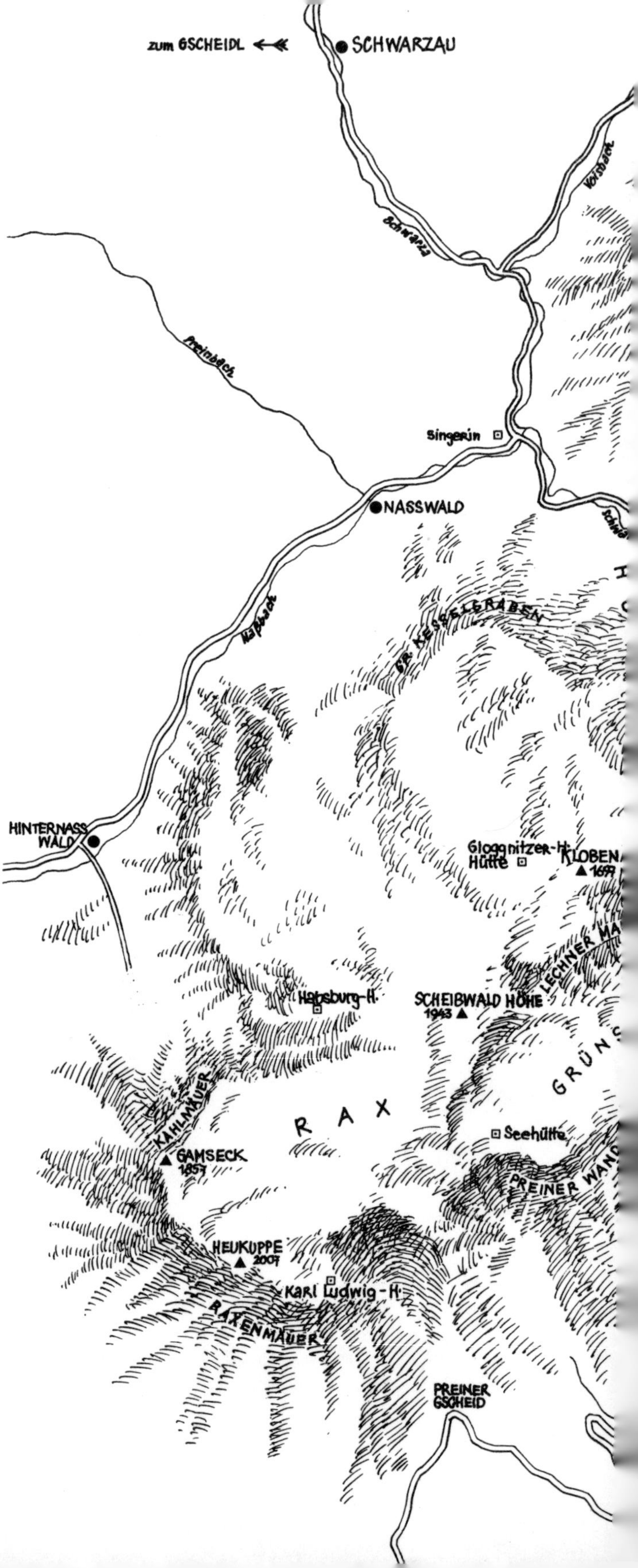

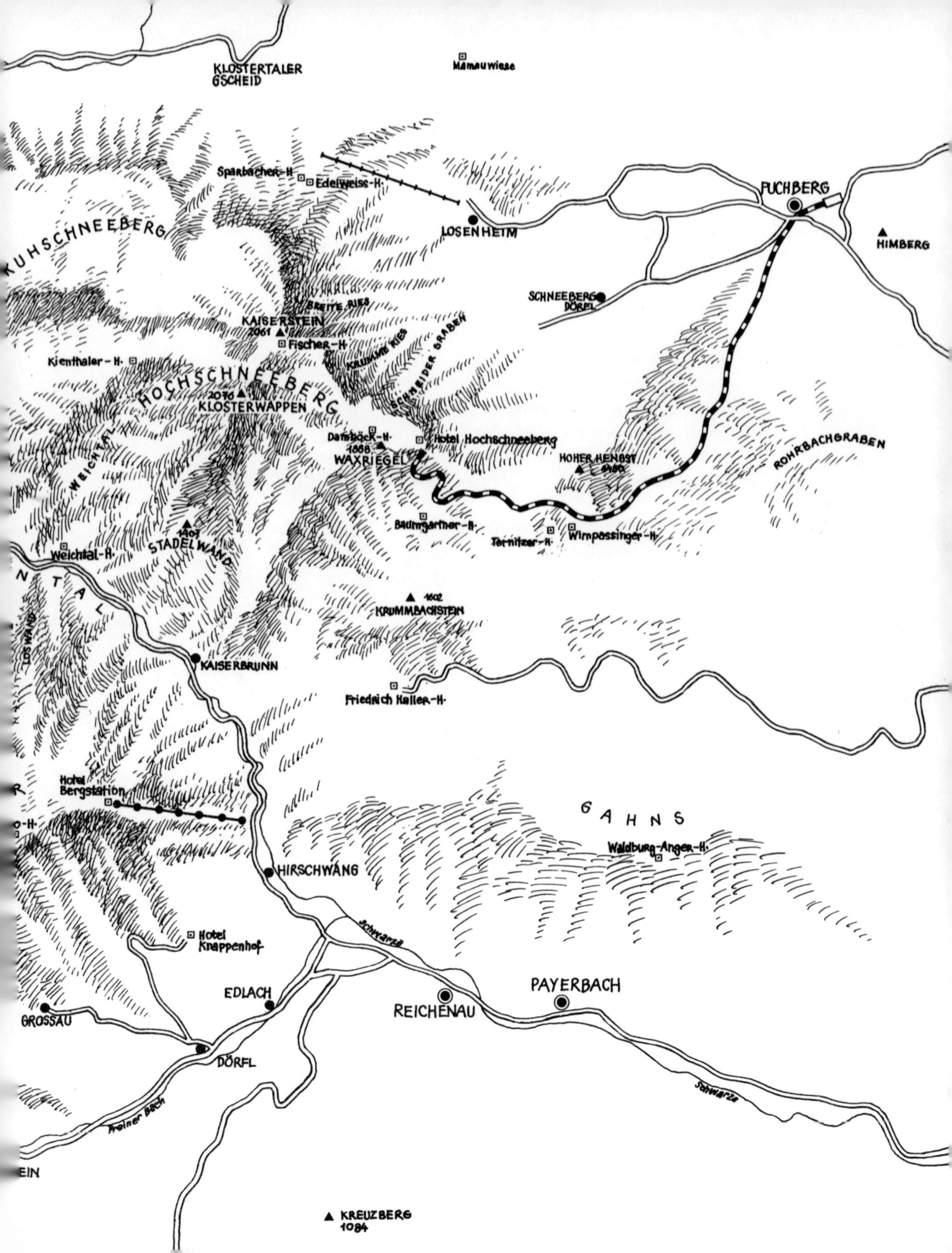
KLOSTERTALER GSCHEID
Mamauwiese
Sparbacher-H.
Edelweiss-H.
FUCHBERG
LOSENHEIM
HIMBERG
KUHSCHNEEBERG
SCHNEEBERG DÖRFEL
BREITE RIES
KAISERSTEIN
2061
Fischer-H.
KRUMME RIES
SCHNEIDER GRABEN
Kienthaler-H.
HOCHSCHNEEBERG
2076
KLOSTERWAPPEN
Damböck-H.
Hotel Hochschneeberg
WAXRIEGEL
HOHER HENGST
ROHRBACHGRABEN
WEICHTAL
Baumgartner-H.
Ternitzer-H.
Wimpassinger-H.
STADELWAND
Weichtal-H.
1602
KRUMMBACHSTEIN
KAISERBRUNN
Friedrich Haller-H.
Hotel Bergstation
GAHNS
Waldburg-Anger-H.
HIRSCHWANG
Schwarza
Hotel Knappenhof
EDLACH
REICHENAU
PAYERBACH
GROSSAU
DÖRFL
Preiner Bach
Schwarza
KREUZBERG
1084

Inhalt

Hochgebirge für jedermann

An schönen Tagen kann man von Wien aus den Schneeberg sehen. Dort liegt noch Schnee, wenn im Prater schon die Kastanien blühen, dort liegt manchmal schon Schnee, wenn in Grinzing noch die Trauben schwer an den Stöcken hängen. Für den Wiener ist der Schneeberg das Hochgebirge.
Als es noch keine Eisenbahn und keine Autos gab, ist man zu Fuß zu ihm gewandert (das ist von Wien aus eine Wegstrecke – je nach Route – von etwa 70–90 Kilometern). Jetzt gibt es Eisenbahn und Auto und man wandert wieder zu Fuß zum Schneeberg – weil es Spaß macht, vom Rande einer Millionenstadt ins Hochgebirge zu wandern, wo es steile Wände, Edelweiß, Gemsen und im August sogar Schneestürme gibt. Wirklich ein Hausberg für alle, die am Ostrand der Alpen zu Hause sind!
Die Rax, das ist der andere Hausberg. Und wenn die Rax auch ihrer Gestalt nach weniger schön ist als der Schneeberg mit seiner markanten Gipfelpyramide, so ist sie doch beinahe noch beliebter. Beim Schneeberg ist der Gipfel das Ziel, bei der Rax ist es zumeist der Weg (und schöne Wege gibt es dort viele!). Ob aber nur die Schönheit und Vielfalt der Wege die Beliebtheit der Rax zu begründen vermögen? Ob es nicht auch ihr Landschaftsbild ist, das besonders die Menschen im Osten Österreichs so schätzen: himmelhohe Wände und tiefe Abgründe und dann die Weite eines Hochplateaus, die so selig und melancholisch zugleich stimmt wie Schuberts Musik?
Schneeberg und Rax, die Hausberge und Heimatberge für gut zwei Millionen Menschen, sind für jedermann da, ob er nun jung ist oder alt, ob er mit der Zahnradbahn oder Seilbahn hinauffährt, ob er nun wandert, klettert oder ob er ein Skiläufer ist.
Auch dieses Buch mit seinen vielen Anekdoten, kleinen Geschichten und mit seinen alpinhistorischen Darstellungen ist für diesen großen Besucherkreis bestimmt.

Schneeberg und Rax sind aber auch Berge, an denen alpin- und kulturgeschichtlich besonders Bedeutsames geschah:

- Der erste Bergrettungsdienst der Welt entstand dort und
- die erste alpine Schwierigkeitsbewertung und
- der erste Eisenweg und
- der erste größere Tunnelbau im Alpenraum und
- die erste echte Entwicklungshilfe in unserer Welt.

□

Irgendwie ist ein Buch immer ein Stück seines Autors . . .
Als Sechzehnjähriger habe ich die Rax zum erstenmal erstiegen – und bin dabei höhenkrank, bergkrank geworden! Obwohl wir mühelos mit den Fahrrädern in fünf Stunden von Wien bis Kaiserbrunn gestrampelt waren, glaubte ich dann in etwa 1500 Metern Höhe sterben zu müssen; jeder Schritt nach oben war eine unsagbare Qual. Bergsteiger, so dachte ich damals, das müssen wohl ganz besondere Menschen sein. – Ein Jahr später durchkletterte ich den Blechmauernriß. Dieser galt damals als eine der schwierigsten Raxklettereien.
Schneeberg und Rax sind dann bald mein Jugendland geworden. Ich habe für Schutzhütten Trägerdienste geleistet, Steiganlagen ausgebessert, habe Bergrettungsdienst verrichtet, Menschen geborgen und Tote zu Tal getragen, bin vor allem viel geklettert (und dabei gelangen mir sogar einige Erstbegehungen).
Später, als Familienvater, wurden Schneeberg und Rax für mich (für uns) zum Familienhochgebirge. Hausberge, die immer für uns da sind! Meine Bindung an sie wurde noch stärker, und dann begann ich mich auch für alles, was an oder auf diesen Bergen geschah oder geschieht, mehr zu interessieren . . .
So entstand dieses Buch.

Als Autor habe ich natürlich so ziemlich alles, was über Schneeberg und Rax geschrieben wurde, gelesen. Ich habe mir auch die Hüttentischerzählungen des alten Bergführers Naz Spielbichler, vom Hüttenwirt Camillo Kronich, von den Bergsteigern Rudl Reif, Hannes Matauschek u. a., wieder in Erinnerung gerufen. Und ich habe viele Schneeberg- und Raxfans und auch viele Fachleute verschiedener Wissensgebiete interviewt, um ein – wie es so heißt – „möglichst vollständiges Bild" geben zu können.
Andererseits: In den 50 Jahren ihres Bestehens transportierte die Raxseilbahn 7,2 Millionen Fahrgäste auf den Berg; die Zahnradbahn auf den Schneeberg hat heute eine Frequenz von 70.000 bis 80.000 Fahrgästen pro Jahr.
Was alles also wurde noch auf diesen Bergen gedacht, gefühlt, erlebt und erlitten, von dem keine Zeile berichtet und von dem auch nichts erzählt wird? Taten und Träume, Glück und Unglück des „unbekannten Bergsteigers" sind wohl für immer vergessen, verloren. Das tut mir als Autor leid. Mein Trost: Als der Römerkaiser Marc Aurel in Carnuntum und Vindobona weilte, da wird er wohl sehr oft auch den Schneeberg hoch und weiß in der Ferne gesehen haben, und damals war es auch, daß er in seinen „Selbstbetrachtungen" schrieb: „Die Zeit ist ein Fluß, ein ungestümer Strom, der alles fortreißt. Jegliches Ding, nachdem es kaum zu Vorschein gekommen, ist auch schon wieder fortgerissen, ein anderes wird herbeigetragen, aber auch das wird bald verschwinden."

Der Schneeberg

„Ein schmaler Pfad zwischen lockerem Kalkgeröll hängt über einen Abgrund von achthundert Klaftern hin. Die sonnigen Gipfeln weißer und rötlicher Klippen, die sich übereinander emporthürmen, wie Gewitterwolken an einem schwülen Sommertage, färben die Nacht des Abgrundes noch dunkler. Einsame Herden von Gemsen, die den Anblick des Menschen fliehen, der sich in ihre Regionen wagt, und während sie von Klippe zu Klippe springen, durch die Steine, die sie herabrollen, das schauerliche Bild des Abgrundes und der überhängenden Felsen noch mehr vor dem Auge zittern machen; die wellenförmigen Gipfel der Berge, die man hier übersieht, und die in dem Bild des Abgrundes mitzuschwanken scheinen mit den Felsen; das Rollen des Kalkgruses unter den Füßen am unsicheren Rande des Abgrundes, alles erhöht hier die bangen Gefühle des Schwindels. Mit Entsetzen kehrt man das Auge hinweg von den grausenvollen Bildern; mit beyden Händen klammert man sich an und mit keuchender Brust hat man endlich den Gipfel erstiegen."

J. A. Schultes in „Ausflüge nach dem Schneeberge in Unterösterreich", Wien 1802

Schneeberg – Steckbrief

DER BERG: Weitausgedehntes Kalkmassiv im Süden Niederösterreichs, aus dem sich die Pyramide des Hochschneeberges mit drei markanten Gipfeln erhebt: Klosterwappen (2075 m), Kaiserstein (2061 m) und Waxriegel (1888 m). Fast die Hälfte des Schneebergmassivs bildet im Osten der Gahns mit seiner auf ca. 1200 m Höhe gelegenen Bodenwiese und einigen Erhebungen, von denen der Schwarzenberg (1352 m), Feuchter (1381 m), Mittagsstein (1301 m) und Krummbachstein (1603 m) die bedeutendsten sind.
Der Hohe Hengst (höchste Erhebung 1450 m) ist ein nach Nordosten ziehender Waldrücken; der Kuhschneeberg (höchste Erhebung 1545 m) ein weites Plateau im Westen des Massivs.

GEOLOGIE:
Triasformation. Zuunterst wasserundurchlässiger Werfener Schiefer, darüber Gutensteiner Kalk und Dolomit, grüne und andere Schichten, Wetterstein- und Dachsteinkalk. Grauwackenzone am Ostfuß des Berges.

FAUNA:
Besonders viele Gemsen (Rudel von 50–100 Tieren sind keine Seltenheit). Hirsch und Reh, Auerhahn und Birkhuhn, Schneehuhn, Mauerläufer und Alpendohle, schwarzer Alpensalamander und Bergeidechse. In den letzten Jahren vermehrte sich die Kreuzotter stark.

FLORA:
Pannonische Flora: Schwarzföhre (in Südwänden bis ca. 1400 m) – Mitteleuropäische Flora: Tanne, Fichte, Rotbuche und -föhre; Schlüsselblume, Leberblümchen, Lungenkraut, Waldmeister – Subalpine (Voralpen-) Flora: Fichte bis ca. 1600 m = Baumgrenze); Schneerose, Germer, Eisenhut, Akelei, Vergißmeinnicht, gelber Fingerhut, Trollblume, Frauenschuh, pannonischer und Schwalbenwurzenzian, Türkenbund – Alpine Flora: Latsche bis ungefähr 1900 m; Alpenrose, Seidelbast, Alpenglockenblume, Kuhschelle, Kohlröschen, Alpengrasnelke, blaues Alpenveilchen, Edelweiß (selten), Aurikel (Petergstamm), stengelloser (Clusius-) Enzian, Clusiusprimel, viele Steinbrecharten.
Blumen der Alpenmatten alle niedrig, besonders lebhaft gefärbt, mehrjährig, kurze Vegetationszeit infolge des rauhen Klimas.

Rechts: Am Steilaufschwung vom Stadlwandgrat

Auch auf dem Schneeberg blühen Schneerose, Petergstamm . . .

. . . und (im Verborgenen) Edelweiß!

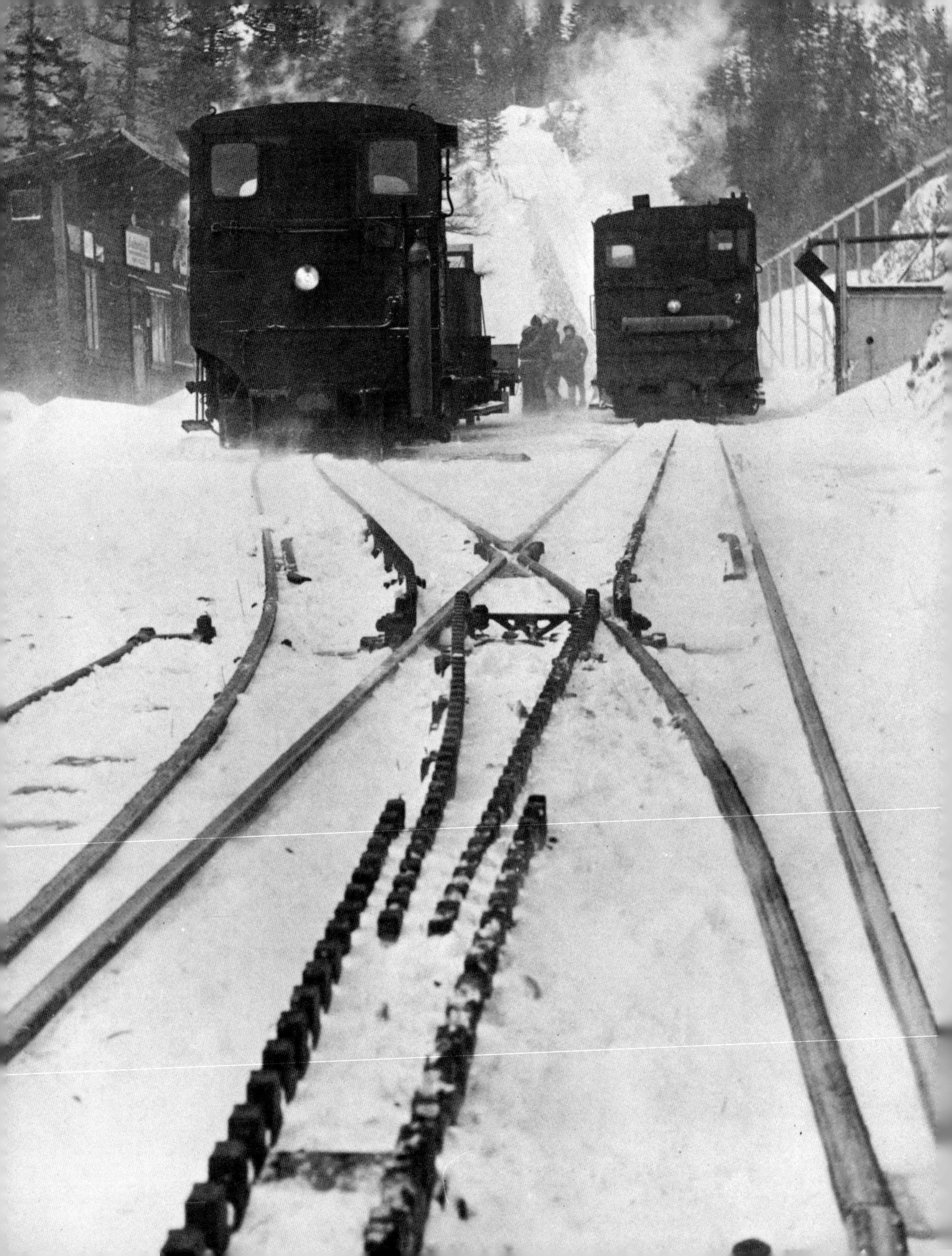

Zwischen Kaiserstein und Klosterwappen

Von der Mamauwiese aus zeigt sich der Schneeberg am ausdrucksvollsten; besonders im Frühjahr, wenn er noch schneebedeckt ist, wenn die Morgennebel noch über den Tälern liegen und der Gipfel im ersten Sonnenlicht leuchtet.
Von der Mamauwiese aus kann ein etwas trainierter Bergsteiger in drei Stunden den Schneeberggipfel erreichen. Aber das erscheint jedem als unmöglich, der diesen Weg noch nie gegangen ist. So mächtig und so hoch wirkt dieser Berg auch noch aus allernächster Nähe!

Kein Wunder, daß man noch am Anfang des 19. Jahrhunderts den 2075 Meter hohen Schneeberg zu den höchsten Bergen Österreichs zählte, obwohl bereits eine von Johann Ernst Graf Hoyos und dem Kapuzinerpater Fabian Zankl im Jahre 1763 durchgeführte trigonometrische Vermessung die Höhe von 1143 Wiener Klafter und zwei Fuß (das sind umgerechnet 2168 m) ergeben hatte. Aber man glaubte lieber das, was man sah, und man sah über den Ebenen am Alpenostrand eine ungeheure, länger als ein halbes Jahr mit Schnee bedeckte Pyramide in den Himmel ragen.
Auf diesem Berg wurde in den dreißiger Jahren ein hochinteressanter Fund gemacht. Auf dem Gipfelkamm zwischen Kaiserstein und Klosterwappen entdeckte ein Wanderer ein am Boden liegendes Bruchstück eines Steinhammers aus Serpentin. Experten datierten dieses Werkzeug in die Jüngere Steinzeit. Was allerdings nicht unbedingt bedeuten muß, daß dieses Bruchstück die Anwesenheit eines Menschen vor etwa fünftausend Jahren auf dem Schneeberggipfel dokumentiert.

Links: Bei der Station „Baumgartner" der Schneebergbahn

Irgendwo auf den Feldern gefundene prähistorische Steinbeile oder Steinhämmer galten nämlich für die bäuerliche Bevölkerung von einst als „blitzabweisend". „Donnerkeile" nannte man diese (wobei in dem Wort auch der Name des germanischen Gottes Donar steckt, des blitzeschleudernden Fruchtbarkeitsgottes). Es kann also auch sein, daß ein Hirte oder Jäger jüngerer Zeit sein „Blitzamulett" auf dem Schneeberg verloren hat.
Wann der erste Mensch auf dem Schneeberggipfel stand? Man weiß es nicht!

□

Der erste Schneebergbesteiger, von dem man eindeutig den Namen weiß, war der berühmte Botaniker Charles de l'Ecluse oder Carolus Clusius (wie er sich, dem Brauch aller Humanisten der damaligen Zeit folgend, in lateinischer Sprache nannte). Clusius, der von 1526–1609 lebte, verbrachte die Zeit von 1573–1588 in Wien, wohin ihn Kaiser Maximilian II. berufen hatte, um einen medizinischen Garten einzurichten.
Über Clusius wird berichtet: „Er war ein weitblickender, scharfsinniger Gelehrter, der die Zusammenhänge der Dinge nie außer Acht ließ, über einschneidende theoretische Kenntnisse verfügte, aber auch den praktischen Standpunkt in Betracht zog. Die Pflanzen werden nicht nur beschrieben und ausgezeichnet diagnostiziert, sondern auch in ihren ökologischen, sogar soziologischen Beziehungen erwähnt, gleichzeitig gibt er auch ihre volkstümlichen Namen, ihren Nutzen und Schaden, die sich an die einzelnen Pflanzen knüpfenden Volkssagen an. An seinen Namen knüpft sich auch die Akklimatisierung mehrerer Gartenpflanzen, unter anderem der Tulpe, des Flieders, der Hyazinthe, vieler Schwertliliengewächse, der Kaiserkrone, mancher Primelarten usw. Er verbreitete bei

uns die Roßkastanie, die morgenländische Platane, den Kirschlorbeer; in seinem Garten zu Wien züchtete er zuerst die Kartoffel (1588) und den Tabak. Er war auch der erste, dem der Kaffee in Wien von Honorius Bellus im Jahre 1596 zugesandt wurde." (Clusius-Festschrift)

1583 erschien in Antwerpen sein Werk „Rariorum aliquot stirpium per Pannoniam, Austriam et vicinas quasdam prouincias obseruatarum historia quatuor libris expressa". Dieses Opus war das Ergebnis vieler Wanderungen und Bergfahrten, die Clusius u. a. auch auf den Schneeberg, auf die Rax und die Schneealpe, auf den Dürrenstein und den Ötscher brachten.
Clusius reiste zu seiner Zeit in rumpelnden Karren auf elenden Straßen, schlief in stinkenden Almhütten, lebte von hartem Brot und kaltem Fleisch und war auf seinen botanischen Exkursionen oft tagelang in weglosem Gelände unterwegs. Man will meinen, daß dieser Professor eine Bärenkondition gehabt haben muß. Aber die hatte er nicht!
Clusius war ein stets kränkelndes Männlein, durch eine Hüftverrenkung fast ein Krüppel. Als er in Leyden einen botanischen Garten anlegen sollte, mußte für ihn die Universitätsverwaltung eigens einen Handlanger engagieren, weil Clusius sich nicht bücken konnte!

□

Schon im 18. Jahrhundert zogen Prozessionen auf den Schneeberg!
Pest in Puchberg . . . die noch gesunden Bewohner flüchteten auf den Schneeberg und blieben in der reinen Luft von der Krankheit verschont. Zum Gedenken daran errichteten die Puchberger auf dem Gipfel eine Dreifaltigkeitssäule und gelobten eine alljährliche Prozession zu dieser, um dort ein Meßopfer zu feiern.
Einmal stürzte der Sturm den Kelch um, verwehte die Hostien . . . „und das Verlöbniß wurde dadurch aufgelöset", meldete ein Chronist, der die später vom Blitz zertrümmerte Dreifaltigkeitssäule noch mit eigenen Augen gesehen hatte.
Kommentar eines heutigen Puchbergers zu dieser alten Geschichte: „Ich kann mir schon vorstellen, daß die Leutln damals recht froh waren über diesen Sturm, weil er ihnen eine gute Ausred' geben hat, nimmer auf den Berg hinaufhatschen zu müssen!"

□

In den sechziger Jahren unseres Jahrhunderts besuchte einmal der sowjetrussische Bergsteiger Witallij Abalakow Wien – der berühmte Erschließer des Pamir, ein „Meister des Sports" (wie in seiner Heimat Spitzensportler genannt werden).
Natürlich führte man Abalakow auf den Schneeberg, um ihm zu zeigen, daß es auch bei Wien Berge gibt. An diesem Tag tobte auf dem Schneeberg einer jener berühmten Schneebergstürme, bei denen man tatsächlich daran glaubt, „vom Winde verweht" zu werden, und sich stellenweise nur auf allen Vieren kriechend fortbewegen kann.
Nach seiner Schneebergbesteigung sagte Abalakow, daß er weder im Kaukasus noch auf den Siebentausendern des Pamir jemals einen so schrecklichen Sturm erlebt habe!

□

Auch einen Kaiser sah der Schneeberg auf seiner Spitze . . .
Es war der römisch-deutsche Kaiser Franz II. (als österreichischer Kaiser Franz I.). Sein Bruder, Erzherzog Johann, hatte 1804 den Schneeberg erstiegen und dann dem Kaiser ganz begeistert davon erzählt. Worauf sich der Monarch im folgenden Jahr ebenfalls zu dieser „Ascension" (wie man Bergbesteigungen damals nannte) entschloß.
Der „gute Kaiser Franz" war jener Kaiser, der gegen Napoleon Krieg führte, unter dessen Herrschaft der Wiener Kongreß tagte, der aber auch der „Nero im Schlafrock" genannt wurde; jener Kaiser, der, nachdem er einen Bittsteller zum zweiten Mal abgewiesen hatte, zu seinem Sekretär sagte: „Aber Sie werden's sehen, der Trottel setzt's noch durch!" – Kann man sich diesen Kaiser als Bergsteiger vorstellen? Und doch gab er einem der Schneeberg-Hauptgipfel den Namen – dem Kaiserstein.
Der andere Gipfel, das Klosterwappen, bekam

seinen Namen von einem wappengezierten Grenzstein des Klosters Neuberg in der Steiermark, das einmal Besitzer eines großen Gebiets am Schneeberg war. Heute steht an der Stelle des „wappengezierten Grenzsteins" eine häßliche, automatisch arbeitende, unbemannte Radar-Flugfunkstation des österreichischen Bundesheeres.

Noch einmal der „gute Kaiser Franz": Zu dem Dichter Castelli, der während der Napoleonkriege patriotische Kriegslieder gedichtet hatte und daher nach der Niederlage von den Franzosen gesucht wurde, sagte er in einer Audienz: „Kriegslieder haben S' gedichtet? Ja, wer hat Ihnen das g'schafft?"

Graf Hoyos ließ zur Erinnerung an den kaiserlichen Schneebergbesuch auf dem „Kaiserstein" ein Denkmal errichten. Eine Tafel daran trug die Inschrift:

FRANZ DER ERSTE
IN DEN HERZEN SEINER UNTERTHANEN
ERSTIEG DIESE HÖHEN
AM 10. AUGUST 1805 UND
AM 30. JUNI 1807.
WOHLWOLLEND SAH ER AUF DAS LAND
HERAB, DESSEN EINWOHNER NUR
FÜR IHN ZU LEBEN WÜNSCHEN.
MÖGE DIESES DENKMAHL
DER ANHÄNGLICHKEIT ZU EINEM
VÄTERLICHEN MONARCHEN
UNSERE NACHKOMMEN AN IHRE
PFLICHT ERINNERN!

Romantik und Romantiker am Schneeberg

Bis zum Jahre 1802 hatte Josef August Schultes, Professor der Zoologie und Technologie an der k. k. theresianischen Ritter-Akademie in Wien, im Laufe von zehn Jahren sechs „Fußreisen" nach dem Schneeberge unternommen. Der Wunsch „seine Landsleute zu einer Lustreise nach dem Schneeberge zu überreden", bewog ihn, seine Anmerkungen und Aufzeichnungen zu sammeln, zu ordnen und in einem Buche herauszubringen. Dieses nannte er: „Ausflüge nach dem Schneeberge in Unterösterreich – Ein Taschenbuch auf Reisen nach demselben".

Begleiten wir Schultes auf einem solchen Ausflug. Er schreibt: „Es ist ein seltenes Glück, den Gipfel des Schneeberges heiter zu finden, wenn man nach Buchberg kommt. Träfe dieser Zufall glücklicherweise mit der Ankunft in Buchberg zusammen, so müßte man ungesäumt sich um einen Führer bewerben und die Reise nach dem Berg selbst antreten." Aber „wenn der Gipfel des Berges, was wenigstens in vier Fünfteln des Jahres der Fall ist, in Nebelwolken gehüllt ist, dann wagt es nicht ein Mahl der Gemsenjäger und der Botaniker, den Berg zu besuchen".

Um den Gipfel zu ersteigen, empfiehlt Professor Schultes „den Weg über das kalte Wasser und den Sattel zur oberen Ochsenhütte einzuschlagen", und er macht den „müden Kletterer" nur auf den Umstand aufmerksam, „daß er nämlich, ehe er sich auf einen gefällten Baumstamm, oder einen bemoosten Stein zur Ruhe hinlagert, die Gegend umher auf einige Schritte untersuche, ob nicht im Moose, oder im Gesträuche umher, oder wohl gar auf dem Baume, in dessen Schatten er ruht eine giftige Schlange versteckt ist". Dagegen brauche der müde Kletterer „die großen, ellenlangen Nattern, die hier und da majestätisch über den Weg ziehen, oder an einem Baume sich hinaufwinden", nicht zu scheuen.

„Wenn man sich endlich durch die Regionen des Krummholzes hinaufgewunden hat", erreicht man dann den Waxriegel. „Die feierliche Todesstille, die nicht der Laut eines Vogels, nicht das Zirpen eines Heimchens unterbricht; die kalten, schaurigen Lüftchen, die über die Schneelehnen herwehen; die Nebelgestalten, die still und majestetisch aus den Abgründen ringsumher heraufziehen gegen den Gipfel; kein Plätzchen, das hier Schutz gewähren könnte gegen die Stürme eines nahenden Gewitters; keine Spur eines nahen Menschen außer einer ärmlichen, verlassenen Hütte, die mit ihrem Dache in einer fernen Vertiefung auf der Erde aufliegt; ein halbzerstörter Zaun von dürrem, weit hergeschleppten Reisige, der vor Jahren die weidenden Rinder sichern sollte, vor dem Hinsturze in den Abgrund, und der jetzt aufmerksam macht auf die Gefahren, die hier den Untergang drohen, als er gegen dieselben sichert; zuweilen ein Rind, das sich aus der Tiefe hieher verstiegen hat, und zu erschrecken und zu fürchten scheint für den Fremdling, der sich in diese Alpenwüste verirrte; die leblos emporstarrenden Gipfel schwarzer Berge, über die man wegsieht bis hin zur blauen Alpenkette in Steyermark, alles, alles umher wirkt harmonisch zusammen, um das Schauerliche dieser Alpenwiese zu erhöhen."

Vom Waxriegel aber klimmt „man noch eine Stunde, ehe man den Gipfel erreicht hat. Berge verschwinden, und neue steigen empor; meilenweite Ebenen mit Städten und Märkten und Dörfern werden im Abgrunde begraben, und neue erheben sich aus der Tiefe; und wenn man endlich hingelangt ist, wo der Blitz des Himmels die Säule der heiligen Dreyfaltigkeit zerschmetterte, der Anblick hinab in den tausend Klafter tiefen Abgrund, der unerwartet den von höheren Gefühlen ergriffenen Wanderer angähnt! Man bebt zurück, und doch wird man unwiderstehlich angezogen zum Rande des Abgrundes um hinabzusehen in die grundlose Tiefe. Im Kampfe der Furcht und der Neugierde sah ich hier manchen Zuflucht suchen bey der Mutter Erde, und nur an dieser hinkriechend es wagen hinabzublicken in die Tiefe des Precipices, das die rothen Schattierungen der Kalkfelsen, als triefen sie noch vom Blute der Erfallenen, noch gräßlicher mahlen".

Der Schneeberg als Schreckensberg! Aber trotz aller Übertreibungen ist Schultes in einem sachlich: Der Schneeberg ist für ihn ein Kalkberg und kein ausgebrannter Vulkan, wie einige Gelehrte seiner Zeit behaupteten (die den Berg wahrscheinlich nur von der Ferne aus gesehen hatten und den Erzählungen Glauben schenkten, daß bei einem Erdbeben im Jahre 1768 mächtige Feuerflammen aus seiner Spitze zum Himmel gelodert hätten!).

Schultes' Abschied vom Berg: „Nur dann, wenn man vom Sturme und Nebel, oder wenn man von der Dämmerung hier ergriffen wird, eilt man hinab vom Gipfel; mit Mühe trennt man sich bey heiterem Himmel von ihm. Man vergißt sich in dem Gewühle unbekannter Ideen und Empfindungen, die hier die leichter athmende Brust füllen. Herzlichen Abschied nimmt man von diesen erhabenen Scenen, ehe man wieder zurück hinabkehrt in die Welt, die nun manchem fremder und fader geworden ist. So wie nun im Hinabsteigen ein Gipfel sich hinter dem anderen begräbt, ein Stück des Horizonts hinabsinkt hinter das andere, drückt Schwermuth und Traurigkeit zugleich mit der immer schwerer werdenden Atmosphäre die Brust, die jetzt an freyeres Athmen, an den Genuß der reinsten und erhabensten Gefühle verwöhnt war. Das, was im Hinansteigen unser Herz erhob, und uns stärkte zum höheren Genusse ist uns jetzt gleichgültig, oder wir fürchten uns, es zu genießen, weil wir in wenigen Augenblicken uns davon trennen müssen. Die Welt ist uns nun zu enge geworden, und wir fühlen die Macht der Sehnsucht zurück nach den Alpen."

Die Wirkung von Schultes' romantisch-heroischen Schilderungen war groß; sein Büchlein inspirierte tatsächlich viele „Landsleute zu einer Lustreise nach dem Schneeberg". Und Schultes selbst wurde bald der „Saussure der Ostalpen" genannt.

Schultes' „grausenvolle Bilder" einer Schneebergbesteigung haben aber auch viele Freunde der Natur nachhaltig abgehalten, dieses Wagnis zu unternehmen. Noch in einem 1874 erschienenen Schneebergführer war der Autor bemüht, den von Schultes beschworenen Horror um eine Schneebergbesteigung abzuschwächen, indem er schrieb: „Bedenken wir, daß das schwere Rindvieh diesen Weg ruhig dahinwandelt, so wird es doch dem Menschen ein Leichtes sein, darüber hinwegzukommen!"

□

Zur gleichen Zeit wie Schultes' Werk erschienen zwei Schneebergbücher des Wiener Rechnungsbeamten Franz Xaver Embel: „Fußreise von Wien nach dem Schneeberge" (1801) und „Schilderung der Gebirgs-Gegenden um den Schneeberg in Österreich" (1803).

Man sollte meinen, daß ein Verfasser von sogar zwei Schneebergbüchern zumindest einmal auf „seinem Berg" oben gestanden ist.

Embel nicht! Bei seiner ersten Schneebergreise unternahm er zwar einen Vorstoß zum Gipfel – wurde aber dann ungefähr dort, wo heute die Endstation der Zahnradbahn ist, von „einem unwiderstehlichen Drange" zum Schlafe befallen, von einem Drange, den er, soweit er sich erinnern konnte, noch nie so dringend gefühlt hatte, daß er ihm nachzugeben beschloß. Und . . . „dieser Schlaf war so fest, so sanft, und in dieser Höhe so wohlthätig, daß ich dieser Stunde mich immer mit Vergnügen erinnern werde, ungeachtet ich die Bergspitze nicht erreicht habe".

Der „Schneeberg-Embel", wie er bald genannt wurde, hatte also seine Schneebergbesteigung verschlafen!

□

Voll Schwung erstieg hingegen der Dichter Nikolaus Lenau den Schneeberg!

Im Herbst 1827 unternahm er mit seinem Schwager A. X. Schurz und einem Amtskollegen von diesem eine Wanderung ins niederösterreichische Bergland. Gegen Abend erreichten die drei die Burgruine Starhemberg, und in der beginnenden Nacht zogen sie weiter in Richtung Gutenstein. Am Straßenrand „ein stiller Friedhof mit geneigten, vom Mond übersilberten Kreuzen" . . .

Lenau wurde von diesem romantischen Wandererlebnis dann zu seinem Gedicht „Vergänglichkeit" inspiriert:

„Vom Berge schaut hinaus ins tiefe Schweigen
der mondbeseelten schönen Sommernacht
die Burgruine; und in Tannenzweigen
hinseufzt ein Lüftchen, das allein bewacht
die trümmervolle Einsamkeit,
den bangen Laut: ‚Vergänglichkeit!'

‚Vergänglichkeit!' mahnt mich im stillen Tale
die ernste Schar bekreuzter Hügel dort,
wo dauernder der Schmerz in Totenmale
als in verlaßne Herzen sich gebohrt;
bei Sterbetages Wiederkehr
befeuchtet sich kein Auge mehr."

Nach Mitternacht erreichten die Wanderer den einzigen Gasthof, den es damals in Gutenstein gab. Schurz erzählt: „Der Mond war noch am Himmel, aber kein Schimmerchen mehr im todesstillen Hause. Eins schlugs. Wir konnten uns nicht entschließen, die Schläfer zu stören und setzten uns daher voll christlicher Ergebung und Geduld auf die Bank vorm Hause, und taten mehr, als ob wir schliefen, als daß wir wirklich schliefen, denn hiezu war's in der Herbstmondnacht des Hochgebirges viel zu empfindlich kalt. Am Morgen lag der erste Reif auf den Wiesen umher, und uns auf Bart und Kleid. Husch! Wie schloffen wir jetzt in die warmen Federn!"
Am folgenden Tag ging die Wanderung durchs Klostertal weiter zum „Gasthaus Höchbauer". Nach dem Essen schlug Lenau vor, nicht gemächlich durch das Tal zur „Singerin" im Höllental zu wandern, sondern über den Kuhschneeberg. „Ich muß gestehen, daß ich über diese überflüssige und übermütige Kraftvergeudung nichts weniger als erfreut war", erzählt Schurz grimmig. „Allein, was halfs? Niembsch wollte einmal, und so mußt' es geschehen" (Nikolaus Niembsch, Edler von Strehlenau, das war Lenaus wirklicher Name).
Die nächste Tagesetappe führte von der Singerin durch das Höllental bis nach Gloggnitz, wo abermals genächtigt wurde. Und dann gings über Vöstenhof und Stixenstein nach Puchberg am Schneeberg. Am Abend dieses Tages unternahm man dann noch einen „Lustgang" zum Losenheimer Wasserfall.
Bald nach Mitternacht stieg Lenau mit seinen Gefährten zum Schneeberggipfel auf, um dort den Sonnenaufgang zu erleben. Nachher frühstückten die drei Männer im Schein der Morgensonne und genossen die Stunde und den Tag . . . Später (1833) nannte Lenau in einem Brief den Schneeberg und den Traunstein im Salzkammergut „meine zwei alten poetischen Schulmeister, die mich so eigentlich erzogen haben". Den Dank dafür sprach der Dichter in seinem berühmten Gedicht „An die Alpen" aus, dessen letzte Strophe lautet

„Frischen Mut zu jedem Kampf und Leid
hab ich talwärts von der Höh getragen;
Alpen! Alpen! unvergeßlich seid
meinem Herzen ihr in allen Tagen!"

□

„Hochzuverehrende! Wir machen weder eine Berufs- noch eine Kunstreise, sondern wir fliegen nach den Bergen hinaus, wie die Lerche zur Morgensonne emporfliegt. Auch schiffen wir nicht über Meere und landen nicht in fremden Welttheilen, sondern wir bleiben im Vaterlande, sogar in Nieder-Österreich. Wahrhaftig, ich glaube, die ganze Strecke beträgt nicht viel über zehn deutsche Meilen und ich schäme mich fast, soviel Aufhebens davon zu machen!"
Friedrich Ludwig von Halirsch, Beamter des Hofkriegsrates und dennoch ein Balladen- und Dramendichter der Romantik, Freund von Lenau und Schubert, machte trotzdem „viel Aufhebens", als er 1831 die mit diesem Vorwort versehene und mehr als hundert Seiten umfassende Verserzählung veröffentlichte: „Erinnerungen an den Schneeberg in vierzig Reisebildern".
Und es war noch das Puchberg ohne den von dem Wiener Klavierfabrikanten Friedrich Ehrbar erst 1879 gegründeten „Verschönerungsverein", über das Halirsch dichtete:

„Kleines Dörfchen, still im Tale
liegst du still und ruhig da,
wie ein Kind in seiner Wiege,
das noch keinen Schrecken sah.

Und der alte Schneeberg beuget
und so recht urgroßväterlich
mit dem weißen Haupt und Haare
über seinen Enkel sich.

Nickt bei seinen Jugendträumen,
herzt und küßt den kleinen Schalk,
wiegt ihn auf den starken Armen
und bewacht ihn wie ein Falk.

Will sich wo ein Sturm erheben,
weiß er zu entfernen ihn,
und er lenkt das Ungewitter
nach dem eignen Haupte hin.

Ja, zuweilen singt der Alte,
hat er dazu eben Lust,
ihm wohl gar ein Wiegenliedel
aus der vollen, breiten Brust!

Drum ist auch das Kind so munter,
lächelt jeden freundlich an
und streckt seine art'gen Händchen
aus nach jedem Wandersmann."

Bergkamerad von Halirsch war Anton Alexander Graf Auersperg, in der Literaturgeschichte wohlbekannt unter dem Pseudonym Anastasius Grün. Dieser „verkappte Graf" – wie er seinerzeit auch genannt wurde – stellte unter dem Metternich-Polizeiregime die höfliche Frage: „Darf ich so frei sein, frei zu sein?"
Zu dieser Zeit malte auch Friedrich Gauermann seine berühmten Voralpenveduten mit dem Schneeberg im Hintergrund. Gauermann wurde 1807 in Miesenbach, also in einem Ort an den Ausläufern des Schneebergs, geboren. Und er zeichnete, aquarellierte und malte dann sein ganzes Leben lang immer ein Stück persönlich erlebter Natur. Das ist ein Denkerlebnis. Ein solches Erlebnis umzusetzen, in einige Sätze oder Pinselstriche, war schon immer (und ist wohl noch immer) ein Problem der Schriftsteller und Maler. Der Maler Gauermann schrieb einmal in einem Brief: „Ja, wenn mans herausbrächte, wie man sichs denkt! Aber die Malerei bleibt hinter der Phantasie immer weit zurück!"
Für den Dichter Grillparzer stand der Schneeberg groß im Vordergrund, als er am 2. August 1845 ins Fremdenbuch des Dopplerschen Gasthofes in Puchberg schrieb:

„Da steht er, der Schneeberg, der mächtige Greis,
Von Gemsen in Angst nur erklettert,
Wenn donnernd sich ihm die Lawine entreißt
Und krachend ins Thal niederschmettert.

Da steht er, der Schneeberg, so alt und so weiß,
Von Felsen die Krone, das Stirnband von Eis,
Als König der norischen Alpen!"

Angstvolle Gemsen? Das ist wohl ein bisserl zu viel dichterische Freiheit!
Aber Grillparzer hat den Schneeberg auch nur von unten gesehen. Der Balladendichter Halirsch stand jedoch auf seiner Spitze. Und es klingt wie ein modernes Bergzigeunerliedl, wenn er im vorletzten seiner „Reisebilder" mit dem Titel „Rückkehr vom Schneeberg" schreibt:

„Zwar bringen wir von unsrer Fahrt
Kein reiches Vließ, nur reichen Bart
Und ganz geleerte Taschen,
Doch was da bleibt, bleibt ewig jung,
Das ist, das ist Erinnerung,
Das andere wird zu Aschen!"

Damals verglich ein Rezensent Halirschs Verse mit dem entzückten Gesang eines Vogels, der jahrelang in einem Käfig gefangen war und dann eines Tages dessen Tür offen fand. 1832, ein Jahr nach dem Erscheinen seines Schneebergbuches, ist Halirsch in Italien gestorben. Er hatte gerade noch seinen 30. Geburtstag erlebt . . .

□

Der Wanderer der sogenannten Biedermeierzeit Österreichs gilt heute als der ideale Wanderer schlechthin: Er war zeitlos, geruhsam und durch und durch Romantiker . . . „Das Wandern ist des Müllers Lust!"
Wie anders jedoch als alle sentimentalen Vorstellungen von der „guten alten Zeit" die Wirklichkeit war, beweist ein im Jahre 1831 erschienenes Buch mit dem Titel „Der Schneeberg in Unterösterreich mit seinen Umgebungen". Der Verfasser: Adolf Schmidl, „Adjunkt und Supplent der Philosophie an der Wiener Hochschule". Schmidl (1802–1863) war auch der Autor des landeskundlichen Werkes „Wien's Umgebungen auf zwanzig Stunden im Umkreise" (1838/39 – 3 Bände, 1840 Seiten. Stolz berichtet er darin, daß von Wien aus täglich 60 Pferdefuhrwerke in die verschiedenen Umgebungen hinausfahren!). Außerdem war der bienenfleißige Schmidl noch Höhlenforscher, Ver-

fasser des 10bändigen Werkes „Das Kaisertum Österreich", Herausgeber der „Österreichischen Blätter für Literatur, Kunst und Geschichte" und Autor einiger erfolgreicher Theaterstücke wie z. B. „Die Lieb auf der Alm". Als Reisebuchverfasser schrieb Schmidl nur über das, was er selbst „erreist" hat, und so ist auch sein Schneebergbuch fast schon eine moderne Reportage und ein Führerwerk zugleich, in dem nicht nur exakte Wegbeschreibungen, sondern auch Ausrüstungstips u. a. gegeben werden.

Geschrieben wurde dieser Führer für den damaligen Mittelstand, und da Schmidl wußte, daß bei „Geschäftsmännern" Zeit zugleich Geld ist, schlug er diese Zweitage-Reise von Wien nach dem Schneeberg vor:

„Mit guten Pferden ist man leicht von Wien in sieben Stunden in Guttenstein." (Das sind vom Stadtzentrum aus ca. 60 Kilometer!)

In Gutenstein „findet man immer Pferde über den Öller oder über den Schober nach Puchberg, und besieht während der Zeit als selbe herbeigeschafft werden, die Steinapiesting". (Also nix mit einem aufbauenden, dreigängigen Mittagsschmaus!)

„In drei Stunden ist man dann – selbst zu Fuß – in Puchberg." (Heutige offizielle Gehzeit Gutenstein – Puchberg: mindestens vier Stunden!)

Herr Biedermeier, einmal in Fahrt, war dann nicht mehr zu bremsen: „Fährt man also früh um vier Uhr von Wien aus, so trifft man längstens um vier Uhr nachmittags in Puchberg ein, wo man den Abend noch mit einem Spaziergange zum Wasserfalle auf das angenehmste beschließt." (Gehzeit von Puchberg zum Losenheimer Wasserfall hin und zurück: 2 Stunden!)

Dann wird der „getreue" Führerverfasser kategorisch romantisch: „Um Mitternacht bricht man auf, um zum Sonnenaufgang auf dem Gipfel zu sein." Als Gehzeit gewährt er dem Wanderer fünf Stunden. „Bleibt man nun zwei Stunden oben, und braucht herab drei, so ist man um zehn Uhr wieder in Puchberg, längstens um zwei zurück in Guttenstein, und gegen zehn Uhr Abends des zweiten Tages wieder in Wien, und hat ein Schauspiel genossen, das keine andere Residenz zu bieten vermag."

Bei dieser Schneebergbesteigung, wie sie Schmidl einst vorschlug, war Herr Biedermeier innerhalb von zwei Tagen mindestens vierzig Stunden zu Fuß oder zu Pferd bei elenden Straßen- und Unterkunftsverhältnissen unterwegs. Wer denkt da nicht an die Fern-Schnellreisen unserer Zeit?

Aber damals war die Situation doch anders! Damals konnte sogar ein „Geschäftsmann", der „wer war", Geschäft und Familie nicht länger als zwei, höchstens drei Tage lang verlassen. Und die Freizeit der Beamten bestand außer den Sonn- und Feiertagen nur noch aus den sogenannten „Staubferien" – einigen freien Tagen, an denen im Amt alle Aktenschränke gründlich entstaubt wurden. Eine „Schneebergreise" war daher für die meisten Biedermänner eine Reise, zu der sie sich nur einmal im Leben entschlossen und dann den Rest ihres Lebens davon zehrten. Wenn heute jemand einen Tag lang wie ein Millionär leben könnte, so würde er diesen Tag ganz bestimmt 24 Stunden lang genießen. So intensiv genoß auch Herr Biedermann einen Reisetag.

□

Als J. A. Schultes auf einer seiner Wanderungen in ein Jagdhaus kam, wurde er von dem Jäger gefragt, ob er nicht unterwegs einem Bären begegnet sei. Man hatte soeben eine frische Spur nahe dem Jagdhaus entdeckt.

Auch noch zu Schmidls Zeiten – also um 1830 – gab es Bären und Wölfe im Schneeberg-Rax-Gebiet.

Das Verzeichnis der am Schneeberg anzutreffenden Flora nimmt in Schmidls Buch volle fünf Seiten ein. Und doch klagt er:

„Wenn das Auge des vaterländischen Botanikers nicht ohne Lust auf diesem Verzeichnisse weilt, so kann er sich doch auch dabei der unangenehmen Überzeugung nicht erwähren, daß diesem reichen Kranze schon einige Blüten mangeln. Mehrere seltene Gewächse, die der Nestor der österreichischen Pflanzenkunde, der unvergeßliche Freiherr Nikolaus von Jacquin (1727–1817, Gründer des Botanischen Gartens und der Botanischen Schule zu Wien) am Schneeberge selbst sah und sammelte, wie Valeriana celtica, Saxifraga mutata, Rhododendron chamaecestus, Draba stellata u. a. sucht man vergebens."

Was hätte wohl der „vaterländische Botaniker" zu der nun schon sehr stark gelichteten Flora des Schneebergs von heute gesagt?
Wie das Verhältnis der Berglandbewohner des 19. Jahrhunderts zur Flora war, zeigt eine amüsante Skizze des Schuldirektors von Reichenau Franz Haas: „. . . Unser Bergführer, ein schlichter Holzknecht, wird, wenn er durch das überlegene Lächeln eines Begleiters nicht verstimmt wird, gerne Auskunft geben über die Namen der auffallendsten Pflanzenobjecte, und stellen wir uns gelehrig, so macht er keinen Hehl aus seiner Vertrautheit mit deren geheimen Heilkräften.

Er beginnt: „Das ist ‚Ebenkraut', das dort ist eine ‚Kronhaxen', hier ist ‚Almsäuerling' und dort steht gar ‚Haar im Arsch' (Anemone hepatica, nemorosa, narcissiflora und alpina).
Und im Gehen ab und zu ein Blümchen pflückend und uns übergebend, setzt er fort: Das ist der ‚Hansel am Weg' (Chenopodium borenum = Gänsefuss) und jenes ein ‚Saubleaml' (wir erkennen mit Entsetzen das Massliebchen = Bellis perennis), dies der ‚Z'samziagad' (Cuscuta = Flachseide), das ein ‚Mausloatal' (Achillea millefolium = Schafgarbe) und jenes ein ‚Huscherl' (Euphrasia officinales = Augentrost).
Wir sind höher gekommen. Verschiedene Primelarten entspriessen dem Kalkboden. Von diesen ist ihm nur der ‚schmeckende Zollitsch' (Pr. farinosa) etwas wert, während das ‚Kohlröserl' (Nigritella augustifolia) fast ebenso hoch in seiner Gunst steht wie das ‚Edelweiß' (Gnaphalium leontopodium). ‚Enzian' (Gentiana) und ‚Meisterwurz' (Imperatoria) hat er für Apotheker, in hopfenarmen Jahren auch an Brauereien geliefert, den ‚Goldapfel' (Lilium Martagon) sucht er für seine Hausapotheke als sicheres Mittel bei Gelbsucht, leider ist der Knollen nicht leicht zu finden, da durch Teufelskunst jeder Donnerschlag ihn tiefer in die Erde treibt. Das ‚Rauschkraut' (Rhododendron hirsutum = Alpenrose) verlangt die Sennerin, wenn's ein Stück Vieh ‚gstroaft' oder ‚brennt' hat, wurde dasselbe von einer Nachbarin nur ‚verneid't', dann bestellt sie Neidkraut (Meliotus coerulea = blauer Steinklee), auch ‚Hahnakampel' (Ranunculus hybridus = Bastard-Hahnenfuss) kann sie brauchen, wenn eine Kuh die Milch verliert und der ‚Bring mir's wieder' (Polygonom viviparum = spitzkeimender Knöterich) seine Wirkung versagt hat. Den ‚Saunigl' (Sanicula europaea) bringt er seinem Herrn, der ihn mit Honig zubereitet, bei Athembeschwerden und Brustleiden stets in Anwendung bringt, den Kramperlthee (Rennthierflechte = Cladonia rangiferina) trägt er korbweise von der Höhe und obwohl er dessen Heilwirkung bei Lungen- und Magenleiden kennt, verwendet er ihn, weil g'nug oben ist, zum – Schweinefüttern und kauft für seine blutigen Kreuzer die marktschreierisch in die Welt gesetzten theuren Medicamente, wenn ein ähnliches Leiden so ihn oder die Seinen befallen hat, denn ‚nutz' muss dies Zeug wohl sein, weil's gar so sündhaft theuer ist, calculiert er – und geht in die Falle!"

□

Wie war ein Schneebergbesteiger in der Steinzeit des Bergsteigens ausgerüstet? Welche guten Ratschläge bekam er von „erfahrenen Steigern"?
Die Verpflegung war höchst einfach: Brot, ein Stück Fleisch – das war alles! (Wie an einem heißen Tag das schon am Vortag gesottene oder gebratene und dann in einem essiggetränkten Tuch eingeschlagene Fleisch aussah und schmeckte, kann man sich wohl vorstellen.) Als Getränk wird Wein oder Rum, stark verdünnt und mit Zucker versehen, empfohlen.
Über die Ausrüstung schreibt Friedrich Koch in seinem „Unentbehrlichen Führer auf den Schneeberg", der 1842 erschien: „Die Bekleidung betreffend sind für die Füße selbst Schweinsblasen zu empfehlen, worüber Fußlappen geschlagen werden; sonst auch wollene Socken, inwendig mit Talg eingerieben, was jeden Morgen wiederholt wird. Zur äußeren Fußbekleidung derselben sind bequeme, bereits übertragene kuhlederne Halbstiefel mit niederen benagelten Absätzen und dicken Sohlen zu wählen, die durch eine Fettwichse geschmeidig zu erhalten sind. Als Kopfbedeckung dagegen eine wasserdichte Kappe mit großem Schirme, die weit genug ist, um sie im Sturme und Regen über die Ohren ziehen zu können. Um den Hals schlingen wir nur ein dünnes Seidentuch. Man erkältet sich in der Bergluft nicht so leicht,

wohl aber kann eine straffe Cravatte Schwindel und Nasenbluten erregen. Die übrige Bekleidung sei mehr bequem als gut: Ein kurzer Tuchrock, bis an den Hals zuknöpfbar; Tuchbeinkleider, weiter um den Leib, enger um die Beine. Ein leichter Mantel von Wachstaffet mit Ärmeln zum Schutze bei einem durchdringenden, oft plötzlich einfallenden Nebel und Regen, endlich thut ein fester, 5 Fuß langer Krückenstock mit eiserner Spitze gute Dienste. – Für Frauen empfehle ich Unterbeinkleider, Strohhut und Schnürstiefel, überdies auch einen großen Sonnenschirm, der jedoch die Dienste eines Stockes zu verrichten stark genug sein muß."

Natürlich konnte es passieren, daß trotz Schweinsblasen und „wollenen Socken, inwendig mit Talg" der Wanderer fußmarode wurde. Diesem empfiehlt der „Unentbehrliche Führer" kategorisch: „Wer nicht mehr recht fortkann, gieße etwas Branntwein in die Stiefel, und schreite sogleich weiter."

Übrigens, Halbschuhtouristen gab es auch damals schon! Muchmayer erzählt von solchen: „. . . unter anderen traf ich im Jahre 1839 einen Herren und eine Frau; ersteren in Frack und Sommerbeinkleid, letztere im leichten Sommerkleid mit zeuchenen (= Leinen) Schuhen. Sie kamen mit einem Führer von der Buchberger Seite bis auf den Ochsenboden, wo ich sie vor Sonnenaufgang in einem Zustande der Verzweiflung fand. Halb erfroren, mit zerrissenen Schuhen und wunden Füßen mußten sie, ohne den Kaiserstein erreicht zu haben, den Rückweg antreten."

□

Das erste alpine Führerwerk im heutigen Sinne (also möglichst sachlich) war der 1844 erschienene (und natürlich ebenfalls „getreue") Schneebergführer von Eduard Fischer, Edler von Röslerstamm. „Um einen Führer abzugeben, muß man vorher alle Wege selbst und öfters gegangen seyn", schreibt Fischer im Vorwort – ein schöner Grundsatz, den die Führerbearbeiter von heute mit bestem Willen kaum mehr erfüllen können. Fischer ist noch alle (wirklich alle!) Schneeberganstiege mit Uhr und Notizbuch in der Hand abgegangen, und die Zeiten, die er angibt, liegen beträchtlich unter den Zeiten, welche die Schneebergwanderer von heute für die gleichen Wege benötigen. Man war damals gut zu Fuß, auch wenn Fischer die Jugend tadelt: „Die ganze Nacht wüthend zu tanzen, strengt manche jungen Männer nicht an, sollen sie aber eine Stunde lang einen Berg besteigen, so werden sie schachmatt!"

Als schwierigster Schneeberganstieg wird in Fischers Führer der Schneidergraben beschrieben: „Kein Reisender möge es wagen, diese Stätte zu betreten, der nicht durch häufige Beweise dargethan hat, daß er vollkommene Festigkeit und Furchtlosigkeit im Klettern besitze!" Der Anstieg durch den Schneidergraben ist wohl etwas mühsam, wird aber heute von jedem schwindelfreien und trittsicheren Bergwanderer anstandslos bewältigt. Zu Fischers Zeiten erlebte man allerdings die Bergwelt noch psychisch intensiver . . . „Wer furchtlos genug ist, sich in diese Schrecknisse der Natur zu begeben, der wird in seinem ganzen Leben die fürchterlichen Bilder nicht vergessen, welche sich da vor seine Augen stellten."

Und weiter erzählt Fischer, geschockt von diesem alpinen Abenteuer: „Ohne mich rühmen zu wollen, darf ich mich unter die Zahl jener Bergsteiger zählen, welche ein kleines Ungemach nicht sogleich abschreckt, und doch war ich beim Erklettern dieser Partie endlich so ermattet, daß ich fast nicht Stimme genug hatte, meinen nachfolgenden Gefährten, die nicht weit entfernt von mir standen, zurufen zu können."

□

Johann Rumpelmayer (1820–1887) war ein Poet, und weil über oder unter tief empfundenen Versen nicht ein Name wie Rumpelmayer stehen kann, nannte er sich Johannes Nordmann. Verse schreiben ernährt einen Dichter nur recht und schlecht, also betätigte sich Nordmann auch als Journalist. Als solcher wurde er ein bekannter Mann: Er war der erste, der eine Wochenplauderei (Feuilleton), wie es sie in der Pariser Presse schon längere Zeit gab, auch in der Wiener Presse praktizierte, und er war auch der Begründer der touristischen Journalistik in Österreich.

„Meine Sonntage" heißt eine Sammlung von Nordmanns Feuilletons, die 1868 in Buchform erschien. Nordmann berichtet darin von Ausflügen, die er aus Berufsgründen nur an „im Kalender rot angestrichenen Tagen" unternommen hatte, und er wollte „Reize und Zauber der Natur auf den Berghöhen und in den Talschluchten leichten und lebendigen Vortrags offenbaren".
Nordmanns Lieblingsberg war der Schneeberg und sein Lieblingsplatz am Schneeberg war die Jagdhütte auf der Knofeleben, von der er – der auch Redakteur der Zeitschrift „Der Salon" war – begeistert schwärmte: „Fest und einfach, wie es ist, ziehe ich sie den mit unnützem Plunder ausgestatteten Behausungen der Städte weitaus vor; und es ruht sich für Einen, der mit freien und herzhaften Gedanken eindämmern und mit einem freudig lächelnden Gruße an die Morgensonne erwachen will, auf den mit frischen Tannenreisern schichtweise bedeckten Pritschenbette ihrer Jägerstube besser und erquickender als auf dem sybaritisch weichsten Lager".
Nordmann war natürlich etwas verbittert, als er erfuhr, daß sich in der Jagdhütte am Knofeleben ein Geschäftsmann für einige Tage eingenistet hatte, um dort in aller Ruhe – seine Bilanz zu machen!

□

„Der österreichische Botaniker schläft auf seinem Schneeberge noch in den Regionen des Krummholzes unter freiem Himmel auf Steinen beim wärmenden Feuer", schrieb Schultes. Außer einigen dürftigen Almhütten und primitiven Unterständen (die aber immer bald von Blitzschlag getroffen wurden und abbrannten) gab es am Anfang des 19. Jahrhunderts am Schneeberg keine Unterkunft. Schmidl regte daher an, in Puchberg, Gutenstein, Schwarzau und Reichenau Sammelbüchsen für den Bau eines Schutzhauses auf dem Schneeberg aufzustellen. Dazu kam es nicht, aber 1839 errichtete dann der Holzmeister Georg Baumgartner aus Eigeninitiative oberhalb des Krummbachsattels in 1448 m Höhe ein Gasthaus. Die Schneebergbesteiger jubelten: „Finden wir hier auch keine französischen Weine oder die feinen Gerichte, welche den verwöhnten Gaumen kitzeln, so werden wir uns, die wir nicht bloß deshalb den Schneeberg besteigen, mit vaterländischem Rebensaft und guter Alpenkost, verbunden mit dem zuvorkommenden Benehmen des braven Wirtes, den seine Hausgenossen in patriarchalischer Sitte Vater nennen, vollkommen zufriedenstellen." – Auch dieses Haus brannte ab, wurde aber wieder aufgebaut, 1872 vom Österreichischen Touristenklub übernommen und später vergrößert.
Zur gleichen Zeit begann der Österreichische Touristenklub auch auf dem Ochsenboden in 1810 m Höhe mit dem Bau eines Schutzhauses. Dabei geschah etwas, das (leider) für uns Heutige schon etwas Alltägliches ist, das aber in der guten, alten Zeit als Katastrophe empfunden wurde: Die Lieferanten und Bauarbeiter verlangten mehr Geld ... die Sägewerksbesitzer, die Fuhrleute, die Maurer und Zimmerer, alle! Und die Klubkasse war leer. Da wurde der Wiener Seidenfabrikant Ludwig Damböck zum rettenden Engel: Um noch vor Winterbeginn den Weiterbau des halbfertigen Hauses zu ermöglichen, spendete er 3000 Gulden. Herr Damböck hatte damit das dann nach ihm benannte Damböckhaus gerettet!

Am 6. Juli 1873 fand die feierliche Eröffnung statt. Ein um ½12 Uhr nachts des Vortages von Wien abfahrender Sonderzug brachte an die 500 „gebirgsfreundliche Menschen, Männlein und Weiblein, Jung und Alt, Anhänger der ‚Hetz' und idealistische Bergschwärmer, gute und schlechte Steiger, stylgerechte Kniehosen- und Joppenträger und philiströse Civilisten" – wie der Chronist berichtet – nach Payerbach-Reichenau. Und dann stiegen diese 500 Menschen im Gänsemarsch durch die „Eng" zum Schneeberg auf. Dabei „bot sich ein nun schon seit Jahren entbehrtes Bild: Der glänzend beleuchtete, langhin gedehnte Wasserspiegel des vor kurzem wieder erstandenen Neusiedlersees" (der zuvor längere Zeit ausgetrocknet war).
Der Chronist: „Als wir mit dem Gros der Touristen-Schar die so wohlbekannten Steige bis zu jener Mulde zurückgelegt hatten, in welcher sturmgeschützt der fortan nach seinem Hauptprotektor ‚Damböckhaus' genannte Stein- und Holzbau lag, war wohl der Himmel wieder grauer geworden, schwere Nebel zogen feindselig von

Preis-Tarif

im Alpenhause „Zum Baumgartner" am Schneeberge in N. Oe.

	fl.	kr.		fl.	kr.
Suppe	—	10	1 Maß Tischwein . .	—	60
Rindfleisch mit Sauce .	—	35	Gr. Flasche Wein mit Club-Siegel	—	60
Gemüse	—	10	Kleine detto . . .	—	30
Rostbraten	—	45	Gr. Flasche Ofner-Wein	1	—
Kalbs- od. Schweinsbraten	—	50	1 Flasche Lager-Bier .	—	35
Schnitzel oder Schinken .	—	50	1 Seitel warmen Wein	—	70
1 Backhuhn	1	20	1 Glas Rhum . . .	—	15
1 Brathuhn	1	40	1 „ Kirschwasser .	—	15
Eierspeise	—	30	1 „ Slibowitz . .	—	10
Kaiserschmarn	—	40	1 Portion Kaffee . .	—	40
Salat	—	20	Melange	—	20
Ein Stück Ei . . .	—	6	Thee mit Rhum . .	—	50
Butter	—	15	„ „ Milch . . .	—	50
Käse	—	20	1 Seitel Milch . . .	—	10
Brod	—	3			

Für die Benützung eines Bettes . . . . . 1 fl. — kr.
„ „ „ einer Matratze mit Decke . — „ 60 „
„ „ „ „ ohne „ . — „ 40 „
„ eine Schlafstelle auf dem Heu . . . . — „ 30 „

Wien, im Mai 1872.

Das Schneeberg-Comité
des „Oesterreichischen Touristen Club."

allen Seiten heran, und die Schneefelder und Felsabhänge des Hochschneeberges schimmerten kaum mehr aus ihrer Wolkenhülle heraus. Es war ein, wenn auch düsterer, doch stimmungsvoller Hintergrund der farbenfrohen Szenerie, die das Vereinshaus mit seiner Umgebung bildete . . ."

Der Festredner Eduard Fischer von Röslerstamm: „Der Ochsenboden wird nun dem Wanderer während des Unwetters nicht mehr eine traurige schreckenerregende Gegend sein, sondern mit seinem Schutzhause den Verfolgten eine sichere Stätte bieten."

Der Festredner Dr. Leopold Schiestl: „Es ist ein glückliches Zusammentreffen, daß die Eröffnung dieses Hauses in eine Zeit fällt, wo wir es den Besuchern der Weltausstellung gewissermaßen als alpines Schaustück unter dem Himmelsdom, hoch über allen anderen Pavillons präsentieren können." (Anläßlich dieser Weltausstellung 1873 entstand u. a. auch das Wiener Riesenrad.)

Der Festredner Dr. Johann Ertl vom „Steirischen Gebirgsverein": „Je mehr Unterkunftshäuser auf den Alpen gebaut werden, desto mehr wird die Schar der Bergsteiger wachsen; je mehr Alpenfreunde gewonnen werden, desto mehr wird es gute Menschen geben, die sich wegen ihres Unterschiedes in der Religion und Sprache, ihrer sozialen Lebensstellung und ihrer politischen Anschauungen nimmermehr bekriegen, sondern sich als ein Bund gleichgesinnter Brüder und Schwestern betrachten werden, denen jeder irdische Hader kleinlich erscheint in Anbetracht der großartigen Schöpfung!"

1885 baute der Österreichische Touristenklub etwas außerhalb des Kaisersteins eine kleine Unterkunftshütte, die nach dem Verfasser des Schneebergführers „Fischerhütte" genannt wurde. Dieser bescheidene Urbau hatte zwar nur die Größe eines kleinen Schrebergartenhäuserls, störte aber doch einige Bergsteiger. Sie befürchteten, daß durch die emsige Bautätigkeit des aktiven Österreichischen Touristenklubs bald eine kleine Stadt auf dem Schneeberge entstehen könnte!

□

1896 wurden dann allerdings noch zwei Hütten am Hochschneeberg eröffnet: An seiner Nordseite die Sparbacherhütte, an der Südseite die Kienthalerhütte. Beide Hütten liegen ungefähr am halben Berghang und entstanden im Zusammenhang mit dem Ausbau eines Weges, der ohne Übertreibung zu den schönsten Wanderwegen der ganzen Alpen zu zählen ist: der Grafensteig rund um den Schneeberg.
Dieser Grafensteig ist ein von den Grafen Hoyos (den damaligen „Besitzern" der Nordseite des Schneebergs) Anfang des 18. Jahrhunderts angelegter Jagdsteig, der später verfiel und Ende des 19. Jahrhunderts von den alpinen Vereinen wieder instand gesetzt, an der Schneeberg-Südseite zum Teil sogar neu angelegt wurde.
Über den Nördlichen und Südlichen Grafensteig kann man seither den ganzen Schneeberg umwandern, wobei für die acht bis zehn Gehstunden lange Strecke die Sparbacherhütte (1248 m), das Baumgartnerhaus (1447 m) und die Kienthalerhütte (1380 m) als Rast- oder Übernachtungsstätten zur Verfügung stehen –, alles in allem sozusagen ein gut ausgebauter Fitnesskurs, der in einer Zeit entstand, als es dieses Modewort noch gar nicht gab.
Es ist auch möglich, nur den Nördlichen oder nur den Südlichen Grafensteig zu begehen. Aber das ist auch nur das halbe Vergnügen. Außerdem muß man beide Grafensteige kennen, um zu dem nun schon viele Jahrzehnte dauernden Bergwanderstreit ebenfalls seinen Text geben zu können, nämlich: Welcher Grafensteig der schönere ist? Der Nördliche oder der Südliche? Unbeschwert von solchen Streitfragen (und auch unbeschwert von Landkarte, Führer und dergleichen Ballast) zog einmal ein Wanderer von der Sparbacherhütte aus über den Nördlichen Grafensteig dahin. Der gelbmarkierte Weg von der Hütte hinauf zum Schneeberggipfel war ihm zu steil gewesen, deshalb hatte er – kluges Kind! – den rotmarkierten Weg gewählt. Und so war er in die Breite Ries gekommen, dann in die Krumme Ries . . . immer nur ein bisserl an- und absteigend. Ein Genußwanderpfad.
In der Krummen Ries traf er zwei Leute . . . „Bittschön, wie weit ists noch bis zum Gipfel?" Die Antwort, daß der Grafensteig *nicht* auf den Gipfel führt, war für das unbeschwerte kluge Kind ein arger Schock . . . „Warum, warum ist dann eigentlich dieser Weg markiert?"

□

Um die Jahrhundertwende wurde auch der alte Jagdsteig durch die Fadenwände ausgebaut. Diese nannte man einst „Luckerte Wand", und „Faden" hieß die lange dünne Grasmatte unterhalb des Wandzuges.
Noch am Beginn des 19. Jahrhunderts empfand man diese Wände als furchterregend . . . „Selbst dem kühnsten Steiger bebt beim Anblick dieser schaudervollen Felsklippen das Herz!" – Heute steigen an schönen Sonntagen Menschenschlangen über den Fadensteig gipfelwärts.
Aber nicht jeder alte Jagdsteig wurde „ausgebaut". Es gibt auch noch naturbelassene. Und diese sind so etwas wie ein vergessenes Stück klassischer Bergpoesie . . .
Von unseren alpinen Großvätern konnten diese Jagdsteige nur still und heimlich begangen werden, weil sie „Verbotene Wege" waren. Und noch immer liegen geistige Klüfte so tief wie das Höllental zwischen den Jägern und den Bergsteigern. Diese können wohl verstehen, daß aus ökologischen Gründen Tiere getötet werden müssen – sie begreifen nur nicht, daß man daraus ein Sonntagsvergnügen macht (Spanferkel- und Brathendlabstechen könnte dann ja ebenfalls „sportiv" betrieben werden). – Heute sind diese „Verbotenen Wege", diese alten Jagdsteige, für den Bergwanderer nicht mehr interessant, weil sie unmarkiert sind und weder zu einer Schutzhütte noch auf einen Gipfel führen.
Einen solchen Jagdsteig hat Fritz Benesch in seinem 1897 erstmals erschienenen „Spezialführer auf den Schneeberg" liebevoll beschrieben. Es ist der „Hochlauf" . . . „Das ist ein wunder-

voller Felsensteig, der im ganzen Schneeberggebiet seinesgleichen nicht hat. Der letzte Teil des Anstiegs, das schmale Band in der ungeheuren, glatten Wand ist so eigenartig und bei dem malerischen Schmuck der dunklen Föhren auf dem hellgrauen Gestein sowie der herrlichen Ansicht der Rax mit dem Großen Höllentale so packend, wie man Ähnliches auf beiden Bergen nicht mehr findet. Er ist einer der malerischesten Felsensteige auf dem ganzen Schneeberg . . ."

Zunächst erreicht der auf schwachen Steigspuren dahinziehende Wanderer einen kleinen Felsvorsprung, den sogenannten Kaisersitz, einen ehemaligen kaiserlichen Pirschplatz. Dann kommt er zu einer Wand, an der „Felsbuckeln mit Nagelschuhkratzern und zertretene Rasenbüschel den Einstieg verraten" (Kalkalpen-Winnetou auf Fährtensuche!). Und nach dieser Wand weisen einige Steindauben auf Baumstrünken den Weiterweg.

Die Hauptschwierigkeit jedoch ist das „Band": „Die Schwindelproben an der mehr als zweihundert Meter hohen, vollkommen lotrechten Wand sind wohl nur für stärkere Nerven berechnet . . . Wir stehen vor einem kaum mehr als fußbreiten Bande in der völlig glatten, himmelhohen Wand. Die Lage ist so prickelnd, daß auch der Schwindelfreie nur ganz langsam vorzudringen wagt. Trotz des grauenhaften Anblicks ist die Sache ganz ungefährlich, denn das Band ist vollkommen eben und besteht aus festem Gestein. Die ganz eigenartige Landschaft der umgebenden Wände ist unbeschreiblich großartig und nimmt an Wildheit fortwährend zu . . ."

Man sagt heute, daß es auch in den Bergen schon schwierig sei, Bergeinsamkeit zu finden. Auf dem romantischen „Hochlauf" hoch über dem Höllental findet man sie ganz bestimmt . . .

□

Ein Kreis hat sich geschlossen: Eine „Fußreise" von Wien nach dem Hochschneeberg ist heute – so wie anno dazumal – wieder modern geworden! Diese Schneebergwanderung beginnt bei der Straßenbahnhaltestelle Rodaun am Stadtrand von Wien, sie beginnt inmitten gepflegter Hausgärtchen und endet im Hochgebirge. Das Kontrasterlebnis bildet ihren besonderen Reiz. Bisher kürzeste Gehzeit für die – je nach Wegwahl – 70 bis 90 Kilometer lange Strecke: 15 Stunden. Gehzeit für Genießer: 3 Tage.

Erster Tag: Von der Straßenbahnendstelle Rodaun wandert man durch den Wienerwald über die Hochstraße bis Wildegg, und weiter über Sittendorf, Heiligenkreuz, Mayerling, Raisenmarkt bis zum Peilstein. Diesen ersteigt man nicht, sondern zieht (weils der schönere und aussichtsreichere Weg ist) von Holzschlag über weite Wiesen unterhalb seiner hellen Wände vorbei nach Weißenbach. Von dort das Sträßlein weiter bis zur romantischen Steinwandklamm, Aufstieg über den Rudolf Decker-Steig (für alle, die noch als Abschluß ein bisserl über Eisenleitern klettern wollen) oder durch das Türkenloch zum Gasthaus „Jagasitz" (Nächtigung).

Zweiter Tag: Über die Mirafälle nach Muggendorf und von dort zumeist auf unmarkierten Wegen bis Gutenstein. Dies ist sozusagen die pfadfinderische Schlüsselstelle der Schneebergwanderung (bei der man ja möglichst wenig auf Straßen dahinziehen will).

Von Gutenstein ins Längapiestingtal, Aufstieg zum Öhlerhaus, und weiter über den wildromantischen Öhler-Schoberkamm. Dieser ist der Inbegriff einer Voralpenwanderung. Nur eine dünne Steigspur führt auf dem schmalen Kamm zwischen und auf und neben den Felsen dahin, Trittsicherheit und sogar etwas Schwindelfreiheit sind bereits notwendig; manchmal muß man nämlich auch schon „Hand an den Fels" legen. Und gestürzte Baumleichen versperren oft den Pfad auf diesem Urwaldkamm.

Vom Schobergipfel (1213 m) kurzer Abstieg zur Schoberkapelle am Rande der Mamauwiese. Von ihr Aufstieg über die Dürre Leiten (die in ihrem Mittelstück ein Hochwald mit uralten Bäumen ist) zur Sparbacher- oder Edelweißhütte (Nächtigung).

Dritter Tag: Aufstieg über den Fadensteig zum Schneeberggipfel und von ihm Abstieg über den Hengstweg nach Puchberg. Heimreise mit der Eisenbahn. Noch nie war Bahnfahren so schön! Der Schneebergwanderer klopft sich im Geist selber anerkennend auf die Schulter.

Noch einige Worte zum Fadensteig. Über ihn ziehen im Sommer Scharen von Wanderern dahin, im Winter die Skiläufer. Dieser Fadensteig kann jedoch im Spätherbst oder im Frühling vereist oder mit Hartschnee bedeckt sein. Sogar ein Eigernordwanddurchsteiger hat einmal an einem solchen Tag mit besonders schlechten Verhältnissen am Fadensteig wie noch nie in seinem Leben Eispickel und Steigeisen dringend vermißt! (Geheimtip für Schneebergwanderer, die vor einem weißen Schneeberg stehen: Man suche noch unterhalb der Baumgrenze einen soliden Stock und schnitze dann mit einem Taschenmesser dessen Ende zu einer Spitze. Ein solcher Pseudobergstock und Eispickelersatz kann zu einer Steighilfe werden!)
Das erstemal auf dieser Wanderung sieht man den Schneeberg beim Abstieg zur Burg Wildegg. Von dort ist es noch ein weiter Weg zur Mamauwiese, wo er dann „zum Greifen nahe" vor dem Wanderer steht.
Einmal tobte um den Schneeberg wieder einmal einer der bekannt wilden Stürme. Eine kleine Gruppe von Wanderern, die von Rodaun bis zur Edelweißhütte gezogen war, machte sich fertig für den Aufstieg zum Gipfel.
„Wollt ihr bei diesem Sauwetter wirklich auf den Gipfel gehen?", fragte die besorgte Hüttenwirtin.
„Wollen nicht! Wir müssen!" war die Antwort. (Denn: Wenn man schon so weit gehatscht ist, dann will man sich die Blasen auf den Füßen nicht umsonst geholt haben. Dann will man auch auf dem Gipfel stehen!)
Schmidl hatte vor eineinhalb Jahrhunderten geschrieben: „Der Fußgänger ist der König aller Reisenden: denn er allein ist vollkommen unabhängig, durch nichts gebunden als durch sein Wollen!"

„Hochschneeberg" und „Tiefschneeberg"

Wenn die Bewohner des Industrieortes Pottschach nur ein wenig mehr als zweihundert Höhenmeter bergaufsteigen, dann können sie ohne zu lügen sagen, am Schneeberg gewesen zu sein.
Gfieder (609 m) – ein Hügelgipfel am Ostrand des Schneebergmassivs, ein Sonntagsnachmittagsspaziergang der Pottschacher, und dennoch ein Schneeberggipfel!
„Schneeberg ist Schneeberg! Einen Tiefschneeberg gibt es nicht und Hochschneeberg nennen's den Berg nur, weil das besser klingt. So wie es auch heute mit den Waschmitteln ist, die noch weißer als weiß waschen sollen", sagte einmal ein Mann an der Endstation der Zahnradbahn und unter der Stationstafel „Hochschneeberg".
Der Mann irrte! „Hochschneeberg" ist an diesem Bergmassiv mit seinen vielen Neben- und Ausläufergipfelchen eine korrekte geographische Ortsbezeichnung.

□

Gegen Osten verflacht der Schneeberg immer mehr und mehr, und dieses sanftgeneigte Wald-und-Wiesen-Hügelland ist auch heute noch ein verhältnismäßig einsames Wandergebiet im Schatten des Hochschneeberges.
Vöstenhof heißt dort eine kleine Streusiedlung mit einem Schloß, dessen Ursprung bis ins Mittelalter reicht und das im 16. Jahrhundert umgebaut wurde (ein schöner Brunnen mit Schmiedeeisenhaube trägt die Jahreszahl 1594). Gut erhalten ist noch die spätgotische Kapelle, eine Ruine hingegen ist der alte Nordteil des Hoyos-Schlosses.
Zur Ruine wird auch immer mehr der sogenannte „Vierbruderbaum" bei Vöstenhof, die stärkste Schwarzföhre Niederösterreichs. Aus dem mächtigen Grundstamm mit achteinhalb Metern Umfang wachsen vier Stämme gut 30 Meter hoch empor, die Krone hat einen Durchmesser von 25 Metern. Der Baum ist (von weither sichtbar) der König aller Bäume dieses Gebietes. Ein König, dem der Zahn der Zeit und unzählige Blitzeinschläge allerdings schon sehr zugesetzt haben. Man sagt, daß der 1929 zum Naturdenkmal erklärte Baumriese gut 650 Jahre alt sei. Dieser Baum sproß also bereits aus dem Boden, als der italienische Dichter Francesco Petrarca im Jahre 1336 den 1912 m hohen Mont Ventoux in den französischen Alpen erstieg – nur um auf dem Gipfel dieses Berges zu stehen – und dadurch zum „Vater des Alpinismus" wurde. Dieser Sproß war dann bereits ein kleines bescheidenes Bäumchen, als 1359 in Wien mit dem Bau des Stephansturmes begonnen wurde . . .

□

Der Gahns – eine Untergruppe im Osten des Schneeberges – umfaßt flächenmäßig fast die Hälfte des ganzen Massivs. Höchster Gipfel des Gahns ist der Krummbachstein, 1603 Meter hoch; die Durchschnittshöhe der anderen Gipfel liegt jedoch nur um 1200 Meter. Also . . . Tiefschneeberg!
Beliebtes Wanderziel am Gahns ist die Bodenwiese. Diese soll einmal – der Sage nach – von einem Mann in einem einzigen Tag gemäht worden sein. Allerdings wird diese Sage auch von der Mamauwiese am Schneeberg erzählt. Sind Sagen nur Märchen?
In alter Zeit war für den Menschen eine Höhenlage von 1000 bis 1500 Metern der ideale Lebensraum. Unten in den Tälern kamen immer wieder durchziehende Kriegsscharen, gab es Überschwemmungen. Oben am Berg lebte man sicherer. Jedoch, dieser ideale Lebensraum am Berg mußte erst gewonnen, also gerodet werden. Die Erinnerung an diese gewaltige Arbeit lebt in den sogenannten „Schnittersagen" noch weiter.

Rechts: Einfahrt in die Breite Ries

Der Aufstieg über den tiefverschneiten Fadensteig (Bild unten) zur Fischerhütte (Bild oben) kann sehr oft zu einem hochalpinen Unternehmen werden

Rechts: Der Schneeberg von der Raxalpe. Unten im rechten Bilddrittel die Stadlwand mit dem Stadlwandgrat

Links: Ausblick vom Fadensteig auf die Voralpen

Rechts: Der Weg von Reichenau durch die wildromantische ,,Eng" ist einer der ältesten Anstiege auf den Schneeberg

Unten: Altes Dokumentarfoto von der noch unzerstörten Holzriese durch die ,,Eng"

Ausblick vom Schneeberggipfel zur Rax

Niederösterreichs höchstgelegene Schutzhütte – die Fischerhütte unterhalb des Kaisersteins

Am Gahnsplateau befindet sich auch der berühmte Pürschhof, einst das Jagdhaus der Grafen Hoyos. Bis zur Erbauung des Baumgartnerhauses im Jahre 1839 war der Pürschhof auf zirka 1200 m Höhe die einzige Unterkunft am Schneeberg. Kaiser Franz I., Erzherzogin Maria Luise (die spätere Gemahlin Napoleons), Erzherzog Johann, die Wissenschaftler und Alpenfreunde von einst – sie alle unternahmen vom Pürschhof aus die Ersteigung des Schneeberges. Auch Kaiser Franz Joseph war oft Gast im Pürschhof, allerdings nur um zu jagen.

Jagdgast am Gahns war auch – man kann es sich kaum vorstellen – der Dichterfürst Grillparzer. „Auf der Pürsch" setzte er sich dann vor Morgengrauen auf einen Baumstamm – und schlief sofort ein ...

In sein Tagebuch schrieb er nachher über dieses Jagdabenteuer: „Plötzlich Lärm der Hunde, ein Schuß ober mir. Aufgewacht. Bock und Geiß hart vor mir. Vorüber wie im Sturm. Nachgeschossen; gefehlt. Mißlaunig."

Der Dichter der „Ahnfrau", der Archivdirektor und spätere Hofrat, das Mitglied der Akademie der Wissenschaften Franz Grillparzer hatte viel Pech und tat sich halt überall schwer im vollen Menschenleben; kein Wunder, daß er immer mißlaunig (grantig) war ...

□

Knofeleben wird der breite Sattel zwischen Feuchter und Krummbachstein genannt. Dort steht heute auf einer großen Wiese ein Naturfreunde-Schutzhaus (Friedrich Haller-Haus), und dort begann für die Schneebergbesteiger von einst das große Zittern, bevor sie sich an den „Wassersteig" wagten, eine der „fesselndsten, malerischesten Turen des ganzen Schneeberggebietes", wie Benesch später in seinem Schneebergführer schrieb.

Für den Bergsteiger von einst war der „Wassersteig" – wegen einiger etwas luftiger Passagen – so etwas ähnliches wie für einen Jungen von heute die Eigernordwand. Seine ganze Vorstellungskraft war konzentriert auf den Gedanken: „Ein Fehltritt – und du bist verloren!" – Und das erlebte er auch ganz intensiv.

Sehr intensiv erlebte auch ein junger Bergsteiger vor wenigen Jahren den Aufstieg von der Knofeleben- zur Alpenfreundehütte am Krummbachstein.

Es war schon dämmerig, als er das Schutzhaus auf der Knofeleben erreichte. Darin saßen einige Jäger. Sie fragten den jungen Mann, ob er wegen des Bären keine Angst habe, so allein in der Nacht weiter zur Alpenfreundehütte aufzusteigen?

Bär? Jawohl, ein Bär! Zehn Gemsen hat die Bestie schon zerfleischt!

Der junge Bergfreund wurde etwas unruhig. Doch die Jäger beruhigten ihn gleich wieder. Gegen Bären gibts ja in der Nacht ein hundertprozentig abschreckend wirkendes Mittel: Man braucht nur eine Eisenkette, mit der man die ganze Zeit unterwegs heftig rasselt, und außerdem eine große Laterne. Das alles hatte der junge Mann natürlich nicht in seinem Rucksack. Aber plötzlich war die ganze Hüttenbesatzung eifrig dabei, diese Sachen zu beschaffen ... eine gut drei Meter lange Kuhkette und ein Mordstrumm von einer uralten, schweren Stallaterne. So ausgerüstet zog der Ahnungslose dann mit den besten Ratschlägen („Nur immer fest mit der Ketten scheppern, dann passiert dir schon nix!") in die stille Nacht ...

Herrschaftseiten, war das eine Gaudi für die Jäger und die übrige Hüttenbesatzung, als das Licht der Laterne immer kleiner und kleiner wurde und das heftige Rasseln mit der Eisenkette noch lange zu hören war!

□

Zu den Gipfeln des Gahns zählt auch der Mittagstein (1301 m). Erstbegeher seines Nordwestgrates war der Alleingeher Albin Roessel. Der Bankbeamte Roessel blieb gerne anonym. Nur dann, wenn ein anderer Erstbegeher stolz von seiner Erstbegehung berichtete, tauchte Roessel aus der Versenkung auf und meldete still und bescheiden: „Da bin schon ich als erster hinaufgeklettert!" – Das ist er tatsächlich.

Links: In der Verschneidung vom Richterweg durch die Stadlwand

So fühlte sich auch Dr. Alois Wildenauer kurze Zeit als Erstbegeher des Mittagstein-Nordwestgrates – bis sich wiederum der Alleingeher Roessel (still und bescheiden) meldete: „Auch da bin ich schon als erster hinaufgeklettert!" Er ist's wirklich.
Aber dieser Grat – heute nennen ihn die Kletterer „Affengrat" – ist ja gar keine Kletterfahrt, sondern ein alpiner Waldlauf ohne Ende, ohne Ende, von Baum zu Baum und zwischen Bäumen hindurch (Grathöhe, oder besser, Waldhöhe: 700 m).
Dr. Alois Wildenauer, der Erschließer der Hohen Wand, der Pfarrer von Grünbach am Schneeberg und spätere Domprälat von St. Stephan zu Wien, war ein Vollblutkletterer.
Kletterer fluchen gerne, wenns nicht so geht, wie es eigentlich gehen sollte. Da aber geistliche Herren nicht fluchen dürfen, hatte der Hohe-Wand-Pfarrer eine Serie von selbstgebastelten – „unschuldigen", wie er einmal schrieb – Kraftworten für den Ernstfall bereit . . . „Potzblitz!" – „Donnerwetter!" usw.
Es ist anzunehmen, daß Dr. Alois Wildenauer bei seiner vermeintlichen Erstbegehung des Mittagstein-Nordwestgrates nur unter viel „Potzblitz" und „Donnerwetter" endlich den Gipfel erreichte.

□

Den Kuhschneeberg kennzeichnet nach Beneschs Schneebergführer die „freundlich, anmutig-schöne Lage" . . .
Wohl etwas derb und dennoch anmutig erscheinen auch die Sennerinnen der Almen des Kuhschneeberges von einst, die an jedem Samstagabend singend am Rand der „Weißen Wand" saßen und auf ihre „Buam" warteten. Sahen sie dann die Burschen heraufsteigen, wälzten sie als Liebeszeichen mächtige Steine über die Wand hinab . . . „Liebeszeichen, die Kunde bringen sollten von der Geliebten hoch oben", wie Schmidl erzählt.
Kletterer (Ignaz Hocke und Georg Felix) fanden dann 1920 einen etwas weniger „steinschlaggefährdeten" Anstieg auf den Kuhschneeberg: die Fronbachwandkamine.
Aus der Wegbeschreibung: „Über Schrofen wird ein schwarzer Kamin erreicht. Durch diesen über seine rechte Begrenzungswand zu einem Felsloch (Steinmann), das den Eingang in einen etwa 10 m hohen Felsdom vermittelt. Dieser ist fast vollständig finster und besitzt nur ein durch eine Zerbe verdecktes Felsloch, durch das nur wenig Tageslicht hereindringt. Um den Ausstieg zu erreichen, klettern wir im Dome aufwärts, verlassen ihn durch das erwähnte Felsloch und erreichen über eine Baumleiche die Hochfläche des Kuhschneeberges."
Liebesbedürftige Sennerinnen warten heute dort nicht mehr auf „Buam"!

□

Der Hohe Hengst (1450 m) ist das am wenigsten besuchte Stückerl Schneeberg. Der mächtige, etwa 7 km lange Waldrücken ist auch kein lohnendes Ziel. Nicht einmal ein Weg führt auf seinen höchsten Punkt hinauf . . .
Ein Berg ohne Weg und ohne Markierung müßte eigentlich – so möchte man meinen – zumindest jene Bergwanderer reizen, die auch sonst immer gerne dorthin gehen, wohin die anderen nicht mehr gehen.
Der Hohe Hengst reizt sie nicht. Und die Gipfelsammler, die manchmal weite Umwege in Kauf nehmen, nur um noch irgendeinen Nebengipfel „mitzunehmen"? Den Hohen Hengst nehmen sie nicht mit. Obwohl die Zahnradbahnzüge über den Bauch des Berges hinauf- und hinunterzuckeln, ist er ein Niemandsland im Schneebergmassiv . . .
Das heißt: nicht ganz! Es gibt schon einige Leute, die vom Hohen Hengst schwärmen. „Das ist halt noch ein Berg! Keine Touristen! Ein Berg, so wie es sich gehört!" – sagen die Jäger.

„Es lebe hoch die Schneebergbahn!“

1871 wurde in der Schweiz die Rigibahn gebaut – die erste Gipfel- und Zahnradbahn Europas. Schon ein Jahr später wollte man auch auf den Schneeberg eine solche Zahnradbahn bauen – und zwar von Payerbach aus. Am großen Börsenkrach des Jahres 1873 (hervorgerufen u. a. durch den Krieg gegen Preußen und durch den kostspieligen Bau der Wiener Ringstraße) scheiterte dieses Projekt.
1885 wurde ein neuer Plan diskutiert: Zahnradbahn von Puchberg auf den Schneeberg. Bis nach Puchberg war allerdings nur eine über die bestehenden Landstraßen führende „Dampftramwaylinie“ vorgesehen gewesen. Und die Zahnradbahnstrecke auf den Schneeberg hätte nur auf seinen unbedeutendsten Vorgipfel, den 1450 m hohen Hohen Hengst, geführt. Auch dieses Projekt scheiterte . . .
. . . Es scheiterte auch am niederösterreichischen Landtag, der sich strikt gegen jede finanzielle Beteiligung an einer Zahnradbahn auf den Schneeberg weigerte, mit der Begründung, daß es sich dabei ja bloß um eine „mehr oder minder nur dem Vergnügen dienende Bahn“ handle!

□

Trotzdem wurde die Schneebergbahn gebaut!
Sie besteht in ihrer Anlage aus zwei Teilstrecken: aus der normalspurigen Adhäsionsstrecke Wiener Neustadt–Puchberg (Eröffnung am 15. April 1897) und der schmalspurigen Zahnradbahnstrecke Puchberg–Hochschneeberg (Eröffnung am 25. September 1897).
Die Länge der Zahnradbahnstrecke beträgt 9,7 km, wobei ein Höhenunterschied von 1218 m bei einer Höchststeigung von 20 % überwunden wird.
Mit dem Bau dieser Bahn wurde am 4. Dezember 1895 begonnen. In kaum 22 Monaten entstand also ein Schienenweg von Wiener Neustadt (Seehöhe 265 m) bis zur Endstation Hochschneeberg in 1795 m Hochgebirgshöhe.
Damals gab es noch keinen Baumaschinenpark; die Schneebergbahn wurde „händisch“ gebaut, von Italienern und Kroaten (sozusagen von den Gastarbeitern der Monarchie). Diese arbeiteten bei Sturm und Regen, bei Schneetreiben und in eisiger Kälte. Sie bezwangen den Hochwald und trieben die Trasse auch durch Felswände und über Abbrüche hinweg der Endstation zu. Ende des Jahres 1896 konnte zur Bauhilfe bereits die erste der Zahnradbahnlokomotiven eingesetzt werden.
Heute gibt es fünf solcher Lokomotiven – alle noch aus dieser Zeit. Ein Platz im „Buch der Rekorde“ wäre ihnen gesichert: Sie sind nicht nur die ältesten aller noch immer funktionierenden „Dampfrösser“, sondern außerdem noch immer die meistbeanspruchten Lokomotiven der Welt! Auch die Eisenschwellen und die Schienen der Bahn mußten bisher nicht erneuert werden. Und es gab bis jetzt auch noch kein Eisenbahnunglück auf dieser Strecke. Bei der Eröffnung galt diese Zahnradbahn als ein technisches Wunder. Heute sieht man in ihr bereits ein technisches Kuriosum. Damals, bei der Eröffnung, trug ein Transparent die Aufschrift:

> „Der Fortschritt ist kein leerer Wahn:
> Es lebe hoch die Schneebergbahn!“

□

Der Erbauer dieser Bahn war Ing. Leo Arnoldi. Für die Bergsteiger der damaligen Zeit war er ein Todfeind. Sie wetterten über diese „Entweihung der Berge“ und schworen, sich auf die Schienen zu legen, wenn der erste Zug den Berg hinauffuhre.
Der erste Zug fuhr auf den Schneeberg, und kein Bergsteiger lag – wie geschworen – quer auf den Schienen.
Arnoldi hatte nämlich inzwischen bei der Bahndirektion für die Bergsteiger eine 25%ige Fahrpreisermäßigung erwirkt!

□

Bei der Eröffnung der Schneebergbahn ging es piekfein zu, es war ein gesellschaftliches Ereignis. Ein Redner eines alpinen Vereines schildert daher auch die große Verwunderung des „Schneeberggeistes" über diese Eröffnungsfeier: „Der Geist habe schon Kaiser und Erzherzöge auf seinen Höhen gesehen, und alle waren in der Kleidung des Gebirges, in schlichtem Lodenrock gekommen. Der heutige Festbesuch von uniformierten und befrackten Menschenkindern müsse ihm ein ebenso befremdendes als unerhörtes Schauspiel gewesen sein!"
1902 fuhr auch Kaiser Franz Joseph I. mit der neuen Bahn auf den Schneeberg. Damals verkehrte auf der Schneebergbahn an jedem Sonntag auch ein Salonwagen mit Plüschfauteuils ... Motto: „Mit dem rollenden Salon ins Hochgebirge!"

□

Das zum Gedächtnis an die (1899) ermordete Kaiserin Elisabeth 1901 errichtete Kirchlein neben der Bergstation geht auf eine Anregung des Wiener Weihbischofs Schneider zurück.
Schneider verbrachte nach schwerer Krankheit ebenfalls 1899 einen Genesungsurlaub in Puchberg und fuhr von dort – auf Rat der Ärzte – einen Monat lang tagtäglich mit der Zahnradbahn auf den Schneeberg hinauf und wieder herunter. Der langsame Klimawechsel während der (langsamen) Fahrt wirkte anregend auf seinen Kreislauf und ließ ihn wieder gesunden.
Das war das erstemal, daß die Schneebergbahn zur Therapie (Klimaschaukel) benützt wurde!

□

Das gleichzeitig mit der Bahn gebaute und am 28. Juni 1898 eröffnete Schneeberghotel ist ein Werk der Theaterarchitekten Helmer & Fellner (Ronachergebäude, Volkstheater, Konzerthaus in Wien u. a.). Und wie in einem Theater fühlte sich der Gast auch in diesem Hotel (bevor es 1970/71 umgebaut wurde): Der Speisesaal glich einem Rittersaal, und in den düsteren Gängen meinte er, jetzt und jetzt der „Ahnfrau" zu begegnen ...

Infolge der Motorisierung wird heute auf dem Schneeberg nur noch selten genächtigt. Für einen Berg, den man bequem von zu Hause aus in einem Tag „machen" kann, „opfert" man nicht gern zwei Tage.
In dem alten Schneeberghotel gab es allerdings für jene Leute, die den Erholungswert eines vollen Wochenendes in der Höhenluft schon damals erkannt hatten und (als „bessere Leute") den Stadtkomfort trotzdem nicht missen wollten, einen Damensalon (mit Klavier!), ein Billard- und Spielzimmer für die Herren, einen Rauchsalon für die Lasterhaften (wie modern) und ...
Tja, dann gab es auch noch den „Parlour", einen mit Tischen, Sofas und Schaukelstühlen ausgestatteten Raum, der sogar im Sommer geheizt wurde, und in dem man reden, erzählen, plaudern, diskutieren und philosophieren konnte ...
Im modernisierten Schneeberghotel steht ein Fernsehapparat.

□

Die Passagiere kommen und gehen – ihre Fragen an das Bahnpersonal sind und bleiben die gleichen. Gleich geblieben sind seit der Eröffnung der Bahn auch die Antworten ...
Geschwindigkeit: bergwärts 10 km/h, talwärts 8 km/h.
Kohlenverbrauch für Berg- und Talfahrt: 500 kg.
Wasserverbrauch für Berg- und Talfahrt: 4 bis $4^1/_2$ m^3. (Da in der Lok und im Boden des an sie gekuppelten Waggons nur ca. 3 m^3 Wasser Raum finden, muß unterwegs bei der Bergfahrt nachgetankt werden. Das geschieht zumeist bei der Wasserstation neben der Station Baumgartner. Weil in dieser Höhe des Schneebergs keine Quellen vorhanden sind, muß zur Versorgung dieser Station das Wasser in eigenen Wasserwaggons aus dem Tal heraufgeschafft werden.)
Fahrzeiten: Bergfahrt 75 Minuten (inkl. Wassertanken). Talfahrt 70 Minuten.
Überschätzt wird fast immer die Länge der beiden Tunnels, weil sich darin die steilsten Stellen der Bahntrasse befinden und das Züglein besonders langsam höherdampft. Die Länge des ersten Tunnels beträgt 152 Meter, die des zweiten 120 Meter.

Die Passagiere kommen und gehen – ihre Witze sind schon ebenso alt wie die Bahn.
„Das Blumenpflücken während der Fahrt ist verboten!“ Oder bei der Talfahrt: „Viel schneller wären wir zu Fuß unten!“
Aber bei einem solchen Wettlauf hat sich schon so mancher junge Mann blamiert, der den „Latschenexpress“ unterschätzt und sein Leistungsvermögen überschätzt hat. 1200 Meter Höhenunterschied gehen beim Bergablaufen über Stock und Stein stark in die Knie; und wenn der Wettläufer endlich mit heraushängender Zunge den Bahnhof Puchberg erreichte, war die Lok meistens schon im Heizhaus verschwunden . . .

□

Es ist fast ein Phänomen und doch wahr: Auf dem Wiener Schneeberg, auf den eine Zahnradbahn mit einer Frequenz von 70.000 bis 80.000 Fahrgästen pro Jahr hinaufführt und auf dem ein modernes Hotel steht, ist es auch zur Hochsommerzeit möglich, vollkommene Bergeinsamkeit zu erleben.
So verläuft im Hochsommer ein Tag am Hochschneeberg . . .
Bis ungefähr 8 Uhr 30: Stille, Einsamkeit. Einige Kühe stehen wiederkäuend vor dem geschlossenen Bahnhofsgebäude.
Um 8 Uhr 30 kommt der erste Zug heraufgedampft. Und weil eine Reisegesellschaft angemeldet ist, fährt er gleich wieder hinunter ins Tal, um diese zu holen.
Nach 9 Uhr kommen die vier anderen Züge (mit je 100 Passagieren). Auf dem Weg zum Damböckhaus und zur Fischerhütte wandern jetzt Prozessionen dahin.
Kurz vor 12 Uhr ist der erste Zug schon wieder oben bei der Bergstation. Die Reisegesellschaft zieht, ohne viel nach links oder rechts zu schauen, in das hundert Meter entfernte Hotel, wo schon das Mittagessen auf sie wartet.
Um 13 Uhr 30 verläßt der erste Zug den Hochschneeberg, bald nach ihm der zweite und der dritte. Diese sind Bedarfszüge, die erst dann abfahren, wenn sie voll sind. Sie sind aber immer sehr schnell voll, weils die Leute – auch bei strahlendem Sonnenschein – so ab zwei Uhr alle schrecklich eilig haben, wieder ins Tal zu kommen.
17 Uhr 30: Der letzte Zug (ein fahrplanmäßiger) ist abfahrbereit. Der Schaffner schließt das Stationsgebäude, schaut, ob nicht noch jemand den Weg herabgelaufen kommt. Abfahrt.
Der Zug verschwindet hinter dem Hang und jeder Zurückgebliebene empfindet plötzlich ein Verlassensein, wie ein auf einer Insel Ausgesetzter, der das Schiff in weiter Ferne entschwinden sieht. Das Bimmeln der Kuhglocken ist nun wieder von allen Seiten zu hören. Oben auf dem Waxriegel stehen drei Gemsen. Vierzehn Stunden lang ist dann der Hochschneeberg fast menschenleer. Jetzt ists schön, auf den Waxriegel hinaufzusteigen, um den Sonnenuntergang zu erleben . . . in vollkommener Bergeinsamkeit!

Der Schneeberg als (kein) Skiberg

Am 13. Februar 1891 bestiegen Max Kleinoscheg (Graz), Toni Schruf (Mürzzuschlag) und Walter Wenderich (Bruck a. d. Mur) mit Skiern das Stuhleck, 1793 m. – Das war der erste Berg Österreichs, der im Winter mit Skiern erstiegen wurde!
Toni Schruf war es dann auch, der 1895 erstmals den Schneeberggipfel mit Skiern erreichte. Damals waren vor allem die Bergsteiger noch sehr skeptisch gegenüber dem Skilauf eingestellt und meinten: „Diese Narretei wird wieder so schnell verschwinden wie sie gekommen ist!"

□

Am Morgen des 5. Jänner 1905 stieg eine lange Schlange von Skiläufern durch die Breite Ries auf – Mitglieder des „Alpen-Skivereins" unter der Führung von Mathias Zdarsky. Gast in der Mitte war der Holmenkollensieger und erfolgreichste Skiwettläufer Norwegens, Ing. Hassa Horn. An diesem Tag solle ein langjähriger Streit geklärt werden, welcher zwischen den Anhängern der Norweger Skifahrweise und denen der alpinen (Lilienfelder) Technik tobte ...
„Das Scheit verbindet uns, und die Bindung scheidet", hatte der berühmte Hochalpinist Willi Rickmer-Rickmers damals geschrieben. Während die Anhänger der Norweger Fahrweise in ihrer Rohrstaberlbindung und mit Telemark und Kristiania über die Hügel hinabfegten, war der in Lilienfeld lebende Deutschböhme Mathias Zdarsky (1856–1940) zu der Meinung gekommen, daß für das alpine Gelände andere Geräte und eine andere Fahrweise nötig wären. 1896 meldete er eine von ihm erfundene Bindung am Patentamt an, und im gleichen Jahr veröffentlichte er auch ein Lehrbuch über seine neue Fahrweise. Damit begann der Streit „Norweger" gegen „Lilienfelder", der sogar so weit ging, daß der „Lilienfelder" Rickmer-Rickmers demjenigen 20.000 Mark als Preis versprach, der Zdarsky bei einer Wettfahrt im alpinen Gelände schlagen könne. Zdarsky hatte zu dieser Zeit bereits auf einer 22gradigen Strecke die Geschwindigkeit von über 100 Stundenkilometern erreicht und war auf einer selbstgebauten Schanze schon über 20 Meter weit gesprungen. Außerdem war er mit seinen „Purzelbäumen", die er so gerne als „Einlagen" baute, der erste „Trickskiläufer" der Welt (und nicht die Amerikaner, wie man heute oft sagen hört!). – Kein Wunder, daß gegen diesen Super-Skiläufer seiner Zeit niemand anzutreten wagte.
Als Vertreter des Norwegischen Skiverbandes und als Gast des von Zdarsky gegründeten „Alpen-Skivereins" stapfte also Hassa Horn die Breite Ries hinauf, um die „Lilienfelder Technik" im alpinen Gelände zu beobachten. Als Hassa Horn am Start (im obersten Drittel der Ries) stand, war ihm etwas mulmig zumute ... „Ich mußte meiner Braut versprechen, heil und mit geraden Gliedern wieder nach Hause zu kommen. Jetzt weiß ich nicht, ob ich mein Versprechen werde halten können?"
Dann gings los!
Nach diesem denkwürdigen Lauf, den auch der Norweger ohne Sturz überstand, bestätigte Hassa Horn ohne Groll die Pluspunkte der „Lilienfelder Technik". Der Skikrieg war damit zu Ende, und jubelnd schrieb Rickmer-Rickmers: „Wir haben im Überschwange jugendlicher Kräfte uns wacker gepufft, geknufft, gezankt und gehauen; so lasset uns denn jetzt als redliche Männer den Waffengang beschließen ... Möge aller Argwohn aus uns fliehen; tun wir Mißtrauen, Vorurteil, enges Vergleichen von uns ab. Lasset uns nicht nach unten schauen wie des Läufers Füße geschnürt sind, sondern ihm ins Auge blicken, auf Kopf und Herz, auf des Mannes Willen und männliche Tat. Ski Heil!"

□

Der von Zdarsky im Jahre 1900 gegründete „Alpen-Skiverein" veranstaltete auch einige

„Schul-, Schau- und Wettfahrten", um „Interessenten die Beurteilung des neuen Sports" zu ermöglichen. Aus Vereinsmitteln wurden dafür 30 Paar Filzüberschuhe angeschafft, um die Zuschauer vor kalten Füßen zu bewahren.
Der Verein erreichte auch, daß ab 1. Dezember 1902 fertige Skier in Wien zu kaufen waren (vorher konnten sie nur importiert werden) und die Beförderung von Skiern in der Stadtbahn gestattet wurde. Man mußte dafür allerdings eine Hundekarte lösen!

□

Am 25. März 1912 tobte am Schneeberg ein Schneesturm. Nachdem eine Gruppe von 10 Skiläufern den Kaiserstein erstiegen hatte, wollte man abfahren. „Bei dichtem Nebel und Sturm schien nun die Gesellschaft hinter dem eine Abfahrtsstelle suchenden Ersten gleichzeitig den Wächtenrand befahren zu haben, denn es brachen plötzlich alle ein und wurden von den abgehenden Schneemassen in die Tiefe gerissen." Zehn Menschen fanden den Tod.
Unter den Opfern dieses Unglücks befand sich auch der Obmann des Wintersportausschusses, Dr. Aemilius Hacker, Bezirksrichter in Floridsdorf. Hacker war nicht nur einer der großen Skipioniere und ein erfolgreicher Schüler Zdarskys, sondern auch ein bedeutender Bergsteiger. Dies sind einige seiner Taten: Belagerung der Uschba im Kaukasus mit W. Rickmer-Rickmers, Meije-Überschreitung bei Nacht, ein neuer Anstieg auf den Montblanc, Expeditionen nach Spitzbergen. Und dieser Mann fand am Wiener Schneeberg den Bergtod! Die „Österreichische Alpenzeitung" kommentierte dieses Unglück mit folgenden Worten: „Wer die Heftigkeit der winterlichen Stürme auf der Gipfelschneide des Hochschneeberges aus eigener Erfahrung kennt, der weiß, daß bei gleichzeitigem Nebel und Schneetreiben die Orientierung zur reinen Gefühlssache wird und ein Zusammenhalten auch der kleinsten Gesellschaft die strammste Disziplin erfordert. Für Schneeschuhläufer, die niemals so engen Anschluß halten können, die dem Sturm mangels eines festen Standes stets mehr preisgegeben sind und eher die Richtung verlieren, ist dies noch viel schwerer. Sobald durch Nebel und die Vereisung der Augenwimpern der freie Ausblick verwehrt ist und infolge des Sturmes die Verständigung unmöglich wird, tritt jene kritische Lage ein, in welcher der Mensch machtlos den entfesselten Elementen preisgegeben ist. Hat er Glück, so entrinnt er dem Tode, will es sein Schicksal anders, dann fällt er dem Dämon der Berge, die immer wieder sich gegen des Menschen Willen aufbäumen, zum Opfer."
Dieses Unglück – von dem die „Hackermulde" ihren Namen bekam – läßt auch an einen treffenden Ausspruch Zdarskys denken: „Würde jeder Fehler im Gebirge den Tod bringen, würde es keinen einzigen lebenden Alpinisten geben!"

□

Mathias Zdarsky „Ratschlag für Schneeschuhläuferinnen": „Vier Dinge sollen die Damen halten lernen: Stock, Spur, Abstand und Mund." (Zdarsky war begeisterter Junggeselle!)

□

Auch in unserer Zeit, in der selbst der unbedeutendste Mugel eine Bergbahn oder zumindest einen Lift aufweist, ist der Schneeberg noch immer nicht – im modernen Sinn – erschlossen. Nur zwei Steighilfen sind vorhanden: die Zahnradbahn, die im Winter meistens vor dem ersten Tunnel in einer Höhe von ca. 1600 m Endstation hat, und der Sessellift von Losenheim bis zum Faden auf 1230 m.
Alle Skifelder (wie Kuhplagge oder Hackermulde) und auch der Beginn der Trenkwiesenabfahrt (Höhenunterschied zwischen Gipfel und Losenheim: 1300 Meter!), die Einfahrt in die berühmten Kare oder Steilrinnen (Breite Ries, Krumme Ries, Schneidergraben, Lahningries, Rote Schütt und Nandlries) sind nur auf längeren Fußmärschen erreichbar. Der Aufstieg von der Liftbergstation über den Fadensteig zum Beginn der Trenkwiesenabfahrt ist bei Neuschnee oder Vereisung eine hochalpine Bergfahrt – mit einem Paar Ski am Buckel sogar eine recht gefährliche Angelegenheit.
Daß der Schneeberg noch so naturbelassen geblieben ist, verdankt er dem Umstand, daß er

zum Einzugsgebiet der Wiener Hochquellenwasserleitung gehört. So unterblieb auch der Bau einer Seilbahn auf den Kaiserstein, die Errichtung eines Gipfelhotels und der Ausbau der Hackermulde zu einem Skifeld mit einigen Liften.

Das freut natürlich die Bergsteiger und alpinen Skiläufer, daß „der Berg" noch immer ein richtiger Berg geblieben ist. Die modernen Pistenflitzer sind allerdings ganz anderer Meinung: „Der Schneeberg – das ist doch kein Skiberg!"

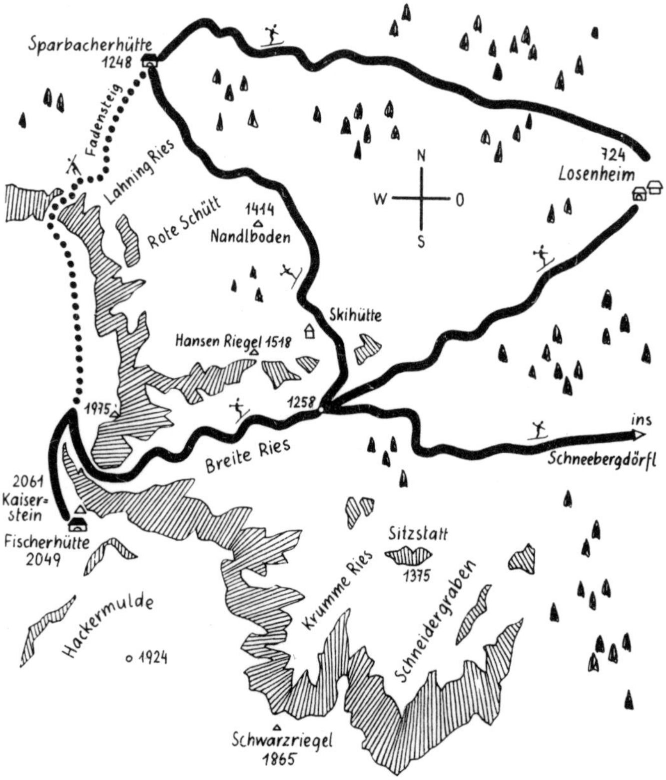

„Die Nordabstürze des Schneebergs – Breite Ries", entnommen dem im Schrollverlag erschienenen Buch „Skiglück" von Hans Schwanda

Rechts oben: Auf dem Bürklepfad – daneben: In der Weichtalklamm. Unten: Gratturm auf dem Gamsgatterlgrat – daneben: Der Schneeberg von der Mamauwiese aus

Die Nordseite des Schneebergs von der Hohen Wand aus gesehen

„Der genickbrechende Anstieg zum Schneeberg beginnt!"

Am 16. September 1876 stiegen Dr. Wratislaw Fikeis und Dr. Franz Krischker durch den sogenannten „Wasserofen" hinter Kaiserbrunn, der damals als „so furchtbar und halsbrecherisch" galt, daß „selbst Jäger scheuten, ihn zu betreten" (Fischer in seinem Schneebergführer, 1844).
An diesem Tag erlebte somit der Schneeberg die „Geburtsstunde des modernen Bergsteigens", denn zum erstenmal war nicht das Erreichen des Gipfels das große Ziel, sondern ein Weg. Der Wasserofen ist ein (aus Quellschutzgründen) verbotener und daher vergessener Felswinkel des Schneebergs. Jedoch: Was die Maler des 19. Jahrhunderts aus romantischem Empfinden an bizarren Berglandschaften gemalt haben – im Wasserofen sind solche Szenerien in Wirklichkeit zu sehen! Hier hat man nicht mehr das Gefühl, kaum hundert Kilometer von einer Großstadt entfernt zu sein!
Fikeis und Krischker haben im Schneeberg-Raxgebiet viele romantische Wege (u. a. den Teufelsbadstubensteig an der Rax) zum erstenmal „touristisch" begangen. Das heißt: Nur zu ihrem Vergnügen waren sie Wege gegangen, die für Jäger und Holzknechte schon seit langem „Wege zu ihrem Arbeitsplatz" waren. Für Fikeis und Krischker war das Schneeberg-Raxgebiet noch etwas, was heute für einen Bergsteiger kein Bergland der Erde mehr sein kann: unerforschtes Land! Im Wiener Prater drehte sich bereits das anläßlich der Weltausstellung erbaute Riesenrad; aber Fikeis und Krischker waren, kaum hundert Kilometer davon entfernt, Old Shatterhand und Winnetou auf Fährtensuche im Steilfels.
Die beiden Doktores hatten allerdings auch keine Minderwertigkeitskomplexe. „Solche Bergsteiger wie wir zwa (zwei), gibts auf der ganzen Welt nicht und wird es auch nicht mehr geben", soll Dr. Wratislaw Fikeis einmal gesagt haben.
1880 durchstiegen Fikeis und Krischker zum erstenmal „touristisch" die Weichtalklamm. Nur einige von Jägern angebrachte Eisenstifte und morsche Steigbäume halfen den beiden bei der Überwindung der feuchtmoosigen Schluchtabbrüche. Damals galt die Weichtalklamm als der schwierigste Anstieg auf den Schneeberg, und auf einer Tafel an ihrem Beginn stand zu lesen:

> **Weichtalklamm**
>
> Der genickbrechende Anstieg zum Schneeberg beginnt!

□

Im Schneebergdörfel an der Nordseite des Berges bemühte sich zu dieser Zeit an sechs Tagen der Woche der Schullehrer Ferdinand Bürkle, seinen Schülern das ABC und das 1 x 1 beizubringen. Am siebenten Tag der Woche stieg er auf den Schneeberg.
1884 kletterte Bürkle über den linken Begrenzungsgrat des Schneidergrabens und benannte galant den neuen Weg „Herminensteig", nach der ersten Dame, der diese „schwierige Tour" gelang – das war Frau Direktor Hermine Kauer aus Wien.
Im gleichen Jahr erkletterte Bürkle auch den markanten Grat zwischen der Krummen und der Breiten Ries. Sein Partner bei dieser Fahrt war ein junger Feuergeist namens Robert Hans Schmitt – als Erstersteiger der Fünffingerspitze in den Dolomiten (1890) zählte dieser später zu den Spitzenbergsteigern seiner Zeit. Der „Bürklepfad", wie dieser Gratweg benannt wurde, ist sehr schnell ein beliebter Schnee-

Links: Höher als alle anderen Berge rings um ihn – der Schneeberg

berganstieg geworden – und das ist er auch heute noch.
„Kletterfreuden – Kletterlust! Welch kärgliche Ausdrücke für das herrliche, beneidenswerte Gefühl des Jung-, Gesund- und Glücklichseins? Wie dürftig diese Worte – und doch einen Reichtum bergend, eine unversiegbare Quelle lautersterFreuden!" – so schrieb Leopold Landl im Vorwort seines 1928 erschienenen Peilstein-Kletterführers.
Landl war einer der besten Wiener Bergsteiger seiner Zeit, hatte alle berühmten Gipfel und Wände zwischen Mittelmeer und Wienerwald gemacht – und wurde trotzdem über neunzig Jahre alt! Auch als bereits Achtzigjähriger kletterte er noch immer zumindest einmal im Jahr über den Bürklepfad auf den Schneeberg, weil . . . „das die erste Kletterei war, auf der ich das Gefühl gehabt hab', im Hochgebirge zu sein!"
Jeder Mensch verläßt einmal eine Tür, um dann weit, weit fort zu gehen. Aber zuletzt, zuletzt steht er dann wieder vor der gleichen Tür, die er einmal verlassen hat . . . Der erfolgreiche Gipfelstürmer Leopold Landl fand zuletzt und am Ende seines Lebens sein ganzes Bergglück nur noch auf diesem Weg, der einmal und vor vielen Jahrzehnten sein erster großer Bergweg war.

□

1899 erkletterte der Lehrer Bürkle mit einigen Gefährten den Stadlwandgrat hoch über dem Höllental. Daß sie damit den schönsten und beliebtesten Kletterweg des Schneeberges erstmals begangen hatten, das ahnten diese Männer damals nicht.
Der Stadlwandgrat: Heller, fester Fels mit guten Griffen und Tritten. Kanten- und Gratkletterei mit viel Luft unter den Beinen. Tiefblicke und Ausblicke. Und wie geht's jetzt weiter? Immer geht's gut weiter!
Der Stadlwandgrat ist also ein Idealweg für Anfänger, und das bedeutet auch, daß sich auf ihm im Frühjahr infolge des großen Andranges die Teilnehmer von Kletterkursen gegenseitig auf die Finger steigen. Am Alpenostrand gibt es wohl kaum einen Kletterer, der nicht zumindest einmal über den Stadlwandgrat geklettert ist.
Der Stadlwandgrat endet auf einem Hangvorsprung oder Seitengipfelchen (1407 m hoch) des Schneeberges. Kein Kletterer von heute denkt daran, vom Stadlwandgipfel auch noch auf den 2075 m hohen Hauptgipfel zu steigen. Denn knapp unterhalb dieses Felsengipfelchens befindet sich die berühmte „Märchenwiese", und dort endet zwischen Schneerosen im Frühjahr oder zwischen Herbstzeitlosen im Herbst eine Kletterfahrt über den Stadlwandgrat. Das Gras ist zu jeder Jahreszeit gleich weich und der Alltag von Wien oder Wiener Neustadt oder Eisenstadt gleich weit entfernt. Man zieht die Bergschuhe aus, legt den Kopf auf das gerollte Kletterseil und schaut zu den am Himmel ziehenden Wolken, die von hier aus genauso fern erscheinen wie auch von dem 668 Meter höher gelegenen Hauptgipfel.
Damals – also so um 1900 – waren noch einige ernsthafte Bergsteiger der Meinung, daß dieser neue Anstieg über den Stadlwandgrat wohl nur selten wiederholt werden würde, weil dieser ja nicht bis zum Gipfel des Berges bringt!

□

Vierhundertfünfzig Meter hoch ist an ihrer höchsten Stelle die Stadlwand und fast einen Kilometer breit; und trotz der zahlreichen Bäume, die in ihr munter gedeihen, bietet sie mit ihren steilen Kanten, glatten Plattenzonen und mächtigen Überhängen einen imponierenden Anblick. Aber sogar nach der Erstbegehung des sie begrenzenden Stadlwandgrates vergingen noch volle sieben Jahre, bis sie als Wand entdeckt wurde.
Der Entdecker war Franz Zimmer, der „Fürst der Berge", wie er auch genannt wurde. Über ihn heißt es (in der Festschrift des Österreichischen Alpenklubs, 1953): „Viele der Bahnbrecher, die die schwierigsten Anstiege eröffnet hatten, waren zu seiner Zeit noch in voller bergsteigerischer Tätigkeit, aber keiner war so volkstümlich wie der «Zimmerfranzl». Schon die engere Gesellschaft Zimmers, die «Zimmerplatte», war sehr zahlreich. Ihr gehörten an: E. Gams, O. Barth, G. und O. Jahn, Ingenieur

Kleinhans, Baron Kallina, H. Krempel, G. Schmidt, O. Langl und andere. Wenn Zimmer selbst im Zuge erschien, erregte dies Aufsehen. Selbst Fernerstehende raunten einander zu, was er wohl vorhabe. Denn er selbst machte mit auserwählten Berggefährten oder Bergschülern fast immer nur schwierigste Anstiege. Die anderen teilte er mit feinem Gefühl für Schwierigkeiten und bergsteigerische Fähigkeiten in Seilmannschaften und bestimmte zumeist auch den Führer. Widerspruch war ausgeschlossen, Einwendungen gab es nicht. Wohl beschlich manchmal die zu Führern Erwählten die Sorge, ob sie der Ehre auch gewachsen sein würden. Doch Zimmers sicherer Blick täuschte sich niemals; bei den von ihm selbst geführten oder eingeleiteten Fahrten ereignete sich nie ein ernster Unfall. Vielleicht spielte dabei auch Zimmers sprichwörtliches Glück eine Rolle."

1906 durchkletterte die „Zimmerplatte" die Stadlwand. Die schwerste Stelle dieses Durchstieges ist eine plattige Wandstelle, die dann nach ihrem Bezwinger „Zimmerplatte" genannt wurde. So ist also bei dieser Erstbegehung die „Zimmerplatte" über die „Zimmerplatte" geklettert!

1908 wurden noch zwei Durchstiege in der Stadlwand begangen: der Brunnerweg und die Roth-Weiß-Route (so benannt nach ihren Erstbegehern Ernst Roth und Bruno Weiß). 1914 begingen Karl Hans Richter, Ing. Mano Mandel, Architekt R. Heger und Rudolf Heinisch den markanten Pfeiler im linken Wandteil; diese Erstbegehung blieb aber infolge des beginnenden Weltkrieges unbeachtet. Erst nach Kriegsende sprach es sich dann sehr schnell herum, daß dieser „Richterweg" in Verbindung mit dem Stadlwandgrat nicht nur die längste Schneebergkletterei ist, sondern auch eine faszinierende Felsfahrt.

Schlüsselstelle ist die „Richterplatte". Diese kleingriffige Wand läßt sich nicht mit Kraft bezwingen, man muß sie „mit Schmäh nehmen". Also: Spreizen, auf Druck und Reibung klettern, das Körpergewicht verlagern, blitzschnellen Trittwechsel vornehmen, Untergriffe benützen, kurz alles, was es da so an Kletterschmähs gibt, anwenden. Vor und nach dieser Richterplatte gibt es aber auch noch andere Kletterdelikatessen – wie die Verschneidung oder die „Schwimmplatte" oder den „Nasenquergang". Ein zünftiger Weg! So zünftig wie sein Erstbegeher Karl Hans Richter, der noch als Siebzigjähriger (in Begleitung einer jungen feschen Dame) als Führender seinen Weg meisterte.

□

Im Frühling 1933 versuchten Rudl Klose und Fritz Schmid den mit mächtigen Überhängen gespickten östlichen Wandteil der Stadlwand zu durchsteigen. Nach Überwindung großer Schwierigkeiten kamen sie schließlich auf eine abschüssige Plattform mit einem großen Baum, erkletterten den Baum und ... Schluß der Vorstellung!

Über dem Baum sahen die beiden Kletterer nur kompakten Fels ohne jegliche Ritze für einen Mauerhaken. Voll Grimm mußten sie allerdings feststellen, daß es etwa fünf Meter über dieser unbegehbaren Wand schon wieder kletterbares Gelände gab. Flügel müßte man haben!

Wenn schon nicht Flügel, so hatten Klose und Schmid nach ihrem Rückzug eine gute Idee. Sie seilten sich von oben in die Wand und bohrten mit einem Steinbohrer fünf Meter oberhalb des großen Baumes ein Loch in den Fels, in das sie einen Bilderhaken steckten. Dann stiegen sie wieder von unten in ihre Wand ein, erkletterten den Baum, warfen von ihm aus ein Seil über den Bilderhaken und hantelten daran über die ungangbaren Meter hoch. So gelang die erste Begehung des BG-Weges (BG = Bergsteigergruppe) durch die Stadlwand, der ersten Kletterroute am Schneeberg, bei der Bohrhaken verwendet wurden.

Natürlich, so einfach, wie sich das erzählen läßt, ist es in Wirklichkeit nicht. Die Sache mit dem Bilderhaken hat nämlich einen Haken! Dieser Bilderhaken steckt unter einem kleinen Wulst, und wenn man das Seil von dem Baum aus nach ihm wirft, so prallt dieses meist von dem Wulst ab, anstatt sich brav über den Haken zu legen. So mancher Kletterer verbrachte schon Stunden auf dem Baum mit Lassowerfen nach dem verflixten Haken.

Und da gab es noch einmal eine gute Idee: Man pflückt irgendwo ein ungefähr fünf Meter hohes Bäumchen, schneidet ihm die Zweige ab und zieht dann das Bäumchen durch die Wand. Bei der Seilwurfstelle klettert man dann auf den Baum, zieht das Bäumchen hoch, befestigt daran einige aneinandergeknotete Trittschlingen und hängt diese in den Bilderhaken ein. In den Trittschlingen steigt man dann über die ungangbaren Meter höher.
Diese Technik führte dann im Laufe späterer Jahre zu einer großen Streitfrage: Soll ein solch hilfreiches Stativbäumchen zur gefälligen Benutzung für alle Nachfolger deponiert werden, oder soll sich jeder BG-Weg-Kletterer gefälligst sein eigenes Bäumchen durch die Wand hochziehen? Die Frage nach dem großen Unbekannten steht jedenfalls vor jeder Begehung des BG-Weges: War der Vorgänger ein Wohltäter an der Menscheit oder ein Individualist, der meint, daß etwas Ausgefallenes zu diesem seltsamen Kletterweg einfach dazugehört so wie das A zum B? Also entweder Lassowurf oder Baumtransport!

□

Als der spätere Eiger-Nordwand-Bezwinger Fritz Kasparek 1936 zum Marmolada-Südpfeiler zog, da wußte er, daß dieser als die gefährlichste und gefürchtetste Dolomitenkletterei galt.
Kasparek war allerdings dann sehr beruhigt, als er erfuhr, daß vor einigen Tagen zwei Kletterern aus Gloggnitz erstmals die Begehung des Pfeilers in einem Tag geglückt war. Denn weder der Name Hans Nigmann noch Josef Reischmann war damals in extremen Bergsteigerkreisen bekannt, und Kasparek meinte, ,,wenn sogar Raxkletterer den Marmoladapfeiler derpacken, dann brauchen wir uns keine Sorgen machen''!
Nach seiner Bezwingung des Marmoladapfeilers (die er auch nach der Eiger-Nordwand als die schwerste Bergfahrt seines Lebens bezeichnete) sprach Kasparek dann nur noch mit größter Hochachtung von den zwei Gloggnitzern.
Nigmann und Reischmann waren es auch, die am 30. und 31. Mai 1934 in der Stadlwand jene Plattenflucht durchstiegen, von der damals alle Zünftigen überzeugt waren, daß da ,,niemals ein Mensch hinaufkomme''.
Damals hatte gerade der Wiener Bergsteiger Karl Poppinger einen neuen Schwierigkeitsbegriff für das ,,Letzte im Fels'' geprägt: alleräußerst schwierig. Die Stadlwandplatte wurde der erste Kletterweg im Schneeberg-Raxgebiet, der diese Bewertung ,,alleräußerst schwierig'' bekam, und mehr als dreißig Jahre lang blieb sie dann auch die schwerste Schneebergkletterei.
In Verruf kam die Stadlwandplatte bereits ein Jahr nach der Erstbegehung, als zwei Spitzenkletterer von damals nach einem Sturz und Ausbrechen mehrerer Haken auf ihr in Bergnot gerieten. Die schwierige Bergung der beiden dauerte dann von 4 Uhr Nachmittag bis nächsten Vormittag 11 Uhr – also 19 Stunden!

□

1935 durchkletterten Franz Gaisbauer, Gerti Petsek-Zapp und Fritz Schmid den ,,Unmittelbaren Stadlwandkessel'' und bewerteten diese prächtige Plattenkletterei als ,,überaus schwierig''.
Gaisbauer und Schmid galten zu dieser Zeit als aufgehende Sterne am Kletterhimmel (leider erlosch Fritz Schmids Leben schon ein Jahr später in einem Schneesturm am Hochtor-Ödsteingrat). Trotzdem waren alle Zünftigen skeptisch gegen diese Neutour . . . ,,Die kann doch nix sein, wenn sogar ein Weib bei der Erstbegehung mit dabei war!''
Damals wurde eine Frau am Berg noch allgemein nur als ein ,,Skihaserl'' oder als ein ,,Fels-Tschapperl'' von den Herren zur Kenntnis genommen . . .

□

Was bedeutet für einen Bergsteiger eine Erstersteigung oder eine Erstbegehung?
Erstbesteigungen wurden (werden) gemacht, um zum erstenmal auf einem Gipfel zu stehen.
Erstbegehungen wurden (werden) gemacht, um eine Wand, einen Grat, eine Kante als erster Mensch zu erklettern.
Warum?

Weil die Bergsteiger meinen, durch eine Erstbegehung berühmt zu werden?
Das glaubt heute selbst der ehrgeizigste Kletterer nicht mehr. (Sogar von der allerschwersten Direktroute, die in den letzten Jahren gemacht wurde, kennen die Extremen von heute nicht mehr die Namen der Erstbegeher.)
Warum also: Erstbegehung?
Es gibt zwei Gründe dafür. Erster Grund: Weil jeder das Abenteuer liebende Mensch das Bedürfnis hat, einmal dort zu stehen, wo vor ihm noch kein Mensch gestanden ist. Zweiter Grund: Weil jeder Erstbegeher hofft, einen Weg entdeckt zu haben, der nach ihm noch vielen anderen Menschen das süße Gift der Kletterfreude geben kann – also den „Traumweg", in dem seine Persönlichkeit weiterlebt.
Karl Hans Richter, der Erstbegeher des Richterweges durch die Stadlwand, wurde einmal gefragt, wie er sich als Erstbegeher des berühmten „Richterweges" fühle. Er antwortete: „So wie Columbus, wenn er heute die Schiff- und Flugfahrpläne nach Amerika lesen könnte!"

□

Auf der Suche nach alpinem Neuland wurden am Schneeberg bis heute alle großen Wandzonen aufgesucht und durchstiegen.
Einen alpinen Haupttreffer machten im Jahre 1931 Bruno Engau, Franz Siebenheitl und Sepp Steiner, als sie den Gamsgatterlgrat an der Schneeberg-Nordseite entdeckten. Das „Gamsgatterl" selbst ist eine natürliche Felsbrücke, unter der die Gemsen von einem Kar ins andere wechseln und über die der Kletterer luftig-lustig hinüberbalanciert. Dieser Gamsgatterlgrat besitzt überhaupt einige originelle Kletterstellen, wie zum Beispiel das sogenannte „Nadelöhr" oder den „Kaiserriß" (der so eisenfeste Griffe hat, daß man sich am Wiener Schneeberg wie im Wilden Kaiser fühlt). Der Höhepunkt ist jedoch der Ausstiegskamin: In diesem befindet sich sehr oft ein Bergdohlennest, und wenn der Kletterer über den sperrenden Klemmblock hinwegspreizt, dann hat er in den jungen Bergdohlen ängstlich piepsende Zuschauer!
Angeeifert von einem solchen „Hit" wie der Gamsgatterlgrat gaben es die Kletterer nicht auf, weiterhin nach ihrem „Traumweg" zu suchen. So auch in den Wänden des Hochgangs über Kaiserbrunn, durch deren zahmeren Teil schon seit alter Zeit ein Jagdsteig führt. Der Fritz Schmid-Weg (1936 erstbegangen) und der Südwestpfeiler (1951) sind schöne kurze Klettereien, konnten aber doch nicht die allgemeine Begeisterung erwecken, obwohl die hellen Felsen des Hochgangs von Kaiserbrunn aus in nur 30 Minuten Gehzeit erreichbar sind.
Und dann gab es im Jahre 1954 doch noch eine kleine Sensation!
Walter Kubik, Friedrich Kysela und Hans Schrepfer erkletterten in den Krotenseemauern erstmals die „Bügeleisenkante" – und diese wurde sofort zur Modetour. Obwohl diese Kante ebenfalls nur eine „schöne kurze Kletterei" ist. Allerdings: Zu ihrem Einstieg geht man nicht dreißig Minuten, sondern zwei Stunden und dreißig Minuten! Aber nachdem die „Bügeleisenkante" zur Modetour geworden war, stapften selbst die gehfaulsten Kletterer (solche gibts viele!) mit einem genüßlichen Vorfreudelächeln zu diesem Einstieg hinauf.
„Hast du schon die Bügeleisenkante gemacht?" Wer sie noch nicht gemacht hatte, galt als ein Unterentwickelter unter den Kletterern. Der verhältnismäßig lange Zustieg galt plötzlich als das Besondere dieser Klettertour! Und man schwärmte vom „überdachten Riß" und von dem steilen Kantenstück, an dem man wie auf einer Stiege höhersteigen kann.
Jedoch: Mode ist wendig wie das Wetter! Seit vielen Jahren ist nun die Bügeleisenkante schon wieder vollkommen in Vergessenheit geraten. Und das ist irgendwie unbegreiflich, denn eindeutig gibt es auf dieser Kante den besten und schönsten Fels vom ganzen Schneeberg!

□

Mit dem Bericht von der ersten Durchsteigung des Wasserofens begann diese kleine Plauderei über das Klettern am Wiener Schneeberg. Und in dieser Wasserofenwand wurde 1967 dann auch die bis heute schwierigste Schneeberg-

kletterei gemacht: der „Gelbe Riß". Erstbegeher: Kurt Reha und Robert Rochefort.
„Sehr schöne, aber ernste Freigehtour", schrieb nach der 6. Begehung der Spitzenkletterer Karl Kosa 1971 ins Tourenbuch vom Weichtalhaus. Drei Jahre später durchkletterten Karl Kosa, Hans Hoffmann und Theddy Auterith den Wasserofen auf einem neuen Weg, den sie „Weg der Freunde" nannten. Sie arbeiteten dabei mit Bohrhaken und Holzkeilen. Trotzdem halten Kosa und auch Hoffmann den „Gelben Riß" für die schwierigere Tour . . ., „weil man dort etwas riskieren muß"!
Kurt Reha wie auch Robert Rochefort leben heute nicht mehr, sind am Berg gestorben. Weil sie zuviel riskierten? Das haben sie nicht! Die beiden waren gut und stark am Berg. Nur manchmal ist der Berg noch stärker. Bergkameraden haben dann zur Erinnerung an ihre Freunde an der Rax einen „Reha-Gedächtnisweg" und einen „Rochefort-Gedächtnisweg" erstbegangen. Aber das wäre gar nicht notwendig gewesen, denn im „Gelben Riß" haben sich die Zwei ohnedies mit ihrer eigenen Handschrift ein Denkmal für alle Zeiten gesetzt. Und das im romantischesten Winkel, den es am Schneeberg gibt und über den Fritz Benesch in seinem Schneebergführer schreibt: „Eine prächtige Felswildnis, wie wir sie am Schneeberg nicht häufig antreffen, belohnt den ausdauernden Kletterer für die erheblichen Mühen eines ungewöhnlich steilen Anstieges. Die Landschaft erhält durch den merkwürdigen Aufbau der glatten Mäuer und den schluchtartigen Abschluß des Grabens ein ganz eigenartiges Gepräge und läßt sich hierin mit nichts Ähnlichem im Schneeberg-Raxgebiete vergleichen. Besonders der Talschluß mit dem dünnen, über die glatten, weißen Mauern rieselnden Wasserfall gibt fast das Bild einer antiken Landschaft."

Am Fuß von Schneeberg und Rax

„Der Städter, überdrüßig der erstickenden Stadtluft, müde der kleinlichen Intriken und der das Herz so unbefriedigt lassenden Beschäftigungen des Stadtlebens, gelangweilt in den glänzenden Zirkeln, und aufgebracht über die Kriteleien, Eifersüchteleien, leeren Komplimente und politischen Luftstreiche seiner Nachbarn und sogenannten Freunde, sehnt sich mit gepreßtem, überwallendem Herzen hinaus in Gottes freie Natur, wo ewig reine Luft vom heitern Himmel weht."

Joseph Widemann in dem 1805 erschienenen Werk „Mahlerische Streifzüge durch die interessantesten Gegenden um Wien"

Talorte – Steckbrief

GUTENSTEIN, 482 m. Als Sommerfrische im Voralpenland schon von Ferdinand Raimund gepriesen:

„So schau' ich dich im Frühlingschein,
Du mein geliebtes Gutenstein ...
Die Welt, so alt sie immer sei,
An Trug und Täuschung bleibt sie neu,
Und edle Wahrheit thronet nur
Im Herzen kräftiger Natur."

SEHENSWERT: Spätgotische *Pfarrkirche* mit schöner Innenausstattung – *Schloß Gutenstein,* erbaut 1671/74 von Johann Balthasar Graf Hoyos, 1818 umgebaut – *Burgruine Gutenstein.* Der Babenbergerherzog Leopold der Glorreiche war im 13. Jahrhundert Bauherr der Burg, Herzog Friedrich der Schöne starb 1330 in ihr, Matthias Corvinus von Ungarn saß darin als Gefangener und eroberte sie später im Handstreich, die Türken konnten sie nicht erobern – heute ist sie eine romantische Ruine. – *Das Waldbauernmuseum* (Holzmuseum) in der Alten Hofmühle – *Die Raimundvilla,* ein klassizistischer Bau, entstanden um 1820 – *Raimunds* († 1836) *Grab* auf dem Friedhof.
AUSFLÜGE: *Mariahilferberg,* 705 m. Eine der bedeutendsten Wallfahrtsstätten Niederösterreichs, entstanden im 17. Jahrhundert, Kirche und Kloster aus dem Anfang des 18. Jahrhunderts. Die Wälder neben der Wallfahrtskirche sind ein kleines Wandergebiet für sich. Herrliche Ausblicke auf den Schneeberg! – *Öhler (1181 m) / Schober (1213 m) / Mamauwiese.* Eine der schönsten und beliebtesten Voralpenwanderungen – Auf den *Unterberg* (1341 m), an dem die Schwarza entspringt.

PUCHBERG am Schneeberg, 585 m. Sommerfrische mit schönen Spaziergängen über die Almwiesen der näheren Umgebung, Kurort, Wintersportplatz. Der Schneeberg beherrscht den Ort, der Ausgangspunkt für Schneebergbesteigungen ist und in dem sich auch die Talstation der Zahnradbahn befindet. Der älteste und leichteste Schneeberganstieg ist der neben der Zahnradbahntrasse dahinführende Hengstweg; Gehzeit von Puchberg bis auf den Schneeberggipfel: 4½–5½ Stunden.
BAUTEN: *Pfarrkirche.* Urkundlich erwähnt bereits 1069! Derzeitiger Bau aus dem Jahre 1526, jedoch durch Einsturz, Brand und Blitzschlag oft beschädigt (zuletzt 1945) und wieder renoviert – *Burgruine Puchberg* aus dem 12. Jahrhundert und *Burgruine Losenheim* aus dem 13. Jahrhundert.
AUSFLÜGE: Besuch der zur Gemeinde Puchberg gehörenden Orte *Schneebergdörfel* und *Rohrbachgraben* – Zu Fuß (über die Allelujahöhle) oder mit dem Sessellift auf den *Himberg,* 946 m – Zu Fuß oder mit dem Sessellift von Losenheim zur *Sparbacher-* und *Edelweißhütte,* 1240 m – Zum *Losenheimer Wasserfall* (und eventuell über den Römerweg weiter zur *Mamauwiese,* 940 m) – Besichtigung der mächtigsten Burg am Fuße des Schneebergs: *Stixenstein,* erbaut im 12. Jahrhundert, erneuert 1347, 1549, 1843. Berchfrit mit 4 Meter dicken Mauern!

STIXENSTEIN, 470 m, und **SIEDING,** 470 m. Zwei kleine Dörfer im engen Sirningbachtal, von denen Stixenstein wegen seiner imposanten Burg das bekanntere ist.
Ausflugsmöglichkeiten in das Gebiet des *Gahns.*

ST. JOHANN, 432 m. Dorf am Ausgang des Sirningbachtales.
SEHENSWERT: Romanisch-gotische *Wehrkirche* (Johanniskircherl) mit Fresken aus dem 13. bis 15. Jahrhundert.
Ausflugsmöglichkeiten in das Gebiet des *Gahns.*

TERNITZ, 380 m. Industriestadt.
AUSFLÜGE: Zur Aussichtswarte auf den *Gfieder*

(609 m) – Ternitz oder Pottschach sind Ausgangspunkt für den längsten, aber landschaftlich sehr reizvollen Schneeberganstieg: Bürg-Hals – Gahns – Baumgartnerhaus – Gipfel, Gehzeit ca. 7 Stunden.

POTTSCHACH, 420 m. Industrieort.
SEHENSWERT: Spätgotische *Pfarrkirche* – *Schloß* (ehem. Wasserschloß) aus dem Jahre 1573.
AUSFLÜGE: Wie von Ternitz aus.

GLOGGNITZ, 428 m. Alte Siedlung am Nordfuß des Semmering (Ulrich von Liechtenstein, 1227: „... do zogt ich über den Semernic gegen Glokeniz ..."), heute Industriestadt. Das moderne „Alpenbad" wird gerne nach Schneeberg- oder Raxfahrten zur Erfrischung vor der Heimreise aufgesucht.
SEHENSWERT: Schloß *Gloggnitz* (ehem. Propstei, 1094–1803, des bayerischen Benediktinerstiftes Formbach) – Gotische *Pfarrkirche,* im 18. Jahrhundert barockisiert – Gotischer Chor der ehem. *Kirche St. Othmar* – Neue *Pfarrkirche,* 1933/34 von Clemens Holzmeister erbaut.
AUSFLÜGE: Nach *Schloß Wartenstein* (12. Jahrhundert, teilweise neuerbaut im 17. Jahrhundert) – Nach *Schloß Kranichberg* (12. Jahrhundert, einige Male umgebaut) – Von *Stuppach* (Schloß der Grafen von Walsegg aus dem 16. Jahrhundert mit Zubauten aus dem 17.–19. Jahrhundert) durch den Stuppachgraben oder über Silbersberg zur Boden- oder Kaiserwiese und von dort weiter zum Hochschneeberg.

SCHLÖGLMÜHL, 470 m, und **AUF DER WIESE,** 661 m. Oberhalb des Industrieortes Schlöglmühl befindet sich der kleine Sommerfrischenort „Auf der Wiese" in aussichtsreicher Lage. („Wo haben Sie Ihren Urlaub verbracht?" – „Auf der Wiese!")
AUSFLÜGE: Viele Möglichkeiten für kleinere und größere Rundwanderungen im Gahnsgebiet.

PRIGGLITZ, 636 m. Sommerfrische und Wintersportort am Osthang des Gahns. Als Pfarre wird Prigglitz bereits 1270 urkundlich genannt; der „Pfaff vom Kahlenberg", ein Gefolgsmann Otto des Fröhlichen, soll auch in Prigglitz Pfarrer gewesen sein.
Sehenswert: Gotische *Pfarrkirche* mit barocken Veränderungen.
AUSFLÜGE: Nach *St. Christoph* – Auf den *Weisjacklberg* (806 m) – Auf die *Alpleiten* (1287 m).

PAYERBACH, 480 m. Sommerfrische am Fuß von Schneeberg, Rax und Semmering.
BAUTEN: Spätgotische *Pfarrkirche* (einst Wehrkirche), 1884 restauriert – Der große *Viadukt der Semmeringbahn* (1848–1854 erbaut, das Vorbild für alle Gebirgsbahnen der Welt).
AUSFLÜGE: Auf den *Kreuzberg,* 1084 m, der eine prachtvolle Aussicht auf Rax und Schneeberg bietet – Über Küb zur *Ruine Klamm* (eine mächtige Felsenburg aus dem 12. Jahrhundert, mehrmals zerstört, im 19. Jahrhundert zum Teil restauriert) – Über die Gahnsleiten zur *Waldburgangerhütte,* 1182 m, am Südrand der großen Bodenwiese (ca. 2,5 km lang und 500 m breit).

REICHENAU, 500 m. Sommerfrische, Wintersportplatz, Kurort.
Das Ortsbild wird bestimmt von dem schattigen Kurpark, den Kurhotels und vielen Sommervillen der einstigen Geld- und Geistesaristokratie. Reichenau ist aber auch Ausgangsort für einen der ältesten Schneeberganstiege: der Weg durch die romantische Eng. Gehzeit von Reichenau bis auf den Schneeberggipfel ca. 5–6 Stunden.
BAUTEN: *Pfarrkirche,* erbaut 1845 – *Schloß,* nach Brand 1830 neu erbaut, mit Mauerresten und Türmen des alten Schloßbaues von 1645 – *Wartholzkreuz,* entstanden um 1500.
SEHENSWERT: Bergbau- und Heimatmuseum im Kurtheatergebäude.
AUSFLÜGE: *Kletschkahöhe,* schöner Aussichtspunkt, nach einem der ersten ständigen Sommergäste Reichenaus benannt – Besuch der *Holzriese in der Eng,* eventuell weiter bis zum Schutzhaus auf der *Knofeleben,* 1250 m.

HIRSCHWANG, 494 m. Industrieort, Sommerfrische, Talstation der Raxseilbahn. Von Hirschwang (oder Edlach) aus kann über den Knappenhof der Törlweg erreicht werden, der leich-

teste und bequemste Raxanstieg in diesem Gebiet, Gehzeit: 3–3½ Stunden.
SEHENSWERT: Das *Augenbrünnl,* eine malerische Waldkapelle oberhalb des Ortes am Hang des Knappenberges – Das alte *Bet- und Versammlungshaus der Bergknappen* nahe dem Gasthof „Knappenhof".

KAISERBRUNN, 521 m, bestehend aus einem großen Gasthof und einigen Häusern. Stützpunkt für Schneeberg- und Raxbesteigungen.
SEHENSWERT: Das *Wasserschloß* der 1. Wiener Hochquellenwasserleitung – Das *Wassermuseum* (geöffnet jeden Sonntag von 10–12 Uhr).

NASSWALD, 600 m. Ausgangsort für Rax- und Schneealpenbesteigungen.
SEHENSWERT: Das von Georg Hubmer errichtete *Bet- und Schulhaus – Georg Hubmer-Museum* (interessante, in einem kleinen Blockhaus untergebrachte Sammlung) – *Hubmers Grab* auf dem Friedhof, wo auch die Gräber der berühmten Raxführer Daniel Inthaler und Naz Spielbichler sind.
AUSFLÜGE: In das Preintal und zu *Hubmers Tunnel auf dem Gscheidl,* 1134 m. (Dieser ist verstürzt; jedoch der zweite auf dem Gscheidl angelegte Tunnel ist an der Südseite noch ca. 200 m begehbar, Licht mitnehmen) – Auf den *Großen Sonnleitstein,* 1638 m, einen prachtvollen Aussichtsberg mit felsigem Gipfelaufbau.

VOIS, 680 m. Ausgangsort für eine Besteigung des Kuhschneeberges.

SCHWARZAU im Gebirge, 618 m. Sommerfrische, Wintersportort – und außerdem ein herrlich verträumtes Gebirgsdörfl mit romantischer Umgebung.
SEHENSWERT: *Pfarrkirche* aus dem 15. Jahrhundert.
AUSFLÜGE: *Naturpark Schwarzau* mit Alpengarten – *Falkenstein,* 1011 m, wunderschöner Aussichtsberg – *Obersberg,* 1464 m, mit Waldfreundehütte – *Handlesberg,* 1363 m – Zu *Hubmers Tunnel auf dem Gscheidl,* 1134 m.

EDLACH, 526 m. Sommerfrische, Ausgangsort für Raxbesteigungen (Törlweg).
BAUTEN: Der *Floßofen* (Schmelzofen aus dem 16. Jahrhundert)
AUSFLÜGE: Zum *Knappenhof* (768 m) – Auf den *Kreuzberg* (1084 m) – In die *Großau* (freundliches, weites Tal unter den Abstürzen der Rax) und zur *Großauerhütte* (900 m, Jausenstation)

PREIN a. d. Rax, 700 m, Sommerfrische, Wintersportort, Ausgangsort für Raxbesteigungen. – Die schöne Lage dieses Ortes zeigt sich erst richtig bei einer Besteigung des Kirchenhügels, von dem aus man einen prachtvollen Blick auf die das Tal beherrschende Preinerwand gewinnt.
BAUTEN: *Pfarrkirche* aus dem Jahre 1865 an der Stelle einer baufällig gewordenen und abgetragenen Kirche aus dem 15. Jahrhundert.
AUSFLÜGE: Über die Trasse der 2300 m langen Rodelbahn auf das *Preiner Gscheid* (1070 m) und weiter bis zum *Waxriegelhaus* (1360 m) unterhalb der Abstürze des Predigtstuhls – In die *Griesleiten,* in „deren grünen Grund die Felswände der Preinerwand gespenstig herabschauen" (J. Rabl) und die wirklich ein prachtvoller Talschluß ist – Auf den *Kreuzberg* (1084 m).

MÜRZZUSCHLAG, 670 m; am Südfuß des Semmerings. Endpunkt der Semmering-(Süd-)bahn, Abzweigung der Bahnstrecke nach Neuberg. Urkundlich wird eine Kirche in „Mörzeslage" 906 erstmals erwähnt; Ende des 19. Jahrhunderts wurde Mürzzuschlag der erste Wintersportort Österreichs; seit 1924 Stadt.
BAUTEN: *Pfarrkirche* aus dem Jahre 1766 mit älteren Bauteilen – Ehem. *Franziskanerkirche,* 1648–1657 erbaut, 1798 profaniert – *Hl. Geist-Kapelle* aus dem Jahre 1679.
SEHENSWERT: *Wintersportmuseum* (eine äußerst interessante Schausammlung) – *Städtisches Museum* (Erinnerungen an den Bau der Semmeringbahn, an Erzherzog Johann, Johannes Brahms, der Sommergast in Mürzzuschlag war, und an Peter Rosegger)

KAPELLEN, 702 m, und **ALTENBERG,** 800 m. Sommerfrischen, Wintersportorte, Ausgangs-

orte für Rax- und Schneealpenbesteigungen. – Faszinierendes Erlebnis für jeden, der die Rax bisher nur von der niederösterreichischen Seite aus aufgesucht hat: Er lernt mit der „steirischen" Rax einen neuen Berg kennen! Der schönste Anstieg zur Heukuppe: der Weg über die Karreralm, Gehzeit von Altenberg bis zum Gipfel: 3–3½ Stunden.
SEHENSWERT: *Pfarrkirche* mit gotischem Chor (1346?)

NEUBERG a. d. Mürz, 725 m. Sommerfrische in weitem, freundlichem Talgrund, Wintersportort, Ausgangsort für Besteigungen der Schneealpe und der Hinteralm.
BESONDERE SEHENSWÜRDIGKEIT: Die ehemalige, 1327 gegründete *Zisterzienser-Abtei* mit der Stiftskirche, dem Kreuzgang und dem Klostergebäude. Wenn keine Führung stattfindet, ist der Kirchenschlüssel im Mesnerhaus erhältlich.

Alte Ansicht von Gutenstein nach einem Stich aus Georg Mathias Vischers Topographie 1672

„O göttliche Natur! so seufzen hier die Wiener!“

Von der aus Vindobona nach dem Süden ziehenden Römerstraße zweigte bei dem heutigen Leobersdorf eine Nebenstraße ins Gebirge ab. Diese führte über Fischau, Grünbach, Puchberg und die Mamauwiese hinüber in die eisen- und salzreiche Steiermark. Zum Austausch wurden damals Getreide und Wein transportiert.

Die sogenannte „Römerhand“ am Ortsrand von Puchberg dürfte ein ehemaliger Wegweiser dieses uralten Verbindungsweges sein. Wandert man über den „Römerweg“ hinauf zur Mamauwiese, so kann man stellenweise heute noch deutlich die Trasse jener alten Straße erkennen, die später auch die „Weinfurt“ genannt wurde. Wahrscheinlich gab es an diesem Weg über die Berge schon im Mittelalter ein Hospiz. Der Name „Klostertal“ läßt darauf schließen, außerdem auch einige auf der Mamauwiese gefundene Fundamente.

1150 wird urkundlich ein Udalrich von Sneperch genannt, 1260 ein Eberhard von Puchperch.

Urkundlich überliefert ist auch der erste Sommerfrischler in Puchberg (damals noch Buchberg). Das war der Wiener Seidenfabrikant Reinhard Friedrich Siebert († 1861), der 1830 erstmals mit seiner Familie in Puchberg den Sommer über Quartier bezog. Siebert war jedoch mehr als nur ein Sommergast. Er pflanzte Obstbäume und brachte alle Jahre Blumen und Sträucher zum Schmuck der Hausgärten von Puchbergs Bewohnern mit. So wie der Vater wählte auch Friedrich Sieberts Sohn († 1889) ebenfalls Puchberg als Sommerruheplätzchen. Und dieses Friedrich Sieberts Sohn – natürlich hieß er ebenfalls Friedrich († 1903) – war dann bereits Ehrenmitglied der Freiwilligen Feuerwehr und des Verschönerungsvereines etc. von Puchberg. Kein Sommerfrischler von heute wird auf so eine über Generationen und durch Jahrzehnte aufgebaute Sommerfrischler-Tradition zurückblicken können!

Wandert man von Puchberg über den „Römerweg“ hinauf zur Mamauwiese, so kann man sich dort an einer kleinen Quelle mit eiskaltem Wasser erfrischen. Diese Quelle wird Sebastiansbrünnl genannt. Einst stand neben ihr eine Steinfigur des hl. Sebastian, die jedoch um die Mitte des 18. Jahrhunderts vom Blitz zerstört wurde. Nachher wurde in einem ausgehöhlten Baumstamm ein hölzerner Barockengel aufgestellt, der bald als „Wastl von der Mamauwiese“ bei der Landbevölkerung hohe Verehrung genoß. Er wurde von Augenleidenden und von an Keuchhusten Erkrankten aufgesucht; es fanden aber auch in Kriegszeiten und bei Trockenheit Bittgänge zu ihm statt. Diesen nackten Barockengel hatte man züchtig mit einem weißen Hemdchen bekleidet – und so kann man ihn auch heute noch sehen, vor dem Waldbauernmuseum in der alten Hofmühle zu Gutenstein, wohin man ihn 1951 gebracht hat.

Natürlich stand weder die Steinfigur des Sebastian noch der hölzerne „Wastl“ am Beginn dieses Kults um die Quelle auf der Mamauwiese. Die Wurzeln eines solchen Wasserkults liegen fast immer in urgeschichtlicher Zeit, in der gewisse Bäume, Steine und Quellen besondere Stätten der Verehrung waren. Später wurden diese von christlichen Wallfahrtskirchen überbaut, wobei festzustellen ist, daß es fast keine Wallfahrtsstätte gibt, in deren Ursprungslegende nicht der alte Baum- oder Steinkult weiterlebt (z. B. Maria Dreieichen oder Maria Taferl), und daß es fast in oder bei jeder Wallfahrtskirche auch einen „Heiligen Brunnen“ gibt. Das Wasser dieser „Heiligen Brunnen“ wird fast immer – wie auch beim „Sebastiansbrünnl“ – als hilfreich gegen Augenleiden angesprochen, und kein echter Pilger versäumt es, damit seine Augen zu waschen oder zumindest zu benetzen. Und so wie bei den rituellen Waschungen der Mohammedaner ist auch der uralte Quellenkult in unseren Zonen mehr als nur ein frommer alter Brauch. In den vergangenen Zeiten litten die Menschen infolge der offenen Feuerstellen sehr häufig an Augenkrankheiten; andererseits hielten sie nicht allzuviel vom Waschen. Ein Augenbad an einem „Heiligen Brunnen" konnte dann tatsächlich wie ein kleines Wunder wirken. Damals hatte man außerdem bereits erkannt, daß Luftveränderung und Höhenluft bei Keuchhusten Linderung bringen kann. – Auch als es in Puchberg noch kein modernes „Kurmittelhaus" gab, galten reines Wasser und reine Luft schon als Medizin.

□

„Über schöne Wiesen und fruchtbare Ackergründe kam ich an das westliche Ende des Thales von Buchberg. Hier schien kein Ausweg möglich. Ungeheure Berge, die der Höhe des Schneeberges wenig nachzugeben schienen, reihten sich an ihn fest an, und andere ragten mit ihren dunklen Waldgipfeln hinter diesen hervor. Der nahe Schneeberg selbst erregt ein schauderndes Staunen, wenn man mit zurückgebogenem Haupte an seinen fürchterlichen, in die Wolken reichenden Steinwänden hinaufschaut, und die losen Felsen erblickt, die alle Augenblicke herabzustürzen drohen. Überhaupt ist diese Gegend keiner genauern Beschreibung fähig; denn die Gegenstände sind so groß und riesenmäßig, so fürchterlich schön, und in ihrer Zusammenstellung so erhaben und manchfaltig, daß es die Feder umsonst versucht, die ersteren würdig, und die letztere deutlich genug zu schildern." – So schrieb Embel im Jahre 1801 – und beschrieb dann das „unbeschreibliche" Tal von Puchberg recht genau.

Was den Besucher von einst begeisterte, ist auch heute noch Ziel der „Puchberger Spaziergänge":

Die Ruine Losenheim und der Losenheimer Wasserfall: Urkundlich wird erstmals 1220 ein Wulfingus de Losenheim genannt. Nach der Sage wurde einst einer der Burgherrn gefangen genommen, jedoch sofort wieder freigelassen, nachdem sich herausgestellt hatte, daß vom Besitzer der eher ärmlichen Burg kein Lösegeld zu holen sei. Von diesem „Lass'n heim!" sollen die Losenheimer ihren Namen haben. – Natürlich empfanden die Reisenden der Romantik den ca. 35 m hohen Wasserfall besonders intensiv – und hoch. Nach ihren Beschreibungen rauschen die Wassermassen 100 Meter in die Tiefe.

Die Allelujahöhle am Himberg. Ganz offiziell mächtig gewachsen ist der 948 m hohe Himberg nach der Erbauung eines Sessellifts: In all den hübschen bunten Fremdenverkehrsprospekten wird er jetzt als „Tausender" offeriert! – Von der Allelujahöhle wird erzählt, daß sich darin im Türkenjahr 1683 ein Teil der Bewohner Puchbergs versteckt habe. Der Rauch des Lagerfeuers verriet die Flüchtlinge, und sie wurden alle niedergemetzelt. Schultes sah um 1800 in der Höhle noch einige stark versinterte Skelette liegen. Diese gruselige Entdeckung dürfte auch der Grund dafür sein, daß die nur etwa 10 m tiefe (und eher unbedeutende Höhle dann in dem 1807 erschienenen sechsbändigen Werk von C. R. Schindelmayr „Merkwürdigkeiten der Welt" als eine der drei bedeutendsten Höhlen von ganz Unterösterreich vorgestellt wurde.

Das Dorf Schneeberg, heute Schneebergdörfel genannt. Dieses liegt so dicht am Fuß der Schneebergsteilabstürze, daß einmal ein Urlauber aus Deutschlands Flachland schon nach zwei Tagen sein Quartier aufgab mit der Begründung: „Hier kann ich nicht Urlaub machen, weil ich dauernd das Gefühl habe, daß mir der ganze Schneeberg auf den Kopf fällt!"

Nur höchst selten aufgesucht wurde und wird das ebenfalls zu Puchberg gehörende Dorf *Rohrbach im Graben* (heute: Rohrbachgraben). Das war schon immer entlegen und gilt auch heute noch immer als entlegen. Noch bis 1874 gab es dort eine Wanderschule so wie in Peter Roseggers „Waldheimat": Der Unterricht wurde abwechselnd immer in einer anderen Bauernstube abgehalten. Trotz Fernsehantennen ist in Rohrbachgraben noch immer ein Hauch von jener Stille und Idylle zu spüren, der einst alle kleinen Alpendörfer umgab . . .

□

„Österreichs Chamonix" – so hatte Schultes Puchberg genannt und den Schneeberg euphorisch mit dem Montblanc verglichen.

Als der spätere Feldmarschalleutnant Freiherr von Augustin um 1835 Puchberg besuchte, fand er dort nur Unterkunft in einem Gasthaus, in dem er in einem winzigen Zimmerchen sein Mahl einnehmen konnte und dabei sehr oft ins Freie eilen mußte „um sich von der dumpfen Luft des schon lange verschlossenen Zimmers zu erholen". – Schmidl nannte 1839 Puchberg ein „ärmliches Dorf mit 40 Häusern".

Um 1860 begann man bei Puchberg Gips zu fördern, und dieses Gipsbergwerk wurde dann auch später ein wesentliches Argument für den Bau einer Bahnlinie nach Puchberg. Nach Eröffnung dieser Bahn entwickelte sich Puchberg rasch zum großen Sommerfrischenort.

Das Gipsbergwerk, das zu diesem Aufschwung des Ortes so wesentlich beigetragen hat, ist heute bereits ein gewaltiger Krater, eine eigene Welt unter dem Bodenniveau mit steilen Abstürzen und bizarren Türmen. Nunmehr haben allerdings moderne Produkte den Gips als Düngemittel verdrängt; im Puchberger Gipsbergwerk ist der Betrieb etwas eingeschränkt worden. Gerne wird das Bergwerk an Sonntagen von Mineralienliebhabern aufgesucht, die dort nach Gipskristallen suchen.

Jedoch: Ganz im Banne des modernen Landschaftsschutzes wurde vor kurzem bei der Gemeinde Puchberg angefragt, warum, wieso und weshalb eine so berühmte Sommerfrische zu diesem landschaftsverschandelnden Bergwerk ihre Zustimmung geben konnte. Und wo sich die Drahtzieher dieses Unfugs befinden? Unter der Erde, lautete die Antwort, schon seit Ende des vergangenen Jahrhunderts unter der Erde . . .

□

Burg Stixenstein im Sierningtal hat ihren Namen von dem Geschlecht der Stüchse, die im 12. Jahrhundert mit dem Bau begannen. 1547 ging sie in den Besitz der Familie Hoyos über.

Hoyos! Immer wieder stößt man im Schneeberg-Raxgebiet auf den Namen Hoyos. Sie waren dort Grund-, Burg- und Schloßbesitzer; ein Hoyos führte die erste Vermessung des Schneebergs durch, Nachfolger betrieben Holzgeschäfte mit dem „Raxkönig"; auf der Rax gibt es einen Hoyossteig, und auch den Grafensteig am Schneeberg ließ ein Graf Hoyos anlegen.

Die Hoyos kamen Anfang des 16. Jahrhunderts aus Spanien nach Österreich, wurden bald Gesandte, Minister, Ratgeber der Habsburger und erwarben Grund und Herrschaften im südlichen Niederösterreich. Durch die Heirat eines Hoyos mit einer Sprinzenstein kamen große Besitzungen im Waldviertel (Horn, Rosenburg u. a.) dazu, und Hoyos-Sprinzenstein ist seit damals der Name dieses Adelsgeschlechtes.

1595 erwarben die Hoyos auch die Herrschaft Gutenstein. Über Adam Euseb Graf Hoyos (geb. 1587) meldet der Familienchronist Karl Leeder Kurioses: „Sein Leben liegt gleichsam eingebettet zwischen Schuldurkunden und geistlichen Dokumenten; die letzteren spielen darin sogar eine so bedeutende Rolle, daß man ihn den Mönch des Hauses nennen könnte, obgleich er zweimal verehelicht war und Vater von zehn Kindern wurde."

Von Johann Ernst Graf Hoyos (der 1763 den Schneeberg vermessen hatte) heißt es: „Sehr gern machte der Graf in Gesellschaft Ausflüge ins Gebirge. Mit zwei Postzügen fuhr man bis zu irgend einem Punkte, wo man ausstieg, die mitgeführten Sättel den Zugpferden aufgelegt wurden und man sohin auf die Berge ritt, wohin die Diener mit Maultieren die Lebensmittel schafften. Auf der Höhe wurde oft übernachtet und dann wieder hinabgeritten zu einem anderen Stelldichein, wohin inzwischen die Bauern mittels Ochsen die beiden Wagen gebracht hatten. Nichts ging aber dem Grafen über das Vergnügen der Jagd, und er widmete sich demselben vorzugsweise auf dem Gahns. Dort hatte er auf einer Lichtung, welche einen Ausblick auf den nahen Schneeberg und weithin auf die Berge gegen Norden bietet, ein hölzernes Wohnhaus erbaut und zum Teil mit alten, dem Schlosse Stixenstein entnommenen Tapeten geschmückt."

Johann Philipp Graf Hoyos fuhr jede Woche mehrmals von Stixenstein zur „Cascade" von Losenheim – seinem Lieblingsplatz – und spielte in Gutenstein im Sägmeisterhäuschen mit den Jägern und Holzmeistern leidenschaftlich gerne Karten. Ernst Graf Hoyos schenkte der Gemeinde Wien die Stixensteinerquelle für

die Wiener Hochquellenwasserleitung, und ein Hoyos war es auch, der 1878 Kaiser Franz Joseph aus Mayerling die Nachricht brachte, daß sich der Thronfolger erschossen habe. Ebenfalls ein Hoyos schrieb ein Buch über Löwen- und Rhinozerosjagd in Afrika und ein anderer einen Gedichtband mit einem Umfang von fast 300 Seiten . . .
Das sind nur einige Streiflichter über die Freiherren und Grafen von Hoyos, einer deren Ahnherrn der Gotenkönig Gindasvindus gewesen sein soll, der im 7. Jahrhundert in Spanien herrschte.

□

Im Juli 1791 – so wird erzählt – stand eines Tages ein grauer, hagerer Bote vor Mozart und überreichte ihm einen Brief, der die Anfrage enthielt, ob er gegen gute Entlohnung ein Requiem komponieren wolle? – Mozart sagte zu.
Im August 1791 reiste Mozart zur Einstudierung seines „Titus" nach Prag. Bevor er aber den Reisewagen bestieg, stand plötzlich wie ein Geist wieder der graue Bote da und fragte, wie weit das bestellte Requiem gediehen sei?
Nach seiner Rückkehr aus Prag arbeitete Mozart dann eifrig an dem Werk, konnte es aber nicht mehr vollenden. Bevor er am 5. Dezember 1791 starb, sagte er noch zu seiner Frau, daß das Requiem des geheimnisvollen, unbekannten Bestellers nunmehr sein eigenes geworden sei.
Der Besteller war Graf Franz Anton von Walsegg, der in dem Renaissanceschloß Stuppach am Fuße des Schneebergs lebte. Über diesen berichtet (1879) M. A. Becker: „Er war ein eifriger Musikfreund und mittelmäßiger Violoncellospieler, hatte neben anderen Sonderlichkeiten den Ehrgeiz, für einen Componisten gelten zu wollen, und zwar zunächst im Familienkreise und vor den Musikern, die theils in seinem Solde, theils aus Gefälligkeit an seinen Hausmusiken theilnahmen. Es sind wol Fälle constatiert, wo er fremde Musikwerke in seiner Abschrift mit seinem Namen als Compositeur bezeichnete und Manuscripte von lebenden Tonsetzern kaufte, um sie unter seinem Namen aufführen zu lassen; aber kein Fall, dass er eines unter seinem Namen in die Oeffentlichkeit gebracht hätte. In der gleichen Intention bestellte er zur Todtenfeier seiner im Jänner 1791 verstorbenen Gemalin jenes berühmte Requiem bei Mozart, welches den Glanzpunkt der Tonschöpfungen des unsterblichen Meisters bildet und – wenn wir gerecht sein wollen – ohne die Grille des Grafen wahrscheinlich nicht wäre geschrieben worden. Der Graf liess es ohne Bezeichnung des Componisten in der Cisterzienser-(Neukloster-)Kirche zu Wiener-Neustadt aufführen und legte es als sein Werk in der Bearbeitung als Streichquintett seinen Musikgenossen in Stuppach auf. Zur Ergänzung füge ich aus dem Munde eines der Mitglieder jener Stuppacher Musikkapelle bei, daß keiner von ihnen über die harmlose Fälschung im Zweifel war, die ihr musikalischer Gönner übte. So oft ein neues Musikstück unter der Firma des Grafen aufgelegt wurde, verständigte man sich durch Mienen und Blicke über den mutmasslichen Componisten."
Die Legende, daß der Tod Mozart den Auftrag zu diesem Requiem erteilt hatte, lebte aber noch lange weiter. Auch der amerikanische Dichter Thornton Wilder wurde von ihr zu einem seiner Kurzstücke inspiriert:

> *Der Graue Bote:* Mozart? Wende Dich um und sieh mich an! Du weißt, wer ich bin.
> *Mozart*, sich nicht umwendend: Du bist der Haushofmeister vom Grafen Walsegg. Geh, sag ihm, er soll sich seine Musik selber schreiben! Ich will meine Feder nicht damit beflecken, seine Dame zu verherrlichen! . . .
> *Der Graue Bote:* Bleib denn zur Wand gekehrt liegen und erfahre, daß es der Tod selbst ist, der dir den Auftrag zu diesem Requiem erteilt. Du sollst all den schlafenden Millionen Stimme verleihen, die niemand haben als dich, der für sie sprechen kann. Da liegen die Kriegsherren und die Diebe, die Königinnen und die Dienstmägde, dieweil schon der Abend ihres irdischen Angedenkens herabsinkt und von diesem großen Acker ein unaufhörliches Miserere nobis aufsteigt. Nur durch die Fürbitte großer Liebe und großer Kunst, die selber Liebe ist, kann dieser Verzweiflungsschrei gestillt werden . . ."

Der „Graue Bote", der im Auftrag des Grafen Walsegg bei Mozart auftrat, war wahrscheinlich ein gewisser Anton Leutgeb ... Verwalter der gräflichen Gipswerke zu Schottwien!

□

GLOGGNITZ
„'s is a liabe kloane Stadt
dö a freundligs Ansegn hat,
dö alloan scho mit da Gegnd
doppelt is und dreifach gsegnt ..."
Theodor Maria Vogel

„Ahnherr der Touristen" wird der wanderfrohe Abt Angelus Rumpler von der Propstei Gloggnitz (eine Gründung der Benediktiner vom bayerischen Kloster Formbach im Jahre 1094) auch genannt. In seiner 1504 erschienenen „Historia Vormbacensis" erzählt Rumpler von Gloggnitz, daß es von Bergen umgeben sei, „die bis in die Wolken reichen". Und daß auf dem Schneeberg die „kaum glaubliche Erscheinung vorkomme, daß die Spitze ganz wolkenfrei ist, während unter derselben sich Gewitter entladen". Außerdem erzählt Rumpler, daß man vom Speisesaal der Propstei (dem heutigen Schloß Gloggnitz) alle Weingärten der Umgebung gut überblicken könne ...
Tatsächlich gab es in diesem Gebiet einst große Weingärten! Aus alten Grundbüchern geht hervor, daß der Hang des Silberberges (716 m) über dem Schwarzatal ein großer Weingarten war, daß aber auch in der Prein am Fuße der Rax und sogar bei Schwarzau im Gebirge Wein gezogen wurde.
Abt Rumpler meint, daß die Natur den Menschen den Wein gegeben habe, damit sie ihn genießen, und daß er nicht daran denke, „ein von Gott geschenktes Gut" zu verachten. Als Weinkenner war Abt Rumpler kein Lokalpatriot: In seiner „Historia Vormbacensis" beschreibt er den „Gloggnitzer" mit wohlgesetzten Worten als einen sauren „Gurgelkratzer" ...

□

Im Mai des Jahres 1227 kam eine seltsame Schar von Reitern über den Semmering herab nach Gloggnitz. Fünf Mann, dabei ein Marschall und ein Koch, ritten voran. Es folgten ein Bannerträger mit zwei Posaunenbläsern an der Seite, Knappen auf silberweißen Sätteln, Lanzenträger, Flötisten und Fiedler und – inmitten von weißgekleideten Mägden – ein als Frau Venus verkleideter Ritter: der Minnesänger Ulrich von Liechtenstein.
Um einer Frau zu gefallen, hatte der Ritter gelobt, etwas ganz Besonderes, Nochniedagewesenes zu unternehmen. So zog er von Venedig durch Friaul, Kärnten, Steiermark, Niederösterreich bis nach Böhmen, um der Göttin der Liebe zu Ehren Turnierkämpfe auszufechten. In seiner großen Versdichtung „Frauendienst" hat er diese skurrile Reise genau geschildert.
In Gloggnitz trat Ulrich von Liechtenstein zum Kampf gegen sechs Ritter an, rastete dann drei Tage und zog weiter nach Neunkirchen, wo er eine Messe besuchte; das Gedränge der Neugierigen war so stark, daß dabei die Kirchentür eingetreten wurde.
Zu seiner Zeit war Ulrich von Liechtenstein ein hochangesehener Mann, und auf seiner „Venusfahrt" wurde er von Herzögen, hohen kirchlichen Würdenträgern und natürlich von vielen adeligen Frauen gefeiert, denn, wie er in einem Vers bezeugt:

„Da waren alle Ritter froh,
Denn in ganz Deutschland stand es so,
Daß Niemand galt als ehrenreich,
Wenn er nicht fuhr den Rittern gleich
Und kämpft für Frauen hochgemut,
Das war so Sitte, war auch gut."

Erst später, als man diese seine Zeit nicht mehr verstand, sah man in ihm nur eine lächerliche Gestalt. Und heute? Heute ... würde man das großaufgezogene Spektakel des minnesingenden Ritters als „popig" empfinden!

□

Reichenau – am Fuße von Schneeberg und Rax – war 1840 noch ein Dorf mit (genau gezählten) 46 Häusern.
Eine Burg (oder ein Jagdschloß) stand an diesem Platz allerdings schon im Mittelalter. 1333 wurde das Gebiet der an Wild „reichen Au" von Otto dem Fröhlichen zur Dotation des

von ihm gegründeten Klosters Neuberg in der Steiermark bestimmt, und wenn der Abt von Neuberg über das Preinergscheid zur Visitation nach Reichenau geritten kam, wurde er bei einem Holzkreuz an dem zum Gscheid führenden Weg erwartet – beim „Wartholz". Um 1500 wurde dieses Holzkreuz durch ein Steinmonument ersetzt.
Wie sehr dann das 19. Jahrhundert das Jahrhundert großer Wandlungen war, beweist der rapide Aufstieg von Reichenau zum Kurort.
1839 begann der Bau der Eisenbahnstrecke Wien–Gloggnitz, die am 5. Mai 1842 eröffnet wurde. Der Weiterbau der Bahn über den Semmering dauerte dann von 1848 bis 1854. („Alle Schwierigkeiten, alle Hindernisse, welche eine wilde, widerspenstige Natur dem Werke der menschlichen Kunst entgegensetzen kann, mußten bei dieser Bahnlinie besiegt werden", heißt es in einem Bericht über ihre Eröffnung.) Nachdem die Bahntrasse bis zur Station Payerbach weitergeführt war (erst später wurde diese in Payerbach-Reichenau umbenannt), konnte auch das „liebliche Tal von Reichenau" einem größeren Besucherkreis zugänglich gemacht werden. Und wie durch einen Zauberspruch begann der Ort Reichenau zu erblühen . . .

Voll Euphorie erzählt davon der Oberlehrer und erste Vorstand der 1886 gegründeten Alpenvereinssektion Reichenau Franz Haas: „Wasser und Luft, Bewegung und Ruhe, Erheiterung und Sammlung sind jene Elemente, welche seit der Zeit, als die Menschen einer naturgemäßen Heilmethode Sympathie entgegenbringen, manchen Brunnen zur Goldquelle, manche Mühle zum comfortablen Curhause, manches Bauerndorf zum Curorte machten und dies oft in einem Zeitraume, der lebhaft an das Wachsthum amerikanischer Städte erinnert. Was Eisenbahn, Telegraph und Vervollkommnung des Postwesens zur Belebung dieser Orte, zur Hebung des Fremdenverkehres beigetragen, gibt Anlass zu neuen Betrachtungen. Auch Reichenau verdankt seine Entdeckung als Sommerfrische der Semmeringbahn, die es ermöglichte, dass unser Landesherr Se. Majestät der Kaiser Franz Joseph I. mit Allerhöchster Familie zu Beginn der 60er Jahre mehrmals bleibenden Sommeraufenthalt nehmen konnte. Minister und Gesandte, Vertreter der Geburts-, Geistes- und Geld-Aristokratie, Kaufleute, Beamte u.s.w. folgten, nachdem der Ort den steigernden Ansprüchen gerecht zu werden sich bestrebte. Es entstand 1866 das Curhaus, die Gasthäuser erweiterten sich, es wuchsen Sommerhäuser und Villen empor, ein Verschönerungsverein ward Bedürfnis; nun gieng's an Wege und Stege, Bänke und Pavillions erscheinen, großartige Sommerfeste werden arrangiert, eine Curmusik für die Saison wird zur Notwendigkeit. Reichenau dehnt und streckt, erneut, verjüngt, putzt und ziert sich und erhielt so das Gepräge eines fashionablen Curortes, der alljährlich von über 3000 Fremden besucht wird."
Die Fahrdauer der Eilzüge von Wien nach Payerbach betrug damals 119 Minuten, die der Postzüge 138 Minuten. Schneeberg und Rax waren nunmehr wirklich zu Hausbergen der Wiener geworden – auch wenn eine Eintragung in einem Reichenauer Gästebuch lautete

> „O göttliche Natur! so seufzen hier die Wiener.
> Was meinen sie dabei? Nun – die gebackenen
> Hühner!"

□

Die Rothschilds hatten in Reichenau eine Villa, ebenso der Komponist Gustav Mahler und der Journalist Theodor Herzl, welcher durch seine 1896 erschienene Schrift „Der Judenstaat" zum Begründer des Zionismus wurde, der wiederum in der Folge 1948 zur Gründung des Staates Israel führte. Gern zu Gast in Reichenau war auch der Dichter Peter Altenberg, der auf die Frage, wie sein Zimmer eingerichtet sei, antwortete: „Es stehen Tag und Nacht die Fenster weit offen!"
In Reichenau bildete sich bald eine kleine „Sommergästegemeinde" und für die 1845 vollendete Pfarrkirche stiftete einer dieser Gäste, der k. k. Hofschauspieler Ludwig Löwe, sogar den Hochaltar („Stadt und Land, reicht euch die Hand!" war damals eine vielzitierte Parole). Auf dem Altarbild ist unter einer über dem Gebirge schwebenden heiligen Barbara ein Bergknappe zu sehen, der soeben aus dem

Bergwerk zu seiner Familie zurückgekehrt ist. So wie auf den Gemälden alter Meister ist auch auf diesem das Porträt des Stifters verewigt . . . der k. k. Hofschauspieler Löwe im Kostüm als „der wackere Bergknappe“!
1872 wurde von dem Wiener Ringstraßen-Architekten Heinrich Ferstel in Reichenau die „Villa Wartholz“ als Sommer-Villeggiatur für Erzherzog Carl Ludwig gebaut.
Guido List (mehr über ihn später) schickte damals an eine weitverbreitete Tageszeitung ein Telegramm mit folgender Meldung: „Unter dem Vorsitze des Bezirkshauptmannes fand soeben in Payerbach eine Sitzung statt, in der beschlossen wurde, die Rax abzutragen, weil sie der Villa des Erzherzogs Carl Ludwig die Aussicht nach Steiermark versperrt.“
Selbstverständlich brachte die weitverbreitete Zeitung diese Meldung!

□

Daß auch unsere alpinen Urgroßväter keine Musterknaben waren, zeigt eine Leserzuschrift an die Alpinzeitschrift „Tourist“ im Jahre 1875: „Ich wohne in Reichenau und werde jeden Sonntagmorgen zwischen 1 und 2 Uhr durch ein Johlen und Schreien aufgeweckt, das, wie man mir sagt, von den um diese Zeit durchziehenden Touristen herrühren soll. Eine hohe, in Reichenau ansässige Persönlichkeit, welche viel für die Touristik thut und sicherlich noch ferner thun würde, hat sich bereits sehr ungnädig über diesen bedauerlichen Unfug geäußert.“
Tatsächlich war damals lautes „Juchu“- und „Hollodrio-Schreien“ am „Busen der Natur“ üblich. Schlimmer noch: Es war auch üblich, die Freude, in der freien Natur zu sein, durch Pistolenschüsse kundzutun. Durch Abfeuern von Pistolen empfand man auch ein Echo ganz besonders intensiv, und es gibt unzählige Berichte, aus denen hervorgeht, daß es damals in der Nacht vom Samstag zum Sonntag in der hohlen Gasse der „Eng“ über Reichenau gekracht hat, so als ob dort eine blutige Schlacht ausgebrochen sei . . .
Doch zurück zu unserem Leserbriefschreiber, der jetzt zum Puritaner wird: „Ist es nicht genug, daß die junge Touristenwelt durch ihre karrikirte Tracht fortwährend Anstoß und Gelächter erregt. Ich bin selbst leidenschaftlicher Tourist, trage auch kurze Hosen und nackte Knie, kann aber die Zweckmäßigkeit der jetzt so häufig getragenen Schwimmhosen, welche außer den Knien auch noch die ganzen Schenkelpartien freilassen, nicht einsehen.“

□

„Namen sind nicht tot, sie haben Leben wie der Mensch selbst, der sie gibt“, schrieb der Pfarrer von Schwarzau im Gebirge, Dr. Anton Hrodegh, in seiner langen, gründlichen Untersuchung über Fluß-, Flur- und Hausnamen im Schneeberg-Raxgebiet. Hier eine Handvoll seiner Deutungen:
Gaisloch. Als seinerzeit im Großen Höllental geschlägert wurde, hielten sich die Holzknechte in der großen Höhle einige Milchziegen.
Gsolhirn — nach dem mittelhochdeutschen sal = schmutzig. Das Gsolhirn ist also ein stirnartiger Felsvorsprung, an dem sich in schmutzigen Lacken das Wild gerne suhlt. (Heute befindet sich am Gsolhirn die Bergstation der Raxseilbahn.)
Knofeleben — nach einer wilden Lauchart benannt, die auf dieser ebenen Wiesenfläche vorkommt.
Loswand — nach dem losen Gestein benannt.
Mamauwiese = Moamauwiese = Mumenwiese. Mumen so nannte man einst auch gute Geister.
Naßwald, Naßbach, Naßalm haben ihren Namen vom nasenförmigen „Nasenkamm“ (Noskamp). Die heutige Schreibweise ist also etymologisch falsch.
Prein. Vom mittelhochdeutschen „brunen“ = schimmern, also „der schimmernde Bach“.
Trenkwiese. Nach einer Tränke am Römerweg (Weinfurt) so benannt.
Scheibwald und Scheibwaldhöhe = ist Schaiwald, vom mittelhochdeutschen Wort für „scheuen“.
Schwarza. Althochdeutsch als Suarzaha 863 erstmals urkundlich so genannt = Schwarze Ache. Der aus dem Höllental (1343 erstmals urk. „Hellental“) kommende Fluß bekam seinen Namen nach dem düsteren Tal.
Pfarrer Hrodegh schließt seine Untersuchung

sehr poetisch: „Wir sahen Namen entstehen, sich entwickeln, wir sahen sie miteinander kämpfen, siegen und unterliegen; wir sahen sie später mißverstanden werden, sterben und in Vergessenheit geraten. Sie haben uns viel erzählt, was Urkunden verschweigen, erzählt von bayrischer Abkunft der ersten Ansiedler; wir hörten ihre Axt erschallen beim Roden und Reuten des Urwaldes, wir sahen manches Stück saurer Arbeit wieder veröden; Bären, Auerochsen, Wölfe, Luchse, Wildkatzen, Wildschweine, Hirsche, Gemsen, Hahnen bilden ein wahres Jägerparadies; Kuhglocken läuten auf den Almen; Rosse grasen am grünen Anger; Ziegen klettern im Felsgemäuer; – Lawinen und Wildbäche stürzen tosend von den Felswänden, – Winde umsausen die steinigen Berggipfel – schwerfällige Weinfuhren keuchen über die Höhen, indessen Elfen und Butzen nächtlicherweise sie umgaukeln, – ein buntes Bild durch bloße, nackte Namen."

□

Am 1070 m hohen Preinergscheid verläuft die Grenze zwischen Niederösterreich und der Steiermark. Eine prächtige, reliefierte Steinsäule mit der Jahreszahl 1654, der lateinischen Inschrift „Protege Defende" und dem geheimnisvollen Wort „BAZN" steht auf der Paßhöhe. Über den Sinn dieses Wortes haben sich schon viele Wanderer den Kopf zerbrochen. Es ist ein barockes Monogramm und heißt B(althasar) A(bt) Z(u) N(euberg). Abt Balthasar vom Kloster Neuberg hat diese Steinsäule errichten lassen. Kloster Neuberg in der Steiermark, das jahrhundertelang Besitzer der Herrschaft Reichenau, der Rax und auch der Südseite des Schneebergs war, wurde von Herzog Otto dem Fröhlichen gegründet. Otto hatte eine nahe Verwandte geheiratet (die schöne Prinzessin Elisabeth von Bayern) und war deshalb dem Kirchenbann verfallen. Um sich davon zu lösen, mußte er drei Klöster erbauen. So kam es zur Gründung von Stift Neuberg, dem Augustinerkloster an der Landstraße bei Wien und der Kartause zu Gaming.
Zisterzienser aus Heiligenkreuz begannen 1327 in der Wildnis des Mürztales Wälder zu roden und auch mit dem Bau von Kirche und Kloster „Novo Monte". Katastrophale Schneefälle, Überschwemmungen, Heuschreckenschwärme und Pest verzögerten jedoch die Bauarbeiten, und 1396 brannte dann alles bis dahin äußerst mühsam Erbaute vollkommen ab. Erst unter Kaiser Friedrich III. (von dem die Devise AEIOU stammt) konnten Kloster und Kirche vollendet werden (Hochaltarweihe 1471).
1786 wurde unter Kaiser Joseph II. das Stift aufgehoben. An Stelle der Mönche bezogen kaiserliche Beamte die Räume des Klosters; Kreuzgang und Kapitelsaal wurden ein Holz- und Eisenmagazin.
Am Beginn des 19. Jahrhunderts benötigte man für Bauarbeiten eine größere Steinplatte. Als man eine solche aus dem Holzschuppen – dem ehemaligen Kapitelsaal – ausbrach, entdeckte man darunter eine vergessene Gruft, die fünf Gerippe enthielt. Nach den Inschriften wurden diese als die Gebeine des Klostergründers und seiner Familie identifiziert:

1. Herzog Otto von Habsburg,
   † 26. Februar 1339
2. Dessen erste Gemahlin Elisabeth,
   † 25. März 1330
3. Die zweite Gemahlin Anna,
   † 5. Dezember 1338
4. Der Prinz aus erster Ehe, Friedrich,
   † 16. Dezember 1344
5. Der Prinz aus zweiter Ehe, Leopold,
   † 17. August 1346

Kaiser Franz I. ließ diese Gruft renovieren und befahl auch „die Gebeine aus der Gruft herauszunehmen, ordentlich zu reinigen und in fünf steinerne Särge zu legen". Am 17. März 1822 fand die feierliche neuerliche Beisetzung der Toten statt.
1870 begannen unter Kaiser Franz Joseph I. die Wiederherstellungsarbeiten an Kirche und Stift; in der Kirche wurden diese jedoch erst vor wenigen Jahren vom Bundesdenkmalamt abgeschlossen, im Kreuzgang und Klostergebäude sind sie derzeit noch im Gange.
Wenn sich der heutige Besucher den Kirchenschlüssel vom Mesnerhaus holt, ahnt er gewiß nicht, welch herrliches Erlebnis auf ihn wartet.

Noch immer umfängt klösterliche Stille das Stiftsgebäude, das größtenteils von Forstbeamten bewohnt wird. Ein Brunnen im Hof trägt die Jahreszahl 1511, sein Wasser ist versiegt. Im Kreuzgang des Klosters hängen an den Wänden die Porträts der Neuberger Äbte. Obwohl der Gang verglast ist, finden doch oft Vögel ihren Weg hinein, und so manches Antlitz der würdevoll dreinblickenden frommen Herren ist mit Spatzendreck bekleckert.
Durch eine kleine Holztür gelangt man dann aus dem etwas düsteren (und vielleicht deswegen so romantisch wirkenden) Kreuzgang in die Kirche – und ins Licht! Aus hohen Fenstern flutet von allen Seiten das Licht in die riesige Kirchenhalle, deren Gewölbe von 16 Pfeilern getragen wird. 68 Meter lang, 25 Meter breit und 20 Meter hoch ist der Raum (St. Stephan zu Wien ist 92 Meter lang und 39 Meter breit) – wer hätte im stillen Mürztal eine solche monumentale Kirche erwartet?
Hell leuchtet im Sonnenlicht das Gold des frühbarocken Hochaltars. Milde lächelt die berühmte „Schöne Madonna von Neuberg" – sie ist eine kräftige Bauernfrau. Und da sind die vielen Nebenaltäre mit ihren gotischen Tafelbildern und barocken Gemälden, da sind die Grabdenkmäler der Äbte von Neuberg – in dieser Kirche ist man zugleich auch in einem hochinteressanten Museum.
Eine besondere Sehenswürdigkeit ist der Dachstuhl der Kirche von Neuberg. Er besteht aus 1060 Kubikmetern behauenem Lärchenholz, das ohne Verwendung eines Eisennagels zusammengefügt wurde. Nachdem der Dachstuhl des Wiener Stephansdomes 1945 verbrannt ist, stellt nunmehr der Neuberger Dachstuhl die größte noch erhaltene mittelalterliche Holzkonstruktion Österreichs dar.

Rührend sind die kleinen Büsche, die an dem Gemäuer der Kirche ihr Leben fristen. Malerisch das Über- und Nebeneinander von Gebäuden am Osttrakt des Stiftsgebäudes, wo auch vereinzelt noch Schießscharten zu sehen sind. Eine alte Sonnenuhr zeigt nur heitere Stunden an. Es fällt dem Besucher schwer, wieder Abschied zu nehmen vom Kloster Neuberg, dessen Wappen einst auch hoch oben auf dem Gipfel des Schneebergs stand.

Etwas oberhalb von Hirschwang steht in einem malerischen Winkel eine kleine Kapelle mit einem Brünnl an der Stirnwand – dem „Augenbrünnl".
Nach der Legende soll in alter Zeit ein waidwund geschossener Rehbock zu dieser Quelle geflüchtet sein, und der verfolgende Jäger konnte dann zu seinem großen Erstaunen sehen, wie sich die Wunden des Tieres beim Trinken aus der Quelle immer mehr schlossen. Seit damals kamen dann von weit und breit die Menschen zu dieser Quelle, um von ihren Leiden geheilt zu werden. Besonders heilkräftig gilt sie für Augenleiden.
Über den Ursprung solcher Wunderquellen wurde schon auf Seite 60 erzählt. Ergänzend sei dazu bemerkt, daß in der Nähe fast aller dieser „heilenden Quellen" auch konkrete Spuren des bereits vor Jahrtausenden lebenden Menschen gefunden wurden. Beim Sebastianbrünnl auf der Mamauwiese ist es der daran vorbeiführende „Römerweg". Und beim Augenbrünnl?
Wandert man vom „Augenbrünnl" weiter bergauf, so kommt man zum Beginn des Törlweges und zu einem zwei Jahrhunderte alten Haus mit einem Holztürmchen, das einst das Bet- und Versammlungshaus der Bergknappen war, die an der Rax nach Erz schürften. Dieser sogenannte „Huthof" ist eine der letzten Erinnerungen an die Zeit, in der in Edlach, Prein und Hirschwang noch Hochöfen rauchten. Erst 1902 wurden der Bergbau und die Erzverarbeitung am Fuße der Rax eingestellt (nur während des Zweiten Weltkrieges wurde der Erzabbau kurz wieder aufgenommen).

Große Halden von Abraummaterial und Pingen (so werden Vertiefungen im Boden genannt, die nach dem Einbruch alter Bergwerksstollen entstanden sind) ließen schon lange vermuten, daß bereits in prähistorischer Zeit in diesem Gebiet Bergbau betrieben wurde. Gewißheit brachten allerdings erst die seit 1952 vom Niederösterreichischen Landesmuseum planmäßig durchgeführten Grabungen, welche bewiesen, daß an der Rax ungefähr ab 1000 v. Chr. Kupferkies gefördert und verarbeitet wurde (was auch einige freigelegte Schmelzöfen aus dieser Zeit bezeugen).

Über den bronzezeitlichen Bergbau, der in Österreichs Grauwackenzonen zwischen Ternitz und Schwaz/Tirol betrieben wurde, weiß man heute schon recht viel. Die Schau, die im Urgeschichtsmuseum in Asparn a. d. Zaya mit Modellen, Rekonstruktionen, Fotos und Originalobjekten geboten wird, ist nicht nur faszinierend, sondern beweist auch, daß Österreich das klassische Land urgeschichtlicher Bergbauforschung ist. Sehr informativ ist auch das Bergbau- und Heimatmuseum in Reichenau.
Franz Hampel, der Ausgräber dieses montanistischen Zentrums an der Rax, berichtet: „Der Abbau des Kupferkieses erfolgte mit der sogenannten Feuersetzmethode, bei der das Gestein durch das Abbrennen von Scheiterhaufen erhitzt und dann mit kaltem Wasser abgeschreckt wurde, wodurch es leicht mit einfachen Geräten gebrochen werden konnte. Das aus der Grube kommende, noch stark mit Gangmaterial vermengte Kupfererz wurde mit Schlägeln, Klopfsteinen und Mahlsteinen zerkleinert. Eine weitgehende Trennung von Taubem und Hältigem nach dem spezifischen Gewicht wurde durch das naßmechanische Verfahren in Trögen und Stauchsieben erzielt.
Die Verhüttung bestand aus dem Rösten des Erzes und dem Schmelzen. Das Rösten erfolgte in einfachen Anlagen verschiedener Form, wobei die Struktur des Erzes aufgelockert und der Schwefel entfernt wurde. Das Erzschmelzen besteht im Wesentlichen aus einem Reduktionsprozeß, bei dem die Fremdmaterialien durch geeignete Zuschläge (Quarz) verschlacken, während sich das Kupfer im Kupferstein ansammelt. Die Öfen wurden lagenweise mit Holzkohle, Erzkonzentrat und Zuschlag beschickt. Nach wiederholten Röst- und Schmelzvorgängen entstand das Schwarzkupfer in Form von brotlaibförmigen Schmelzkuchen.
Wer sich mit der alten Methode der Kupfergewinnung beschäftigt, wird immer wieder erstaunt sein über das hohe technische Können der Bergleute vor rund dreitausend Jahren. Der Umfang des Bergbaues in den Ostalpen und seine weitreichende wirtschaftliche Bedeutung setzen Planung und Organisation durch mächtige Bergherren voraus. Die quantitative Leistung wird durch eine weitere Rechnung ersichtlich: Man nimmt an, daß im gesamten Ostalpengebiet sich das Ausbringen auf rund 50.000 bis 60.000 t Rohkupfer belief, eine Menge, aus der man etwa 2,200.000 Beile herstellen könnte."
1974 gab es an der Rax wieder eine archäologische Sensation. Man entdeckte einen prähistorischen Kupferschmelzplatz in einem Winkel, von dem bisher niemand glaubte, daß er schon von Menschen in alter Zeit betreten worden war – bei Kaiserbrunn inmitten des Höllentales!

Das Höllental

Auf meine Anfrage, wie man die Gegend benenne, welche ich verlassen hatte, sagte man mir, daß es das Höllenthal sey. ‚Nun wahrlich!' rief ich aus, ‚sie ist auch wirklich dazu gemacht, Schrecken, Entsetzen und Grauen zu erwecken!' "

F. X. Embel im Jahre 1803

Nachdem Embel, der Verfasser der „Schilderung der Gebirgs-Gegenden um den Schneeberg in Österreich" das Höllental aufgesucht hatte, berichtete er nachher: „Die Gebirge wuchsen immer höher; ungeheure Felsmassen thürmten sich zu einer fürchterlichen Höhe in den schrecklichsten Gestalten auf; in schwindelnder Tiefe wühlte sich die Schwarza zwischen niedergestürzten Steinmassen schäumend und brausend hindurch. Dort stand ein drohend niederragender Fels, von dem gewaltsamen Anfalle des Waldstromes tief unterspühlt, an dem sich das Wasser wüthend im Wirbel drehte, und scheinbar eine unerreichbare Tiefe zeigte; hier standen am tiefen Ufer, in dichten Reihen, hohe alte Buchen, Eschen und Erlen, deren alte, schwere und voll belaubte Aeste sich in großen malerischen Parthieen bis in das Wasser senkten. Bald führte mich der Weg durch finstere, grauenvoll einsame Wälder, unter welchen der gefallene Thau bey jedem noch so leisen Schütteln der Bäume von der Luft in großen Tropfen gleich einem Platzregen herabfiel; bald über äußerst kühne, über schreckbare Tiefen gespannte Brücken nach einer anderen Seite der Schlucht, oder ganz hinab an das verrissene Ufer; bald wieder aufwärts, wo der Weg, aus Mangel hinlänglichen Grundes, entweder blos in den Felsen gearbeitet war, oder wohl gar theilweise, gleich einem hölzernen Gange, auf unten an die Felsen gestemmten Baumstämmen ruhte, und mit Prügelholze belegt war. Blickte ich in die Höhe, so schauderte ich entweder über die steile und fürchterliche Höhe der Steinwände und der kahlen, geborstenen Bergspitzen, zwischen welchen der schmale Raum der Gegend so enge geschlossen war, daß ich im Athmen gehindert zu sein glaubte . . . Was das Grauenvolle dieser Einöde noch um vieles vermehrte, und welches bey Furchtsamen den Gedanken an den Aufenthalt der Bären, oder die Furcht vor Räubern bis zur größten Aengstlichkeit zu steigern mag, war die traurige Stille und das Verschlossene in derselben."

Um solche Eindrücke zu gewinnen, müssen heute Bergsteiger schon in den Himalaya fahren. Und es bleibt die Frage, wer nun glücklicher ist: der Mensch von heute, der sogar über den Weltenraum triumphiert, oder der Mensch von einst, der sich die Abenteuer seiner Sehnsucht noch erwandern konnte?

□

Kaiser Karl VI., der Vater Maria Theresias, war ein begeisterter Jäger (allerdings ein recht ungeschickter: auf einer Jagd erschoß er sogar seinen Oberststallmeister, den Fürsten Adam Schwarzenberg). Als Jäger kam also Kaiser Karl VI. auch in das Höllental und entdeckte dort eine mächtige Quelle mit kaltem, klarem Wasser. Der Leibarzt Heräus im Gefolge des Kaisers erkannte sofort dessen besondere Qualität und schlug vor, es an die kaiserliche Hoftafel in Wien zu bringen. Das geschah dann auch, nachdem ein Reitweg von Hirschwang bis zu dem „Kaiserbrunnen" (wie er von da an genannt wurde) gebaut worden war. Uniformierte Wasserreiter brachten ab 1736 in Holzfässern das kostbare Wasser nach Wien; sie waren damit drei Tage lang unterwegs und bald berüchtigt, weil sie jedem weiblichen Wesen zwischen Hirschwang und Wien nachstellten.
Maria Theresia trank dann bereits Wasser vom „Schönen Brunnen" (in Schönbrunn), konnte sich jedoch nicht entschließen, die Truppe der Wasserreiter aufzulösen. Das tat erst Kaiser Josef II.

Und hundert Jahre später konnte jeder Wiener Bürger Wasser vom Kaiserbrunnen trinken!

□

Schneeberg und Rax gleichen einem nassen Schwamm, der nur dort, wo er aufliegt, Wasser von sich gibt!
Wie überall in den Nördlichen Kalkalpen bildet auch in diesem Gebiet der wasserundurchlässige Werfener Schiefer – als älteste Formation – die Basis, auf der sich dann alle anderen Schichten (wie Gutensteinerkalk, Dolomit, verschiedene dünnere Schichten, Dachstein- und Wettersteinkalk) aufbauen. Das von diesen zerklüfteten Schichten aufgesaugte Wasser tritt erst am Beginn des wasserundurchlässigen Schiefers in mächtigen Quellen zutage.
Unterirdische Klüfte, unterirdische Seen, unterirdische Flüsse beschäftigten schon immer die Phantasie der Berglandbewohner. Embel berichtet sogar eine ganz abenteuerliche Geschichte, die ihm ein Führer vom „Unergründlichen Loch" am Schneeberg erzählte:
„Nähmlich: daß einst einem Hirten ein Laib Brod in dieses Loch so hinab gefallen sey, daß er ihn darin noch habe liegen gesehen. Als er demnach mühsam hinab gekrochen war, um ihn zu erreichen, sey er sammt den Steinen unter seinen Füßen, in eine unglaubliche Tiefe hinab gerollt, wo er halb todt und jämmerlich verwundet, einige Zeit bewußtlos und ohnmächtig liegen blieb. Beim Erwachen aus seiner Betäubung habe er sich an einem See befunden, sey dann mit vielfältiger Lebensgefahr über ungeheure Klippen und Felsentrümmer einem Loche zugeklettert, durch welches er das Tageslicht einfallen sah, und sey endlich, durch dasselbe, am Fuße des Berges glücklich heraus gekommen."
Embel erzählte diese unglaubhafte Geschichte nur, weil er selber daran glaubte, daß das Innere des Schneeberges wahrscheinlich „viele merkwürdige Höhlen, Grotten und Seen beherberge". Der Name Krotenseemauern = Grottenseemauern an der Südseite des Schneeberges enthält Erinnerungen an diese uralten Vorstellungen.

1955 fand ein interessanter Versuch zur Klärung der Verhältnisse im Quellgebiet der Ersten Wiener Hochquellenleitung statt, der sensationelle Ergebnisse brachte:
„In ein Schluckloch des Hochschneeberges, das sich am Ochsenboden in 1800 m Seehöhe befindet, wurden 9,5 kg Uranin konzentriert in wäßriger alkalischer Lösung eingebracht. Der Farbstoff wurde nach ca. 16 Stunden außer in mehreren kleinen Quellen bereits im Kaiserbrunnen (3,6 km), in der Fuchspaßquelle (6,4 km) und schon nach 2 Tagen in der Schloß- und Kreuzquelle bei Stixenstein (12,5 km) nachgewiesen. Das Verhältnis der Fließzeit zu den Entfernungen beweist, daß offene unterirdische Verbindungen zwischen dem Einspeisepunkt und den genannten Quellen der 1. Hochquellenleitung vorhanden sind.
Darüber hinaus wurden ähnliche Zusammenhänge für weitere 31 Wasservorkommen nachgewiesen, die sich allseits an den Flanken oder dem Fuß des gegenüberliegenden Raxmassivs befinden.
5762,55 g = 61 % des eingespeisten Uranins wurden quantitativ in den kontrollierten Wässern wiedergefunden. 88 % dieser Menge wurden allein durch den Kaiserbrunnen ausgeschieden. Aus dem qualitativen und quantitativen Versuchsergebnis geht im besonderen hervor:
– Wasser, das vom Einspeisepunkt aus in das Kluftsystem des Berges eindringt, erfährt bis zu seinem Austritt – zumindest in den kontrollierten und positiv befundenen Wasservorkommen – keine oder keine ausreichende Filtration. Das beweist nicht nur der ungehinderte rasche Fluß des angefärbten Wassers, sondern auch der quantitative Farbstoffnachweis. Demnach können durch Tagwässer eingeschwemmte kleine Körperchen und Bakterien, Viren oder anderen Verunreinigungen ebenso wie der Farbstoff im Wasser innerhalb von 16 Stunden vom Ochsenboden bis in die Wasserleitung (Kaiserbrunn) gelangen.
– Vom Einspeisepunkt aus verteilt sich das eindringende Wasser innerhalb des Berges auf Hohlraumsysteme, die in völlig entgegengesetzten Richtungen an die Oberfläche treten. Im vorliegenden Versuch gravitierte jedoch die Hauptmasse des eingeleiteten und nachge-

leiteten Wassers (vom Einbringungspunkt) zum Kaiserbrunnen.
– Durch positiven Uraninbefund von Quellen am rechten Schwarzaufer (Augenbrunnen, Ochsenleitenquelle, Nachfassungen der Höllentalquelle) ist bewiesen, daß zur Zeit des Versuches unter der Schwarza hindurch Wasser aus Hohlräumen im Inneren des Schneeberges in basale Räume des Raxmassivs gedrückt wurde.
– Der positive Uraninbefund in den Brunnen A und B des Brunnenfeldes von Stixenstein (Mahrwiese) beweist einen raschen und eher ungehinderten Fluß des Grundwassers in Querrichtung zum Talverlauf (Sierningbach)."
So der Bericht über die Ergebnisse dieses Versuchs, in dem von „Hohlräumen", „Hohlraumsystemen" und „Grundwasserflüssen" im Bauch des Schneebergs die Rede ist. Der alte Embel hatte – allerdings ohne Beweise anführen zu können – schon das gleiche darin vermutet!

□

In Kaiserbrunn wurde vor einigen Jahren neben dem „Kaiserbrunnen" ein „Wassermuseum" eingerichtet, das an jedem Sonntagvormittag geöffnet ist. Bergsteiger sind an schönen Sonntagvormittagen auf Tour; sie lernen dieses Museum also nur dann kennen, wenn sie vom Wasser eigentlich überhaupt nichts wissen wollen, nämlich, wenn es am Schneeberg und auf der Rax regnet, regnet, regnet. Trotzdem verläßt jeder dieses Museum etwas nachdenklich, weil der „Kampf um das Wasser" heute noch immer und mehr denn je ein äußerst aktuelles Problem ist. Um die Mitte des 19. Jahrhunderts gab es in Wien nicht nur eine Revolution (1848), sondern auch noch andere Probleme. Die Menschen starben wie die Fliegen an Typhus und an der Cholera. Ein Opfer der Cholera wurde auch der Dichter Ferdinand Sauter, der kurz vor dem Tod noch seine Grabinschrift selber schrieb . . .

„Viel genossen, viel gelitten,
Und das Glück lag in der Mitten;
Viel empfunden, nichts erworben,
Froh gelebt und leicht gestorben . . ."

Man starb in Wien damals auch am schlechten Trinkwasser!
Bürgermeister Cajetan Felder und Universitätsprofessor und Gemeinderat Eduard Sueß (1831–1914) kämpften lange Zeit gegen die mit Dummheit und Hochmut gepaarte Lethargie um besseres Trinkwasser. Eine neue Wasserleitung war für Wien notwendig geworden, und die eingesetzte „Wasserversorgungs-Commission" plädierte schließlich für den Bau einer Hochquellenwasserleitung vom „Kaiserbrunnen" und anderen Quellen nach Wien. Jedoch: Leute, „die außer der Güte und Quantität des Wassers auch den Werth des Geldes zu würdigen" wußten, wollten durch die Rohre der neuen Wasserleitung lieber Donauwasser fließen lassen! Oberhalb von Nußdorf sollte das Wasser durch gußeiserne Rohre dem Strom entnommen und dann von mit Dampfmaschinen betriebenen Pumpen in ein Filterbassin geleitet werden (wobei die aus Sand, Schotter und Steinen gebildete Filterschicht kaum 2 m dick gewesen wäre!). Aus dem in den Weingärten oberhalb Nußdorfs gelegenen Hochreservoir wäre dann das (wahrscheinlich auch damals schon trübe) Wasser in die Stadt geflossen.
Schließlich entschloß sich der Wiener Gemeinderat dann doch mit 65 : 45 Stimmen für den Bau der „Hochquellenwasserleitung", und am 21. April 1870 tat Kaiser Franz Joseph I. den ersten Spatenstich . . .

„Der erste Spatenstich zum großen Werke
Er ist gethan, nicht lange wird es dauern
Und mit dem Wasser zieht Gesundheit, Stärke
Hoch vom Gebirge ein in unsere Mauern."

– so heißt es in einem anläßlich dieses Ereignisses verfaßten Gedicht von einem jener „vaterländischen Dichter", die damals vom Verkauf solcher zu jedem feierlichen Anlaß produzierten Jubelverse besser lebten als die wirklichen Dichter.

Rechts: Im Großen Höllental

Eine der schönsten Rax-
klettereien – der Katzen-
kopfkamin in der Los-
wand

Rechts: Wegverlauf des
beliebten versicherten
Felspfades durch die
Teufelsbadstube

Die „alte Miaz" vor ihrem Häuserl auf dem Gscheidl. Sie ist eine Enkelin eines der Männer, die mit dem „Raxkönig" am Anfang des 19. Jahrhunderts in dieses Gebiet kamen

Links: Der Schwemmtunnel auf dem Gscheidl ist einer der interessantesten Ingenieurbauten in den Alpen

Rechts: So sahen die Wälder nach der Sturmnacht vom Jänner 1976 aus!

Winter auf dem Raxplateau. Links die Hütte des Bergrettungsdienstes auf dem Trinksteinsattel

In diese Wasserleitung wurden schon damals auch noch andere Quellen miteinbezogen, zuletzt kamen 1965/69 noch die „Sieben Quellen" der Schneealpe dazu (was derzeit insgesamt eine Ausschüttung von durchschnittlich 210.000 Kubikmetern pro Tag ergibt).

Dreieinhalb Jahre dauerte der Bau der Wasserleitung, an die 6000 Menschen waren dabei beschäftigt. Bis Hirschwang fließt das Wasser zuallererst durch einen aus dem Fels gesprengten Stollen, bei Leobersdorf, Baden, Mödling, Liesing und Mauer tragen es Aquädukte wie in einem Triumphzug über die Tiefe. Die Länge der Leitung von Kaiserbrunn bis zu dem Reservoir auf dem Rosenhügel beträgt fast hundert Kilometer. Vierundzwanzig Stunden lang benötigt das Wasser für seine Reise. Mit 6 Grad fließt es aus der Quelle, um etwa zwei Grade wärmer langt es in Wien ein.

Am 24. Oktober 1873 „eröffnete" Kaiser Franz Joseph die Wiener Hochquellenwasserleitung recht spektakulär. Nach seiner Ansprache stieg eine mächtige Fontäne aus dem eigens für dieses Fest errichteten Hochstrahlbrunnen am Schwarzenbergplatz zum Himmel. Damals lebte man bewußt im Historismus, man nannte daher auch diese (erste) Hochquellenleitung die „Römische Wasserleitung nach Wien".

Später mußte noch eine zweite Hochquellenwasserleitung (vom Hochschwab) nach Wien gebaut werden. Und heute wird das Hochquellenwasser auch mit Grundwasser vermischt und seit 1945 mit Chlor versehen . . .

„Langes Rinnen trübt die Welle,
ich trink gerne aus der Quelle."

In Kaiserbrunn fließt unter alten Bäumen noch Original-Hochquellenwasser aus einem von der Gemeinde Wien errichteten Brunnen. Jeder Schluck ist ein Hochgenuß.

Wird man dereinst dieses Original-Hochquellenwasser als Spezialität in Flaschen abgefüllt verkaufen?

Links: Skiabfahrt durch den Kesselgraben

Anfang März 1969 stiegen zwei Kletterer über den noch leicht verschneiten Stadlwandgrat. Es war ein schöner Tag, und heiß brannte die Sonne auf die Felsen und den Schnee. An der kleinen Quelle im Stadlwandgraben stillten die beiden Kletterer dann ihren Durst, rasteten ein wenig.

Damals hatte das Fernsehen soeben eine Reportage über eine Wunderquelle in Jugoslawien gebracht, deren Wasser – Muska voda – müde Männer munter mache. „Wie wärs", meinte einer der beiden Bergsteiger (Beruf: Reporter), „wenn wir diese Quelle ebenfalls zur Sexwasserquelle erklärten?"

Bei der kleinen Quelle rastend, begannen die beiden (einer war der Verfasser dieses Buches) – nur so aus Gaudi – „Facts" auszuarbeiten. Einige Tage später war dann irgendwo eine Pressekonferenz.

Natürlich redeten alle Journalisten auch vom „Muska voda". Und da machte nun unser (Satans-)Reporter so beiläufig die Bemerkung, daß die Wiener Bergsteiger schon seit vielen Jahrzehnten ihre geheime Kraft- und Sexquelle im Stadlwandgraben am Schneeberg hätten.

Bereits am nächsten Tag waren einige rasende Reporter zu dieser Quelle unterwegs . . .

„PRALINE", Nummer 16, vom 15. April 1969: „Warum werden die Mädchen im österreichischen Kaiserbrunn so schnell schwach? «Praline» entdeckte das Geheimnis: Die Männer haben ein Sexwasser. Mitten im Wald sprudelt es aus einem Felsen. Und in Kaiserbrunn sagt es seit Generationen einer dem anderen: Kaiserwasser macht müde Männer munter!"

„WIENER WOCHENBLATT", Nummer 21, vom 24. Mai 1969, brachte eine Reportage unter dem Titel „Sturm auf Männerwasser – ein Ausflugsort im Sexfieber". Wir lesen: „Der 60jährige Karl Helmesdorfer kommt gerade wieder mit einer Fuhr Flaschen mit dem Männerwasser in Kaiserbrunn angefahren. Vier Flaschen hab i no da! preist er das umworbene Getränk sofort den WI-WO-Reportern an. Schnell müaßt's sein beim Kaufen, denn das Wasser geht weg wie die warmen Semmeln."

Weiter im Text: „Das Männerwasser ist für die Ortsgewaltigen schon ein kleines Problem geworden, weil sich die Fälle von zufriedenen

Kunden jeder Altersgruppe häufen. Deshalb beginnen die Kaiserbrunner schon eifrig am Wirtshaustisch zu beraten, wie der schmale und geröllige Aufstiegspfad zu der Männerwasserquelle ausgebaut werden könnte ..."

„Aber nicht nur Männer nehmen die Strapazen des Aufstiegs auf sich, nein, auch Frauen, wie zum Beispiel ein langbehostes, langhaariges hübsches Mädchen aus Wien, lassen ihre Flaschen vollaufen. Für den Verlobten meiner Freundin, sagte die blondhaarige Schöne leicht errötend zu den WI-WO-Reportern."

Ende Mai 1969 stauten sich an Wochenenden vor der Mündung des Stadlwandgrabens bereits die parkenden Autos, und Männlein und Weiblein stapften mit Fläschchen und Flaschen den steinigen Pfad hinauf zur Quelle. Und im Gasthof Kaiserbrunn wie auch im Weichtalhaus langten täglich Anfragen (vor allem aus Deutschland) ein, was so ein „Kuraufenthalt" alles in allem koste.

Im Juni 1970 wurde dann in der Zeitschrift „Alpinismus" die wahre Geschichte von der Entstehung der „Sexquelle" erzählt. Auch in den „Mitteilungen des Österreichischen Alpenvereins" und in den „Mitteilungen des Deutschen Alpenvereins" erschienen zur gleichen Zeit Berichte über diese Gaudi.

Jedoch: Es ist einfacher, einen Mythos zu schaffen, als ihn wieder abzubauen!

1974 brachte auch das Österreichische Fernsehen eine Reportage über die Sexquelle am Wiener Schneeberg – und als „Sexquelle" ist sie nun schon auch im „Wiener Hausberge-Atlas" von Freytag & Berndt verzeichnet ...

□

1922 erbauten die „Naturfreunde" zwei Schutzhütten am Schneeberg: eine auf der Knofeleben und eine am Beginn der Weichtalklamm. Am Abend vor der Eröffnung des Weichtalhauses trugen die jungen Mitglieder noch Säcke mit Zement, Ziegel, Bretter und Möbel hinauf zum Knofelebenhaus, nächtigten in dem noch unvollendeten Gebäude, stiegen am nächsten Morgen zeitig in der Früh ins Tal ab und trugen noch einmal Lasten hinauf zum Schutzhaus. Erst dann flitzten die jungen Idealisten zur Eröffnungsfeier des Weichtalhauses, die um ein Uhr begann.

Dieses Weichtalhaus wurde sehr schnell zum Stützpunkt und Treffpunkt aller jungen Kletterer. Und man fährt auch heute noch immer „ins Weichtal", man trifft sich „im Weichtal", wenn man in der Stadlwand des Schneeberges oder in der Loswand der Rax etwas unternehmen will. Fast jeder Bergsteiger aus dem Osten Österreichs hat seine wilde Jugendzeit „im Weichtal" erlebt, feierte dort den Sieg über seinen ersten „Sechser" oder tüftelte irgendeine Neutour aus, fand Partner und Freunde ...

„Klatsch und Tratsch und Neuigkeiten –
alles kann man hier verbreiten!"

so heißt es auch in einer 1975 im Tourenbuch des Weichtalhauses niedergeschriebenen „Weichtalode". Daß dieses zünftige Weichtalhaus noch heute steht, das verdankt es allerdings einem Wunder ...

Der Winter 1944 war ein verrückter Winter. Erst Anfang März begann es richtig zu schneien, und es schneite dann Tag für Tag bis zum 2. April – das war der Palmsonntag.

An diesem Palmsonntag wurde es dann plötzlich warm und der große Lawinenabgang begann. An vielen Stellen bedeckten bald meterhohe Schneemassen mit entwurzelten Bäumen darin die Höllentalstraße, und die in die Schwarza gestürzten Lawinenausläufer verursachten bedrohliche Stauungen ... das malerische, idyllische, romantische Höllental war zu einer Schneehölle geworden.

Die größte Lawine kam vom Schneeberg herab! Sie donnerte von den Krotenseemauern mehr als tausend Höhenmeter ins Tal, riß ganze Wälder mit sich und ihr Kopf war gut fünfundzwanzig Meter hoch. Das Weichtalhaus wäre von dieser Lawine bestimmt zermalmt worden – wenn diese nicht 60 Meter davor (an dem letzten Felsriegel vor dem Haus) zum Stillstand gekommen wäre!

□

Den Jahresbeginn 1976 feierten viele Kletterer im Weichtalhaus. Am Nachmittag des Neujahrs-

tages fiel allen auf, daß ein ganz eigenartiges Licht über der Landschaft lag. Man ging aber dann zeitig schlafen, weil man ja in der Nacht zuvor das Neue Jahr gefeiert hatte . . .
Was es wohl bringen wird?
So gegen drei Uhr früh weckte die Hüttenwirtin Rottensteiner ihren Mann: „Du . . . hörst du den Sturm?"
Der aus dem Schlaf geweckte Wirt Rottensteiner knurrte verbittert: „Na und? Weil einmal ein bisserl der Wind bläst – deswegen weckst du mich auf?"
„Schau! Sogar unser kleines Hüttenbäumchen hat der Wind umgeblasen!" sagte Herr Rottensteiner dann erstaunt am Morgen des 2. Jänner 1976, nachdem er vor die Hütte getreten war. Dann schaute er zum gegenüberliegenden Waldhang. Dort gab es keinen Wald mehr, nur einen wüsten Haufen vom Sturmwind gefällter Bäume!
Auch das Telefon war unterbrochen. Zwei Bergsteiger wollten nach Kaiserbrunn, um von dort aus zu telefonieren. Bald nach dem Weichtalhaus begann für sie auf der Höllentalstraße die Kletterei: Hunderte Bäume lagen kreuz und quer über die Straße. Und mit den ausgerissenen und gefällten Bäumen waren auch gewaltige Erd- und Steinmassen auf die Straße gefallen.
Kurz vor Kaiserbrunn lichtet sich das Höllental etwas. Dort trafen die beiden Bergsteiger zwei Förster aus Kaiserbrunn, die mit einer kleinen Handsäge – ritzeratze – an einem dünnen Bäumchen sägten, das quer über der Straße lag.
„Was macht ihr da?" fragten sie etwas erstaunt.
„Die Straße wieder für den Verkehr freimachen!" war die naive Antwort.
Kein Mensch konnte sich am Morgen dieses 2. Jänner schon eine Vorstellung davon machen, was dieser alpine Hurrikan in Wirklichkeit alles angerichtet hatte!

Aber die älteren Bewohner der Gegend dachten an das „eigenartige Licht" am Abend des Neujahrstages und erinnerten sich an die Sage von der Wilden Jagd, die sie in ihrer Schulzeit gelesen hatten und die mit den Sätzen beginnt: „Geh' nicht aus dem Hause, wenn nach Sonnenuntergang Rax und Schneeberg blaugrün leuchten. Geh' nicht aus der Stube, wenn in einer solchen Nacht die Kuh brüllt und wenn der Hofhund winselt oder die Ziegen und Hennen lärmen, geh' nicht! Bleib still in der Stube, schließ' Türen und Fenster und lösch' geschwind das Feuer im Herde, denn der Sturmgott Wodan ist los, den sie den wilden Jäger nennen."
Die Bestandsaufnahme der vielen vom Sturm gefällten Wälder zeigte ein katastrophales Bild. Und um aus dem von höherer Gewalt gebrochenen Holz noch einigermaßen einen Nutzen zu ziehen, waren Sofortmaßnahmen geboten. Bald verwandelte sich das Höllental in so etwas ähnliches wie eine Goldgräbersiedlung im Wilden Westen Amerikas. Es kamen Holzknechte aus ganz Österreich, um dort mit „Holzmachen" schnell Geld zu verdienen. Es kamen Seilbahnexperten und Spezial-Holztransporteure. Es kamen auch Gastarbeiter aus Jugoslawien und aus der Türkei. (Ein seltsamer Anblick vor dem Weichtalhaus: Ein Moslem kniet am Boden und verrichtet seine Morgenandacht!)
Im Juli 1976 arbeitete ein Holzbringertrupp aus Tirol vollkommen abgeschnitten von der Umwelt zwei Wochen lang hoch oben am Wachthüttelkamm (nahe vom Ausstieg des Teufelsbadstubensteiges) am Ausbau einer Seilbahn, welche die dort kreuz- und querliegenden Holzmassen ins Tal schaffen sollte.
Zu dieser Zeit stöhnte ganz Europa unter einer Hitzewelle. Der brennende Durst der in einer primitiven Rindenhütte hausenden Männer war unbeschreiblich; was an Mineralwasser vom weit entfernten Ottohaus herbeigeschafft werden konnte, war immer zu wenig. Als die Seilbahn betriebsfähig geworden war und als allererstes einige Kanister Trinkwasser auf den Berg brachte, fielen sich dort die Männer jubelnd in die Arme.

Natürlich gab es bei dieser Holzbringung auf Akkord auch einige Tote und Verletzte. Die Holzarbeiter von 1976 empfanden das jedoch als ganz selbstverständlich: „Ein Holzarbeiter hat schon immer gefährlich gelebt. Warum sollt' das heute anders sein?"
Unfaßbar blieb diese Naturkatastrophe weiterhin. Eine von Naturschutzgedanken erfaßte Dame wollte über dieses „Ausrotten des Wald-

bestandes im Höllental" sogar „an die Zeitung schreiben". Und einige Holländer ließen es sich im Sommer 1976 absolut nicht klarmachen, daß der Weg über den Wachthüttelkamm unbegehbar geworden sei, weil dort oft meterhoch die entwurzelten Bäume quer über dem Weg lagen. Sie hatten die neueste Landkarte in der Hand – und darin war dieser Weg eingezeichnet. Außerdem hatten sie noch den neuesten Raxführer, in dem zu lesen stand, daß der Wachthüttelkamm einer der leichtesten und ein für jeden trittsicheren Bergsteiger empfehlenswerter Raxanstieg sei! Sie konnten es, wollten es nicht begreifen, daß sich in den Bergen in einer Nacht alles völlig verändern kann . . .

Wüst gewütet hatte der Hurrikan auch im Großen Höllental, wo er nicht nur Hunderte der in den Wänden wachsenden Bäumen in die Tiefe geschleudert, sondern auch fast den ganzen Hochwald im Talgrund abrasiert hatte. Jetzt führt eine breite Straße bis in den hintersten Grund des kahlen Tales mit den bleichen Wänden links und rechts.

Über Nacht – im wahrsten Sinne des Wortes – hat die Naturgewalt ein vollkommen anderes, neues Landschaftsbild geschaffen, und geblieben sind nur die sentimentalen Erinnerungen an das Höllental von einst, wie es noch Fritz Benesch beschrieben hat: „Dichter Tannenwald bedeckt auf die ganze Länge den sanft ansteigenden Grund. Immer blinken bloß Umrisse der Mauern und kleine Fleckchen des Himmels durch die Baumkronen, und vergebens suchen wir einen Überblick zu gewinnen. Düster und schwermütig wirkt die stille Großartigkeit des weltabgeschiedenen Tales. Felstrümmer liegen im Dickicht mit vermodernden Stämmen und dickes Moos spinnt in üppigen Strähnen an den alten Bäumen hinauf. Ernst und feierlich ist es da unten an sonnigen Tagen, düster, dämonisch wird es, wenn trübe Wolkenschleier den Himmel verhängen. Der Waldschatten wird zur Dämmerung, das Halbdunkel zur Nacht; durch die Stille dringt der klagende Regenruf des Spechtes, sonst kaum ein Laut, als das Klappern eines fallenden Steines und das Rauschen des Abendwindes in den Wipfeln der Eschen."

„Wildwasser gehört zu den Bergen wie Schnee und Fels, und Wildwasserfahren ist eine der vielen Möglichkeiten, die wilde und großartige Gebirgslandschaft zu erleben." – So beginnt Ing. Hans Kremslehner seine kleine Geschichte des Wildwassersports.

Jedoch: Zum sportlichen Wildwasser-Fahren, der jüngsten alpinen Sportart neben Bergsteigen und Skifahren, fehlte zunächst das geeignete Boot. Erst im Jahre 1904 brachte der Artist Charles Prelle aus Amerika ein dem Canadier der Indianer entsprechendes Boot nach München. Prelle, der mit seinem Hund im Zirkus als Bauchredner auftrat, hatte Flöße auf der Isar gesehen und sofort mit seinem gebrechlichen Kahn die Fahrt von Wolfratshausen nach München gewagt. Der neben dem Canadier taugliche Kajak entstammt der nordländischen Jagdkultur und hat seine höchste technische Perfektion in Süd-Grönland erreicht.

1905 sah der Student Heurich in München bei einer Ausstellung einen Eskimokajak, der ihn zum Bau eines Faltbootes anregte. Seine Grundidee, das technische Prinzip des gotischen Spitzbogens auf den Bootsbau zu übertragen, war derart genial, daß alle Faltboote bis in die heutige Zeit getreulich dieses Prinzip benützen. Heurich ist der Vater des modernen Faltbootes und damit des alpinen Wildwasser-Sportes. Damals wollte er aber nur ein zerlegbares Boot, um hinter dem Elternhaus leichter in den Tümpeln der Wehranlagen – fischen zu können!

Ein Schneider aus Rosenheim, Hans Klepper, sah Heurichs Boot, ahnte sofort große Möglichkeiten, kaufte Heurich das Patent ab und stürzte sich mit Besessenheit auf den Bootsbau. Er verbesserte das Faltboot in Einzelheiten, und bald sah man dann diese gebrechlich scheinenden Boote, die von den Zeitgenossen auch verächtlich „Hadernkahn" und „schwimmender Sarg" genannt wurden, auf den Wildwassern . . .

1924 wurde mit einem solchen Boot auch erstmals die Schwarza befahren, deren schwerste Stelle die sogenannte „Freiheit" ist – eine schluchtartige Verengung zwischen der Mündung des Großen Höllentales und dem Weichtalhaus. (Der Name stammt aus jener Zeit,

Inserat aus dem Jahre 1907

als man die Schwarza durch Wegsprengen hinderlicher Felsblöcke für die Holzschwemmung frei gemacht hatte.)
Erstbefahrer der Schwarza war der junge Bergsteiger, Skiläufer und Wildwasserfahrer Robert Kronfeld. Über seine Flußabenteuer hielt er auch einen Vortrag im Österreichischen Aeroclub – und wurde dabei mit einer ganz anderen Sportart konfrontiert: mit dem Segelflug. Kronfeld wurde dann spontan zu einem Pionier des Segelflugs, erzielte Weltrekorde und unternahm im Winter 1929 an der Rax auch den ersten Gebirgssegelflug; in jenem grausigen Winter, als es auf der Donau den Eisstoß gab, und Wasserleitungsrohre barsten und sogar Eisenbahnzüge „festfroren". Kronfeld unternahm den ersten Gebirgssegelflug bei 35° Kälte! Aus einer Reportage über dieses Ereignis: „Kronfeld sitzt auf einer Decke mitten im Schnee und macht Toilette: drei Paar Socken und darüber dicke Filzpantoffeln. Zwei Paar Fäustlinge. Über den Skianzug noch einen zweiten und darüber noch einen aus Zeltblatt. Um den Kopf eine Haube, Wollschal und eine Trikotmütze, dann die Brille. So zur Unkenntlichkeit vermummt, klettert er in seinen Sitz, versucht noch einmal Höhen-,

Seitensteuer und Verwindung . . .'' Kronfeld, geboren 1904 in Wien, verunglückte dann 1948 in England.
Doch nun von unserem ,,Höhenflug'' wieder hinunter ins Höllental.
Die Wildwasserfahrer (die nun längst nicht mehr in ,,Hadernkähnen'', sondern in soliden Kunststoffbooten unterwegs sind) sprechen auch heute noch mit Hochachtung von der ,,Freiheit''. In ein solches Gespräch mischte sich auch ein junger und übermütiger Kletterer ein und meinte, daß diese nur halb so wild sei. Ein Wort ergab das andere, schließlich wettete der Kletterer, daß es ihm gelingen werde, die ,,Freiheit'' auch mit einem von der Wirtin des Weichtalhauses geborgten Waschtrog zu durchfahren. Das war im Jahre 1968.
Alfred Kapfenberger heute zu seiner Erstbefahrung der ,,Freiheit'' im Waschtrog: ,,So etwas macht man nur zweimal im Leben . . . zum erstenmal und zum letztenmal!''

□

,,Das Wasser der Schwarza'' – plaudert der Wiener Poet Peter Altenberg – ,,ist flaschengrün; es steht mäuschenstill in winzigen Felsbuchten, es schäumt bösartig weiß, es zieht gemächlich graugrün über flachen Kiesboden. Hinter jedem Stein eine Forelle! Kein Stein ohne Forelle dahinter, es wäre denn, daß sie gerade weggeangelt wurde . . .''
An einem schönen Sonntagmorgen wartete einmal ein junger Kletterer bei der Weichtalbrücke auf einen Bergspezl und schaute dabei einem Fischer zu, der an der Schwarza seine Angel ausgeworfen hatte . . . der Fischer schaute auf das Wasser und der Kletterer schaute auf den Fischer, der auf das Wasser schaute. Zwei Stunden später brach dann dem jungen Kletterer am Blechmauernpfeiler ein Mauerhaken aus. Fünfmetersturz ins Seil, einige Prellungen an den Hüften; und dem Bergspezl, der den Sturz auffing, hatte das einschneidende Seil die Haut an den Fingern aufgerissen. Leicht körperlich und auch moralisch etwas angeschlagen erreichten die beiden den Ausstieg, stiegen ab über den Wachthüttelkamm . . . und bei der Weichtalbrücke stand dann noch immer der Angler hinter seiner ausgeworfenen Angel und schaute auf das Wasser . . .
Dieses Idyll als Kontrast zu den vergangenen Stunden weckte spontane Aggressivität in dem jungen Kletterer . . . ,,He! Du!'' schrie er hinab zu dem Angler ,,Hast' jetzt endlich schon etwas gefangen?''
Der Angler war etwas erstaunt über diese Frage und antwortete ,,Natürlich nix! Aber . . . muß ich das?''
Schon vor einem halben Jahrhundert hatte Peter Altenberg geschrieben: ,,Der Forellenfänger liebt nur das Gebirgswasser leidenschaftlich . . .''

□

,,Wo sind wir hingelangt? ist das noch Welt?
Dann sind es ihre Marken. Hier beginnt,
Was nur das Schweigen nennt. Ein Todeshauch
Weht über starr Gebild. Der Schritt versagt.
Es scheint der Seele Puls zu stocken. Keck,
Des Jägers höhnend, schaut der Geier dich
Aus seinem Neste an. Der ruß'ge Köhler
Geht stumm vorbei, und grüßt dich nicht. Der Schritt
Hallt einsam hell von Fels zu Felsen wieder.
Mit jeder Krümmung wird es trauriger.
Hier fühlst du dich allein. Nun merk' es recht,
Und präge tief das Bild in dein Gemüth!
Ein leises Murmeln stört nicht dein Betrachten:
Es ist der Lethe, der das Thal durchrinnt.''

– so dichtete der Wiener Arzt, Philosoph, Pädagoge und Lyriker Ernst von Feuchtersleben (1806–1849) über das Höllental.
1829 begann man in Gutenstein freiwillige Spenden für den Bau einer Straße durch das Höllental zu sammeln. Vorher gab es nur den Pfad der Wasserreiter bis zum Kaiserbrunnen; dahinter war Wildnis. Eine Straße durch das ganze Höllental war für dieses Holzland immer lebensnotwendiger geworden.
Der k. k. Hofrat Josef Fortunat Ritter von Sybold entwarf die Pläne zu der Straße, mit deren Bau 1830 unter der Leitung von k. k. Kreis-Ingenieur Joseph Baumgartner begonnen wurde. Baumgartner ist auch der Verfasser eines 1834 erschienenen umfangreichen Werkes mit dem Titel ,,Die neuesten und vorzüglichsten Kunststraßen über die Alpen''. 1827 hatte Baumgartner diese Studienreise zu allen damals

vorhandenen Alpenstraßen Europas „mit eigenen Mitteln und blos aus Liebe und Eifer für den anvertrauten Staatsdienste übernommen"(!!!) – Alle dabei gesammelten Erfahrungen kamen dann Baumgartner beim Bau der „Kunststraße" durch das Höllental (von der er bescheiden meint, daß sie „nicht ohne technischen Werth" sei) zugute. Steile Felswände mußten gesprengt werden, und der Bau vieler Brücken war notwendig, um die Straße auf die jeweils günstigere (auch steinschlag- und lawinensichere) Talseite zu bringen. Bereits 1832 wurde dann diese landschaftlich schönste Straße Niederösterreichs eröffnet.

Solange nur die Holzfuhrwerke und Kutschen auf der kurvenreichen Straße durch das Tal rollten, genügte deren Breite von durchschnittlich fünf Metern. Später, als dann die Autotour „Rund um den Schneeberg" beliebt wurde, gab es oft Komplikationen, wenn sich zwei Autobusse an einer Engstelle begegneten. Und heute, in der Zeit der allgemeinen Motorisierung genügte dieses Sträßlein natürlich nicht mehr den „Anforderungen des Verkehrs". Es wurde begradigt, verbreitert, ausgebaut und umgebaut . . .

Tja, und dabei ist's passiert: Jetzt ist das romantische Höllental nicht mehr ganz so romantisch!

Damals, zur Zeit der beliebten Busreisen „Rund um den Schneeberg", gab es den Buslenker eines bekannten Wiener Reisebüros, der zugleich auch den Cicerone machte und der seinen Fahrgästen vor der Einfahrt in das Höllental etwa folgendes erzählte: „Meine Dam'n und Herr'n! Wir fahrn jetzt ins Höllental ein. Das ist die schönste und auch die gefährlichste Straße von ganz Österreich. Bitte, schauen Sie jetzt nur, aber reden Sie kein Wort! Ich muß mich ganz auf die Straße konzentrieren, damit ich Sie alle wieder gut nach Hause bringen kann!" – Im Bus wurde es dann immer so still wie in einem Trappistenkloster, und am Ende der Fahrt kassierte dieser konzentrierte Buslenker stets ein saftiges Trinkgeld!

Beliebte Rast während einer Fahrt rund um den Schneeberg ist das Gasthaus „Zur Singerin". Der Jäger Singer war in der ersten Hälfte des 19. Jahrhunderts der große Jäger dieses Gebiets. Einmal strich ein besonders großer Hirsch in seinem Revier herum. Singer erlegte ihn auf einer Felskuppe. Jedoch: Nachdem der Jäger dem (nur scheinbar) erlegten Tier nahegekommen war, sprang es auf und stieß Singer über die Felsen hinab. Singer starb an dieser Verletzung in seinem Jagdhaus. Seine Witwe verwandelte dann das Jagdhaus in ein Gasthaus.

Das war damals, als auch noch Wölfe und Bären durchs Höllental streiften.

Auf den Spuren des „Raxkönigs“

*„In alter Zeit durchwanderte der Herr unsere Welt,
um in die Geschicke der Menschen zu schauen.
Von der einsamen Paßhöhe der Haselrast
sah er über wilde Abstürze hinweg
nichts als Wald, Berg und Fels.
Da vergrub der Herr sein Gesicht in beide Hände
und weinte bittere Tränen über ein so
unwirtliches Land!“*

So die Sage „Vom Herrgott auf der Haslrast“, wie sie am Eingang in das „Waldmuseum“ von Gutenstein zu lesen ist. Diese in der Alten Hofmühle untergebrachte Sammlung gibt eine eindrucksvolle Vorstellung davon, wie sehr einst das Holz sozusagen das Brot der Voralpenbewohner war. Aus Holz verfertigten sie Kienspäne und Haushaltsgeschirr, Kasten und Truhen, Heugabeln, Rechen und Weinstecken, Pfosten und Bretter für den Wohnbau, Körbe, Tröge und Fässer, Dachschindeln und Wasserleitungsrohre, Holzfahrzeuge oder Schlitten . . . die Liste aller Holzwaren, die sie um ein Spottgeld gegen Lebensmittel eintauschten, erscheint endlos. Außerdem gewann man Gerberlohe aus Baumrinde und Terpentin sowie Kolophonium aus Harz.

Vor allem bedeutete Holz damals auch Energie: Holz zum Kochen, Holz zum Heizen, Holz (in Form von Holzkohle) für die Eisenindustrie. Ende des 18. Jahrhunderts herrschte im südlichen Niederösterreich bereits ein bedrohlicher Holzmangel. Kahlgeschlagen waren alle nahe von den Straßen und Flüssen gelegenen Forste und die Eisenwerke mit dem Stillstand bedroht. Und da beginnt nun die Geschichte jenes Mannes, der von Kaiser Josef II. scherzhaft und dennoch respektvoll „Raxkönig“ genannt wurde, der der Held eines vielgelesenen Romans von Ottokar Janetschek ist und dem zur Erinnerung im Waldbauernmuseum von Gutenstein ein eigener Gedenkraum eingerichtet und in Naßwald sogar ein eigenes Museum errichtet wurde: Georg Hubmer.

Georg Hubmer (1755–1833) und sein Bruder Johann waren einfache Holzknechte aus dem Salzkammergut, die weder lesen noch schreiben konnten. Als sie nach Ostösterreich gezogen kamen, übernahmen sie eine scheinbar unlösbare Aufgabe: Holz aus dem hintersten Winkel der Rax, aus dem Naßwald, zu dem Eisenwerk in Hirschwang zu schaffen, aber auch weiter über die Schwarza und den Kehrbach bis Wiener Neustadt und von dort auf dem Wiener Neustädter Kanal (1795–1803 erbaut) bis Wien.

Georg Hubmer war der ideenreiche Planer und Organisator dieses Unternehmens. Die wilde Felsschlucht des Höllentales wurde von Hindernissen befreit, man errichtete Holzbringungsanlagen (Holzriesen und sogar eine Rollwagenbahn mit Holzschienen auf der Rax), man baute gewaltige Trifteinrichtungen (Stauwerke, Auffangrechen), und im Naßwald entstand eine kleine Holzfällersiedlung – der heutige Ort Naßwald. 1806 wurden am Wiener Stubentor die ersten Scheite aus den Urwäldern der Rax gestapelt.

Über diese gewaltige Leistung gibt es viele zeitgenössische Berichte, den informativsten gibt Adolf Schmidl in seinem 1831 erschienenen Buch „Der Schneeberg in Unterösterreich mit seinen Umgebungen“. Und weil sich dieser Bericht über Hubmer und seine Holzknechte fast schon wie eine moderne Reportage liest und weil zu dessen Lektüre nicht jeder Raxfreund die Österreichische Nationalbibliothek aufsuchen mag, drucken wir diesen Bericht (nur wenig gekürzt) ab:

„Den ungeheuren Bedarf der Hauptstadt an Holz zu decken, reichen die nahegelegenen Waldungen nicht aus, die entfernteren des Hochgebirges müssen dazu benützt werden. So wenig Schwierigkeiten aber das Herbeischaffen des Holzes in den Niederungen macht, so bedeutend sind diese im Gebirge. Abgesehen, daß aus kaum zugänglichen Klüften,

Schluchten und Berghängen das Holz gefällt werden und in das Thal herabgebracht werden soll, so muß es auch noch aus so weiter Ferne nach Wien geführt werden. Dies ist nun durch Wagentransport unmöglich, indem leicht die Kosten des Führens den Marktpreis übersteigen dürften. Man verfiel daher schon längst auf den Gedanken, das im Sommer gefällte und in Scheiter gespaltene Holz an die Ufer der Wildbäche zu ‚bringen' und wenn diese im nächsten Frühjahre durch das Schneewasser anschwellen, die Scheiter mit den Fluten bis in die Nähe der Residenz hinabzuschwemmen.

Die wasserreichen Thäler um den Schneeberg gaben auch treffliche Gelegenheit, die ausgedehnten gräflich Hoyos'schen Waldungen zur Schwemme zu benützen. Aber dies ist eben kein so leichtes Geschäft. In manchen Jahren fällt zu wenig Schnee, manche Bäche haben zu wenig Fall. Es werden daher Klausen und Rechen erfordert, um den Wassermangel durch Schwellung zu Hülfe zu kommen und das herabgeschwemmte Holz wieder aufzufangen. Von jeher zeichnete sich in diesen Unternehmungen der Schwemmeister Georg Hubmer aus.

Hubmers Arbeiten, die im Wesentlichen bei allen Schwemmanstalten dieselben sind, waren folgende. Als k. k. priv. Schwemmeister macht er zuerst mit dem Waldeigenthümer den nöthigen Vertrag. Ist er wegen des Stockrechtes übereingekommen, so schickt er seine Holzknechte ab und der Schlag beginnt. Zuerst errichten sich diese ihre Hütten. Die Verheirateten wohnen zu ein oder mehreren Familien beisammen, die ledigen Burschen aber zu 10–20 in einer Hütte, welche dann Kaserne heißt. Ein paar Ziegen, wenn es gut geht, eine Kuh zu halten, muß ihnen erlaubt werden, da sie an vielen Orten im heißen Sommer Mangel an Wasser leiden. Je nach dem Stande der Bäume müssen sie dieselben erst besteigen und abästen, damit nicht die ungeheure Wucht des Astwerkes andere nebenstehende Bäume mit umschlage, sodann wird der Stamm umgesägt, alle Äste abgehackt, in Blöcke von der bestimmten Scheiterlänge ‚zerkloben', diese dann gespalten und klafterweise aufgerichtet. Das Ästwerk wird reihenweise in Haufen übereinandergelegt und der Fäulniß überlassen, theils um der Düngung des Waldbodens willen, theils um dem jungen Anflug einen bessern Halt zu geben. Dies gehört alles zum eigentlichen Schlag, zum ‚Aufrichten' und wird den Arbeitern meistens klafterweise nach einem förmlichen Akkorde, Geding, berechnet. Für eine Klafter so aufgerichtetes Holz zahlt Hubmer 30 Kreuzer. Die Knechte, die im Taglohn arbeiten, erhalten für das Tagwerk von 5 Uhr früh bis 8 Uhr Abends 36 Kreuzer."

(Wie gering dieser Lohn war, zeigt ein Preisvergleich. Joseph Adalbert Krickel, der Verfasser der „Ausflüge in die Gegenden des Landes unter der Enns", bezahlte zu dieser Zeit in Reichenau für eine Nächtigung „sammt einem guten Nachtmahle" 134 Kreuzer!")

„Das Holz muß aber auch zur Schwemme gestellt werden. Liegt der Schlag zu entfernt von der Schwemme, daß die Burschen das Holz nicht leicht unmittelbar an derselben aufrichten können, so sind dazu besondere Vorrichtungen nöthig. Riesenbau, Wege ... dies nennt man: Einrichtung machen.

Ist Wasser in der Nähe und hat dasselbe hinlänglichen Fall, so werden Riesen gebaut, Rinnen aus starken Balken, in welche das Holz hineingeworfen und herabgelassen wird. Dies sind nun entweder Wasserriesen oder Eisriesen. Jene sind aus starken Balken gezimmerte Kanäle, durch die eine Quelle geleitet wird. In diese Kanäle werden die Scheiter hineingeworfen und durch den starken Fall des Wassers mit fortgerissen. Ist aber kein Wasser zu benützen, so wird eine Eisriese gebaut. Diese besteht aus 4 auch 5 Bäumen, deren zwei den Boden, die übrigen die Seitenwände bilden; bei einer Wendung wird die äußere Seite verhältnißmäßig erhöht. Im Spätherbste nun, wenn es anfängt zu frieren, besprengt der Holzknecht die Riese mit Wasser, wodurch sie über Nacht mit einem Glatteis überzogen wird, auf welchem die Scheiter dann mit Blitzesschnelle herabfahren. Können aber diese Hülfsmittel nicht angewendet werden, so bleibt dem Holzknechte nichts übrig, als im Winter Schneebahnen zu machen, und so auf Schlitten das Holz aus dem Schlage selbst

herabzuziehen. Aber welch eine Arbeit! Oft ist in einer Stunde der mühsam gebahnte Weg, das Werk vieler Tage, wieder verschneit, und welch eine Arbeit im Winter dieser Gegenden! Es ist ein wahrhaft lebensgefährliches Geschäft!"
Von der Gefährlichkeit der Holzknechtarbeit erzählt auch Freiherr von Augustin:

„Von den Schlagplätzen bis an die Riesen werden die Baumstämme über die jähen Abhänge auf natürlicher Bahn geschleift. Wohl könnten sie durch ihre eigene Schwere ohne fremde Hülfe die Tiefe erreichen, allein durch vorspringende Felsen und Steine gehemmt, würden sie die bestimmte Richtung verlassen und Mühe und Arbeit verdoppeln. Man hat also ein Mittel erdacht, um diese Zufälle zu verhindern, ein Mittel, welches wirklich furchtbar in seiner Art ist. Das abwärts gewendete Ende des Baumstammes wird auf eine Art kleiner Schlitten gelegt, auf welchem der Holzknecht mit seinem langen Griesbeile – einer Stange mit Spitz und Widerhaken versehen – bewaffnet sitzt. Mit schaudererregender Schnelligkeit fährt er, kaum an den Rand des Abgrundes gebracht, in die schwindelnde Tiefe hinab, während er mit dem Beile rechts und links abstößt, um den Stamm in der wahren Direktion zu erhalten. Ein Moment versehen – und er ist an den Felsen zerschmettert! Naht sich die furchtbare Fahrt ihrem Ende, und der Stamm wird gegen den Ort geschleudert, wohin er zu liegen kommen soll, so muß der Lenker dieses fatalen Fuhrwerkes wieder den rechten Augenblick erhaschen, um von seinem Sitze herab zu springen, wenn ihm das Anprallen des Baumes nicht abermals das Leben kosten soll. Den kleinen Schlitten, wenn er durch den letzten Stoß nicht zerschmettert wurde, nach sich ziehend oder auf den Rücken geladen, klettert er nun wieder den steilen Berg hinan, um eine neue Fahrt zu unternehmen. Und für all' diese furchtbare Arbeit, für all' die wiederholte Lebensgefahr bringt er als Taglohn nur etliche Kreuzer in seine Hütte zurück."
Eine dieser Holzriesen ist noch heute zum Teil erhalten. Sie befindet sich in der „Eng" bei Reichenau und ist ein faszinierendes Bauwerk, das besonders eindrucksvoll an jener Stelle ist, wo sich zwei aus Schluchten kommende Riesen zu einer einzigen vereinen. Nun ist das Donnern der Baumstämme und Poltern der Scheiter schon lange verstummt, und das Holz der Riese beginnt langsam zu verfaulen. Wäre es nicht angebracht, zumindest ein Stück dieser Holzriese zu konservieren? Sozusagen als ein Denkmal der Arbeit im Gebirge . . .

□

Um 1810 war auch der Naßwald schon sehr licht geworden. Nicht nur den Eisenwerken drohte wieder der Stillstand, auch Hubmers Holzknechten die Arbeitslosigkeit.
Holz, viel Holz gab es allerdings im Neuwald, einem riesigen Forst mit Tausenden bis an die zwei Meter dicken Stämmen. Aber dieser Neuwald liegt bereits über der Wasserscheide – dem Gschaidl – drüben in der Steiermark, und wenn auch Hubmer mit Hilfe der Mürzquellen einen mechanischen „Holzaufzug" eingerichtet hatte, so blieb trotz der größten Mühen und Anstrengungen die Holzmenge gering, die über das 1134 Meter hohe Gschaidl geschafft werden konnte.
Hubmer mußte sich etwas Besseres einfallen lassen. Und es fiel ihm auch ein! So entstand der berühmte „Schwemmtunnel am Gschaidl" – der erste große Tunnelbau in den Alpen. Auch darüber bringt Schmidl eine instruktive Reportage:
„Der dreifache Ursprung der Mürz hart am Gschaide brachte endlich Hubmer auf den Gedanken, ob es nicht möglich sei, diese Quellen mit dem diesseitigen Ursprung des Preinbaches in Verbindung zu bringen und so für die Schwemme eine neue Wasserstraße zu gewinnen. Die Bedingung des Gelingens war natürlich die höhere Lage der Mürzquellen, so daß das Wasser zur Schwemme hinlänglichen Fall habe. Die Ausführung selbst aber konnte nur mittelst einer Durchgrabung des ganzen Berges geschehen. Zwei Probleme, deren eines die genauesten wissenschaftlichen Untersuchungen, das zweite die außerordentlichsten Kräfte zu erfordern schien, löste Hubmers genialer praktischer Sinn auf eine so einfache

Art, daß man sie beinahe als naiv nennen möchte. Die schwierige Untersuchung über das Höhenverhältniß der beiderseitigen Quellen brachte er durch eine Messung mit einem von ihm selbst angegebenen Gradbogen zu Stande. Von der höheren Lage der Mürz einmal überzeugt, bestimmte er selbst wieder die Lage, Richtung und Maß eines durch den Berg zu schlagenden Stollens, um durch selben eine Wasserriese aus dem Neuwalde in das Preinthal leiten zu können. Er leitete fortwährend den ganzen Bau und hatte sogar in der Folge die Kühnheit, den Berg von beiden Seiten zugleich durchschlagen zu lassen.

Schon 1811 begann er die Ausführung seines Planes, wurde aber durch mehrere Verluste gezwungen auszusetzen; eben so 1813, wo die ganze Schwarzaschwemme durch Wassergüsse zerstört wurde.

Zum dritten Male hinderte ihn 1815 die damalige drückende Hungersnoth. Endlich, nach noch einem vergeblichen Versuch, ging er 1822 an die Ausführung, und fünf Jahre arbeitete er rastlos an seinem Werke, durch kein Hinderniß mehr zurückgeschreckt. Vom Sommer 1822 bis in das Frühjahr 1827 arbeiteten dann Tag und Nacht 6 Bergleute im Berge, und ebensoviele Tagelöhner bei dem Ausräumen. Über 4000 Pfund Pulver wurden verbraucht. Höchst merkwürdig ist aber die Art, wie sich Hubmer zu helfen wußte, als im Stollen böses Wetter (Stickluft) einfiel. Ohne zu kostspieligen Ventilatoren seine Zuflucht zu nehmen, benützte Hubmer das Wasser, welches im Stollen so häufig sickert, daß es wie ein kleiner Bach herausfloß. Er brachte am Ausgange ein Mühlrad an, welches dieses Wasser treiben mußte, und ließ durch dasselbe einen gewaltigen Blasebalg in Bewegung setzen, welcher durch gelegte Brunnenröhren den Arbeitern immer frische Luft zublasen mußte und die schlechte dafür austrieb!

Wie groß die Freude der Häuer war, als sie nach fünf langen Jahren unausgesetzter Arbeit in dieser furchtbaren Einöde endlich durch die gewonnene Öffnung sich die Hände reichen konnten, kann man sich wol vorstellen, so wie das nicht mindere Entzücken des wackeren Hubmer. Er beschenkte in der Freude seines Herzens jeden Mann mit 10 Gulden, und schritt augenblicklich zur Schwemmeinrichtung.

Eine Quelle der stillen Mürz, die zur Linken des Gschaides unweit des Durchschlages entspringt, wurde aufgefangen und durch einen geräumigen Kanal, in welchen noch ein Paar andere kleine Wässerchen geleitet wurden, auf das Gschaid, und in einer Wasserriese durch den Stollen geführt. Nun konnten die rings gelegenen Höhen abgestockt werden, und begünstigt durch einen schneereichen Winter, schwemmte Hubmer gleich das erste Jahr bei 9000 Klafter nach Wien!

Um aber das Bringen des Holzes aus den anderen Waldungen zu erleichtern, wurde die stärkste Quelle, welche tiefer liegt, benützt. Ein hinlänglich breiter und tiefer Wasserkanal wurde unterhalb des Durchschlages an dem Abhange des Gippls in die Nordseite des Neuwaldes hineingeführt und mit eigens gebauten Schiffen belegt, welche 8 bis 12 Klafter fassen können und durch Pferde gezogen werden. Zwei vom Wasser getriebene Aufzüge bringen das Holz aus diesen Schiffen in den oberen Kanal und somit ohne weitere Hülfe als mittelst 3 beim Ein- und Ausladen beschäftigter Knechte zur Schwemme. Diesen Schifffahrtskanal führt Hubmer in der Folge, so wie der Holzschlag fortschreitet, durch die ganze Länge des Neuwaldes fort, jede aufstoßende Quelle benützend. Auf der Südseite, zu beiden Seiten des Bärensattels, hat er einen kleineren Schwemmkanal bereits 2 Stunden weit fortgeführt, um statt des kostspieligen Riesenbaues eine immerwährende Holzstraße zu haben. Mehr als 20 kleiner Quellen sind auf das sorgsamste zur Füllung benützt.

Wer zollt nun nicht volle Bewunderung diesem schlichten einfachen Manne, dessen natürlicher Scharfsinn, aller wissenschaftlichen Bildung entbehrend, so schwierige Probleme zu lösen, so weitläufige Kombinationen schicklich zu verbinden, so vielfältige Schwierigkeiten zu überwinden wußte!?" –

Natürlich hatte Schmidl den „Schwemmberg" (wie das Gschaidl auch bald benannt wurde) persönlich aufgesucht: „Es ist ein steiler Bergrücken, einst mit dichtem Walde bedeckt, wie die zahlreichen mächtigen Blöcke bezeugen. In

einer kahlen Schlucht zur Linken entspringt der Preinbach. Auf ⅔ Höhe des Berges bemerkt man einige Hütten, von welchen die Wasserriese herabkommt, und zu denen der Pfad hinaufführt. Bei diesen Hütten angelangt, sieht man mit Erstaunen einen geräumigen Stollen vor sich, der gerade durch den Berg geführt ist, so daß man das jenseitige Tageslicht erblickt und durch welchen nun die Wasserriese herausgeleitet ist, die weiter unten durch den Preinbach verstärkt wird. Neben der Riese ist ein Bretterweg gelegt, daß man bequem hindurchgehen kann, die Höhe beträgt an mancher Stelle bei zwei Klaftern (= 3,80 Meter). Da man immer neben der Rinne geht, nirgends vom Wege abweichen kann, auch die Tageslichte immer in etwas beibehält, so kann man selbst ohne Laterne durchkommen.
Ober dem Eingange enthält eine schwarze Tafel die Worte:

> 1822 im August
> angefangen.
> Es werde Licht.

Im Stollen rechts ist eine rothe Marmorplatte angebracht, verkündend:

> Im Monat August 1822
> wurde durch den Erfindungsgeist
> des Schwemmunternehmers
> Georg Hubmer
> dieser Durchschlag begonnen.

Jenseits herausgetreten liest man auf einer Marmorplatte ober dem Eingange:

> Durch Beharrlichkeit und Einsicht
> und mit Gottes Hülfe
> am 8. März 1827 beendigt.
> Ganze Länge des Durchschlages
> 227 Klafter*

* 431 m

Über eine kleine Treppe ersteigt man die Klause eines geräumigen Wasserbehälters und sieht hinab in das Hochthal der stillen Mürz, rings von dunklen Waldbergen umgeben. Am Berghange liegen mehre Hütten zerstreut, und gerade hinab entdeckt man einen großen Wasserkanal, auf welchem man mit Erstaunen mehre Schiffe erblickt!
Der weitere Weg führt nun durch den Neuwald selbst, und zwar längs des Schiffahrtskanals. Über ½ Stunde weit ist derselbe bereits fortgeführt, theils in Felsen gesprengt, theils mit klafterhohen Mauern am steilen Berghange unterbaut. Statt des ehmals bestandenen elenden Waldweges kann man jetzt den bequemen Treppelweg neben dem Kanale einschlagen, und pilgert 2 Stunden durch die Wildniß, staunend über die herrlichen Bäume, die längs des Weges hin verfaulten, ehe der Wald zugänglicher war. Wehe dem, der hier sich verirrte, den Nebel oder die einbrechende Dämmerung verführte! Nur ein Wunder könnte ihn aus diesem Chaos von Felstrümmern und Moder, von der üppigsten Vegetation überdeckt, erretten."
Und dann erzählt Schmidl eine recht grausige Geschichte:
„Hier in jener Gegend verunglückte auch jener junge Pharmaceute, von dem man vor einigen Jahren sich mit dem Gerüchte trug: er sei auf dem Schneeberge von seinem Führer ermordet worden. Ohne den geringsten Unfall kam er bis zum Neuwalde, hier aber verlor man plötzlich seine Spur. Ich kam kurze Zeit darauf hin, und erfuhr von den Holzknechten: Man hätte mehre Nächte einen Menschen tief im Walde, gegen die stille Mürz zu, schreien und jammern gehört. Anfangs achtete niemand viel darauf, zuletzt glaubten die Leute, es sei das Waldmandl oder irgend ein anderer Geist, der sich hören lasse!
Unfehlbar war es jener Unglückliche, welcher ohne Führer botanisirend, vom Wege abkam, sich nicht mehr zurechtfand, wahrscheinlich bei dem Herumklettern ein Bein brach oder sonst sich beschädigte, nicht mehr von der Stelle konnte, und nun den fürchterlichen Hungertod erleidend, an seinen Schmerzen verschied – wenn er nicht gar die Beute eines wilden Thieres wurde! Gewiß wird man, wenn der Schlag so weit vorrückt, die Gebeine des

Unglücklichen finden und sich so die Richtigkeit der in öffentlichen Blättern damals ämtlich eingerückten Anzeige – freilich traurig genug – bestätigen: Man habe noch durchaus kein Beispiel von Treulosigkeit irgend eines Führers in diesen Gegenden! Aber dieser Unglückliche ist auch eine Warnung mehr: ohne Führer sich nicht in unbekannte Gegenden, zumal in solche Wildnisse zu wagen! –"

□

Der von Hubmer gebaute Tunnel ist heute verschüttet.
Zwischen 1848 und 1852 wurde aber von der Hubmerschen Schwemmgesellschaft ein zweiter Tunnel am Gschaidl geschlagen, der eine Länge von ungefähr 750 Metern hat und genau dem ersten Tunnel gleicht. In diesen kann man an der Südseite noch ungefähr 200 Meter eindringen und dabei die morschen Reste der Verzimmerung sehen. Auch an der Nordseite ist der Beginn dieses (dort verstürzten) Tunnels noch deutlich erkennbar. Dieser Tunnel wurde aber nicht lange benützt: Die 1858 bis Schlesien ausgebaute Kaiser Ferdinand-Nordbahn brachte von dort die wesentlich leistungsfähigere Steinkohle nach Wien – und Holz war dann plötzlich nicht mehr so lebensnotwendig.
Naßwald wurde innerhalb weniger Jahre zum Notstandsgebiet.
Und in Wien entstand dann bald die alpine Vereinigung „Die Naßwalder". Die Weihnacht 1866 verbrachte eine Delegation dieses Vereins in Naßwald und verteilte dort Gaben an die Kinder. In dem Bericht über diese romantische Weihnachtsfahrt, der von August Silberhuber (einem Freund des steirischen Dichters Peter Rosegger) verfaßt wurde, sind die Ziele dieses Vereines klar umrissen: „Nur die fällende Axt des Holzknechtes, das Stangenbeil des Schwemmers und die Glut des Eisenhammers, sind die Mittel zur Ernährung für die, ohne jedes andere Gewerbe, hier in den Bergklüften vom Tagelohn Lebenden. Kein Kornfeld dehnt sich, kleine Wiesen im Gesteine lassen kaum Gras und Heu für das Hausthier der meilenweit zerstreuten Hütten erraffen! Die Gemsen und das andere Wild gehören den glücklichen, fernen Herren! – Hier eröffnet sich noch dem Vereine ein Gebiet des Wohlthuns, welches außer dem Kreise der kurzen Aushilfe liegt und höher hinaufreicht, zur Selbsthilfe, zum ermöglichten und erweiterten Gewerbe und Erwerbe – zur Versorgung durch eigene, besser unterwiesene und mit den ergiebigeren Mitteln versehene Kraft des Einzelnen!"
Heute wird ein solches Helfen weltweit „Entwicklungshilfe" genannt.

□

Am Gschaidl lebt der alte Hubmer noch immer weiter! In einem kleinen Häuschen nahe dem verschütteten Tunneleingang wohnt Frau Maria Eder; sie wurde 1899 geboren, und ihre Großväter väterlicher- und mütterlicherseits waren Holzknechte aus Gosau bzw. Hallstatt, die seinerzeit mit den Hubmers nach Niederösterreich gekommen waren. Die „alte Miatz" erzählt vom Hubmer noch so, als ob dieser erst gestern vom Schwemmberg hinab ins Tal und zur ewigen Ruhe gegangen wäre. Unterhalb ihres Hauses steht noch ein Holzhaus aus Hubmers Zeit. Nachdem 1958 der letzte Besitzer gestorben war, begann das Haus zu verfallen. Die „alte Miatz" schrieb daraufhin an das Bundesdenkmalamt, daß man gegen den Verfall eines solchen „historischen Hauses" eigentlich etwas tun müßte. Man tat nichts. Die „alte Miatz" empfindet das als „eine Schand".
Im Dezember 1976 erhielt der Autor dieses Buches von der 77jährigen Frau ein Dankschreiben für einige übersandte Fotos. Die Schrift: Wie gestochen, eine kalligraphische Glanzleistung! Und welchen Witz diese Frau noch hat, wenn sie schreibt: „Die Aufnahmen sind sehr schön, nur ein junges Pupperl hätten die Aufnahmen schöner noch gemacht, nit a so a alte Schachtel. Doch wenn ma jung nit sterben will, dann wird man halt a so a Kraxen!"
Natürlich ist auch die „alte Miatz" Protestantin, so wie auch die Hubmers und alle seine Holzknechte leidenschaftliche Protestanten waren (und daher im katholischen Niederösterreich heftig um ihren Glauben kämpfen mußten).
In Naßwald hatte Hubmer 1826 ein protestan-

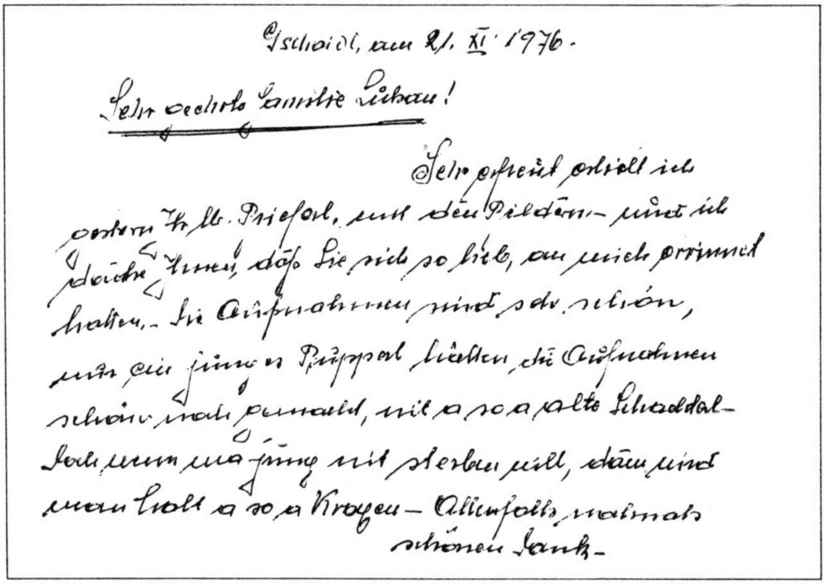
Gschaidl, am 21. XI. 1976.

Sehr geehrte Familie Lukan!

Sehr erfreut erhielt ich gestern Ihr lb. Briefal, mit den Bildern – und ich danke Ihnen, daß Sie sich so lieb an mich erinnert haben. – Die Aufnahmen sind sehr schön, wenn ein junges Puppal hätten, die Aufnahmen [illegible], wie a so a alte Schaddal- Doch wenn ma jung nit sterben will, dann wird man halt a so a Kragen – Allenfalls nochmals schönen Dank –

tisches Bet- und Schulhaus erbauen lassen, das dann 1840 aufgestockt wurde. Dieses Haus ist noch heute erhalten. Und in Naßwald haben vor wenigen Jahren einige alte Holzknechte im Ruhestand in freiwilliger Arbeit ein kleines Blockhaus gebaut, in dem nun ein „Hubmer-Museum" untergebracht ist. Dieses von den alten Naßwalder Holzknechten erbaute Blockhausmuseum gehört zu den stimmungsvollsten Heimatmuseen Österreichs: In ihm lebt der alpine Herkules Hubmer auch noch in unserer technisierten Zeit fort. In diesem Museum ist auch das fast schon legendär gewordene Richtscheit zu sehen, das Hubmers einziges technisches Hilfsmittel für den Tunnelbau am Gschaidl war.

Aber wer mit dem Holz arbeitete, mußte schon immer genau sein! Bei der Bauholzbearbeitung wurde über den Stamm eine mit roter Farbe getränkte Schnur gezogen, die einen roten Strich, die „Schnur", hinterließ. Über diesen roten Strich – „über die Schnur" – durfte dann beim Bearbeiten des Baumstammes zu einem Pfosten keiner der Holzknechte hauen!

In Naßwald ist Hubmer auch begraben. Der Friedhof, ebenfalls von Hubmer errichtet, liegt an der Stelle, wo sich Prein- und Naßbach vereinen. Hubmer wollte - wie er sagte – „auch noch im Grab die Scheite rodeln hören!" Es liegen viele Hubmers begraben im Friedhof von Naßwald (aber auch berühmte Raxbergführer wie Daniel Inthaler und Naz Spielbichler). Ein Enkel Hubmers, ebenfalls ein Georg Hubmer (1817–1898), trägt auf seinem Grabstein schon eine attraktivere Berufsbezeichnung: Schwemmdirigent!

Dem genialen „alten Hubmer" wurde in seinen Stein graviert:

Ruhe sanft von deines Tages Last und Hitze!
Ob auch deine Hülle modert
bleibt doch dein Name
Unvergeßlich und theuer Allen,
denen du Vater, Freund, Tröster, Rathgeber warst.
Unauslöschlich in diesem Thale
hingegeben in des Berges Tiefen
Geschrieben in den Wäldern ringsumher!
Und segnend, dankend ruft einst noch der
Enkel Stimme: Hier ruht
Georg Hubmer
geb. d. 11. April 1755
gest. d. 22. März 1833

Die Rax

„Auch dem fernen Alpenfreund kann es wissenswert dünken, wie das Gebiet beschaffen ist, wo so viele ihre ersten alpinen Eindrücke empfangen und dadurch für weitere großartigere Touren gewonnen werden, jenes Gebiet, welches sozusagen das Schulgebiet der im wohlverdienten Rufe der Kühnheit und Tüchtigkeit stehenden Wiener Touristik bildet. Die Raxalpe verdient übrigens, abgesehen von allem Obrigen, auch als Gebirgsstock das Interesse jedes Alpenfreundes, da sie sowohl durch ihre Ausdehnung als auch durch die Großartigkeit ihrer Felsgruppierungen, durch die romantische Schönheit ihrer Täler und Schluchten und durch den wechselvollen Reiz ihrer vielen verschiedenen Anstiege zu den bemerkenswertesten Gebirgsstöcken der nordöstlichen Alpen zählt."

Joseph Rabl in seiner Monographie der Raxalpe, Wien 1875

Rax – Steckbrief

DER BERG: Plateauberg im Süden Niederösterreichs, dessen höchster Punkt – die 2009 m hohe Heukuppe – bereits in der Steiermark liegt. Das Massiv nimmt eine Fläche von rund 100 Quadratkilometern ein, die Hochfläche allein ca. 34 Quadratkilometer. Markante Erhebungen (außer der Heukuppe): das Gamseck (1857 m) und der Predigtstuhl (1902 m), der Dreimarkstein (1948 m) und die Scheibwaldhöhe (1943 m), der Preinerwandgipfel (1783 m) und der Jakobskogel (1737 m).
Charakteristisch für die Rax sind die Felsabbrüche am Plateaurand (Raxenmäuer, Kahlmäuer, Preinerwand) und die tiefeingeschnittenen Schluchten, wie Großes Höllental, Großer und Kleiner Kesselgraben, Großes und Kleines Übeltal u. a.

GEOLOGIE: Verhältnisse wie am Schneeberg. Das Preiner- und Reichenauertal bilden die Grenze der Nördlichen Kalkalpen gegen die Ausläufer der Zentralalpen. Am Ostfuß der Rax (Knappenhof) Grauwackenzone mit Erzeinbettungen. Die obenerwähnten Schluchten sind im Tertiär entstandene Einstürze innerhalb des Bergkörpers.

FAUNA: Hirsch und Reh, Gemsen, Murmeltiere (selten), Auerhahn und Birkhuhn, Schneehuhn, Mauerläufer und Alpendohle, schwarzer Alpensalamander, Bergeidechse, Kreuzotter (selten).

FLORA: PANNONISCHE FLORA: Schwarzföhre (im Höllental bis ca. 1300 m) – MITTELEUROPÄISCHE FLORA: Tanne, Fichte, Rotbuche und -föhre; Schlüsselblumen, Leberblümchen, Lungenkraut, Waldmeister – SUBALPINE (VORALPEN-)FLORA: Fichte (bis ca. 1600 m = Baumgrenze); Schneerose, Germer, Eisenhut, Akelei, Vergißmeinnicht, gelber Fingerhut, Trollblume, Frauenschuh, pannonischer und Schwalbenwurzenzian, Türkenbund – ALPINE FLORA: Latsche bis ungefähr 1900 m; Alpenrose, Seidelbast, Alpenglockenblume, Kuhschelle, Kohlröschen, Pippau, Alpengrasnelke, blaues Alpenveilchen, Edelweiß, Aurikel (Petergstamm), stengelloser (Clusius-)Enzian, Clusiusprimel, viele Steinbrecharten.

Edelweiß
(Leontopodium alpinum)

Die „Raxpartie"

RAX – man vermutet, daß der Name aus dem Dialektwort „rachs" (= rauh) entstanden sein dürfte.

Vor der Erbauung der Semmeringbahn und dem Ausbau von Reichenau zur Sommerfrische wurde die Raxalpe nur höchst selten von „Stadtleuten" erstiegen. Diese wählten entweder den heutigen „Schlangenweg" oder den „Törlweg" als Anstieg, wobei über letzteren (der uns nun schon bekannte) Freiherr von Augustin schrieb: „Dieser Weg ist sehr beschwerlich und bedarf eines ziemlich geübten Bergsteigers, um ohne Führung zurückgelegt zu werden; denn er ist nicht gebahnt, sondern blos durch die Fußstapfen bezeichnet, welche die Kühe zurücklassen, die man im Frühjahre auf die Alp trieb. Bei plötzlich eingetretenem Nebel oder Gewitter könnte man sehr leicht die oft kaum kenntlichen Spuren verlieren und in die furchtbaren Abgründe stürzen, welche den Weg zu beiden Seiten schauerlich umgeben. Einige Stellen sind eine wahre Schwindelprobe, – wer sie ohne ängstliche Gefühle zu betreten vermag, der kann schon auf die Stärke seiner Nerven rechnen!"

Zu jener Zeit, in der Montblanc und Großglockner schon lange erstiegen waren, galt eine Raxbesteigung noch immer als ein großes Abenteuer. Dies läßt auch der Bericht eines Raxbezwingers aus der Zeit um 1850 erkennen, der beim Aufstieg zur Heukuppe (samt dem ihn begleitenden Hund) vom richtigen Weg abgekommen war . . . „Nur zu bald verwandelte sich die angenehme Gangart in mühsames Klettern in den immer steiler werdenden Wänden. Zu alledem fing es auch zu regnen an, und endlich stand ich und konnte absolut nicht mehr weiter, weder hinauf, noch rechts oder links; überall starrten mir unübersteigliche Wände entgegen. Aber auch zurück konnte ich nicht. Wenn ich hinabsah (soweit ich eben sehen konnte), hinab, von wo ich mit Todesverachtung heraufgeklettert war, mußte ich mir sagen, daß man da allenfalls herauf, aber entschieden nicht hinab könne, falls man nicht andere Hilfsmittel habe, als einen einfachen Alpenstock.

Ich simulierte hin und her, was zu tun sei, um aus dieser sonderbaren Situation herauszukommen, allein vergeblich. Viertelstunde um Viertelstunde verrann, und ich stand noch immer auf demselben Fleck, zu meinen Füßen der Hund; wir beide vom Regen triefend, ein Bild des Jammers!

Endlich hörte es auf zu regnen und nach verschiedenen Seiten lichteten sich die Wolken, allein nur, um alsbald wieder dichter sich zu ballen. Solche Augenblicke genügten jedoch, um mich Sennhütten sehen zu lassen. Sie erschienen mir in wässerig strahlender Beleuchtung und so verlockend, wie noch nie ein gastliches Dach. Ach, wäre ich doch dort, oder wenigstens imstande, zu ihnen zu gelangen. –

Hundertmal probierte ich, ob es nicht dennoch möglich sei, an irgendeiner noch nicht beachteten Stelle abzusteigen; umsonst, ich sah mehr und mehr ein, daß ich nur durch fremde Hilfe erlöst werden könne. Da ich ein kräftiges Organ hatte, sonach meine Stimme bei den Hütten jedenfalls gehört werden mußte, entschloß ich mich kurz und rief, meine Hände als Sprachrohr gebrauchend, hinüber: ‚Schwoagerin, helft's! Hab' mich verstiegen! Kann nicht mehr weiter!'

Nach mehrmaligem Rufen erfolgte Antwort; sie kam gedämpft herüber, und ich konnte die Worte nicht verstehen. Allein es genügte mir, zu wissen, man habe mich gehört. Aber es verstrich eine halbe Stunde und ich sah und hörte nichts, was darauf hingedeutet, daß man mir helfen wolle. Ich fing nun neuerlich zu rufen an; derselbe Erfolg. Das ging so fort, zwei Stunden lang, bis ich endlich in ziemlicher Nähe seitwärts Frauenstimmen vernahm. Nun, Gott sei Dank, endlich kommen sie doch!

Ich animierte die Kommenden durch fortgesetztes Rufen; und als sie endlich aus dem Nebel auftauchten, erschienen sie mir wie leibhafte Engel. Es waren ihrer Dreie.
Mit vieler Mühe und Vorsicht arbeiteten sie sich von oben herab zu mir durch, fortwährend ihrer Verwunderung Ausdruck gebend, wie denn da her ein ‚Stadtherr‘ sich versteigen konnte. Als sie bei mir angelangt waren, war mein Erstes, zu fragen, warum sie mich so lange rufen und warten ließen, da sie doch offenbar schon meinen ersten Ruf gehört hatten. Und was erhielt ich zur Antwort? Daß sie sich gefürchtet haben, weil sie meinten, es sei ein Gespenst, das sie verlocken wolle, da auf der Stelle, von woher das Schreien kam, nicht leicht ein menschliches Wesen sein könne. Auf meine Entgegnung, daß es zum mindesten bei helllichtem Tage – welche Ironie – keine Gespenster gebe, replizierten sie ganz ernsthaft, das verstehe ich nicht, die Bergmandln, die schon so manchen in den Abgrund gelockt, gehen auch bei Tag um, und man könne sich nicht genug vor ihnen hüten."
Weniger Glück hatte im Jahre 1856 der Wiener Kaufmann August Schröckhenfux. Schönwetter verleitete ihn und zwei seiner Freunde am 3. September zu einer Raxbesteigung. Der Wettersturz überraschte sie auf dem Hochplateau. Verzweifelt suchten die drei im Schneesturm und Nebel nach dem Abstieg ins Tal. Schröckhenfux, dessen Kräfte immer schwächer wurden, blieb in einer windgeschützten Mulde (nahe vom Abstiegsweg durch die Preinerschütt) zurück. Die Freunde erreichten mit ihren letzten Kräften das Tal. Eine Rettungsexpedition, die sofort aufbrach, fand Schröckhenfux bereits als Toten . . . „erfroren und verschmachtet", wie es damals hieß.
Das Schröckhenfuxkreuz erinnert noch heute an das erste Touristenunglück auf der Rax und an die Zeit, in der es dort noch kein Schutzhaus und noch keine Markierungen gab.

□

Fast in allen Berichten von Raxersteigern aus der ersten Hälfte des 19. Jahrhunderts wird der Niedergang der Almwirtschaft auf dem Hochplateau bedauert . . . die Tiere sind mager und können ihren Durst nur mit dem am Grase hängenden Morgentau löschen, die Almhütten sind dem Verfalle nahe und die Sennerinnen unsagbar schmutzig. Und immer wieder wird erzählt, daß noch um die Mitte des 18. Jahrhunderts zur Sommerzeit die Raxalpe stark belebt war (was auch die noch vorhandenen Reste von Hütten und Almzäunen beweisen).
Nun: Sagen und Geschichten von einst blühenden Almen gibt es im ganzen Alpenraum, und zumeist sind Klimaveränderungen Ursache dieser „übergossenen" oder „versteinerten" Almen. Auch für den Verfall der Raxalmen werden solche Klimaänderungen verantwortlich gemacht. Jedoch: Josef Rabl läßt in seiner 1875 erschienenen Raxmonographie diese Ursache nicht gelten; Schuld an dem Verfall trage nach seiner Meinung der „lässige Charakter der Bewohner, welche entweder aus Bequemlichkeit oder aus Mangel an Intellegenz Alles gehen lassen, wie es gehen will, und welche nicht einmal die Steine oder das verwuchernde Knieholz beseitigen, wodurch der Graswuchs gehemmt wird, welche überhaupt gar nichts zur Beförderung der Ertragfähigkeit des Alpenbodens thun."
Immerhin führt Rabl noch acht zu seiner Zeit in Betrieb stehende Almwirtschaften an. Sie sind heute alle längst verfallen, öd und leer. Aus der Raxalpe ist die Rax geworden.
Trauernd um die vergangene Almherrlichkeit schrieb Karl Leopold Schubert sein Bergepos „Rax", das 1933 erschien und volle 104 Seiten (!) umfaßt . . .

„Sonntag ist heute, ein Fest auf der lieblichen Alm Zikafahnl!
Zikafahnl –? Eija! Es ist dies freilich ein Name,
Schwer zu entziffern dem Forscher der Sprache – doch leicht, wer da selbst noch
Einst die Wirtschaft gekannt und auch die Wirtin beschaut hat:
„Zipfahnl" war sie genannt, denn mächtig ragt ihr des Kopftuchs
Doppelzipfige Tracht und Pracht, die Krone der Herrschaft.
Senner und Jäger bildeten dann im Laufe der Zeiten
Draus den Namen der Alm, der ihr bis heute geblieben.

Zikafahnl! Wer kennt sie nicht von den Jüngeren des Raxbergs,
Wenn er im Winter vom Habsburghause den zerbichten Riegel
Absaust – hei! es stäuben die Skier im Pulver des Neuschnees!
Rings die Fichten tun sich auf. Juchhui!! Vom Buckel den Rucksack –
Da – auf die Bank – vor der Tür! und noch die Skier an den Beinen.
Schmilzt schon schnerfertiefenenttagt*, der allzeitgetreue
Kocher den Schnee – und schon umdampft uns, stampfend im Kreise,
Duftender Tee die Stirnen – das traute Hüttenbehagen.
Aber oweh! wie steht's um die Hütte! Schnee, ganze Berge
Schnee im Innern! durchs Dach – die Sparren starren zum Himmel –
Schnee auf Schragen und Tisch – und selbst die Bettstatt – ein Schneeberg!
Eine Ruine. Ein Bild des Verfalls. Ach! nicht nur die Alpe
Zikafahnl – der Alpenwirtschaft, der Wirtschaft der Heimat!!
Vieh- und volkreich lagen sie einst, die Almen der Heimat!"

□

Raxbezwinger Freiherr von Augustin berichtet von einer „Merkwürdigkeit" der Rax, der sogenannten „Eiskapelle": „In einer Felsschlucht sammelte sich eine Masse Schnee, welche, da die Sonne nicht im Stande war sie aufzulösen, festfror und bis zum nächsten Winter liegen blieb. Darüber sammelte sich wieder neuer Schnee, der sich abermals in Eis verwandelte, und so ging es unzählige Jahre fort, und wird noch so fortgehen, bis sich vielleicht ein Gletscher bildet."

Augustin erzählt von jener unschuldigen Kluft nahe der ehemaligen Eishüttenalm unterhalb der Lechnermauern, in der sich eher bescheidene Schneereste über das Jahr hindurch erhalten – zur Freude der Sennerinnen von einst, die daraus Trinkwasser schmolzen.) Der liebe Rax-Augustin fährt jedoch munter fort: „Es ist dies ja der Urbeginn aller Gletscher, indem sich der Schnee entweder in einer Höhe, wo er niemals schmilzt, oder an der Nordseite einer Berglehne, wo ihn die Strahlen der Sonne nie oder doch nur ganz schräge treffen, anhäuft und in Eis verwandelt, welches nach und nach in große Klumpen berstet und sich, sobald es zu größerer Menge anwächst, in die Tiefe schiebt. Indessen sind wohl hunderte von Jahren nöthig, um einen Gletscher zu bilden, wie wir sie unter dem Namen ‚Ferner' auf den Hochgebirgen Tirols oder unter dem Namen ‚Kees' im Salzburgischen finden. Selbst Eisfelder, welche schon eine ungeheuere Ausdehnung haben, wie z. B. das Karlseisfeld auf dem Thorstein bei Hallstatt, sind noch immer beginnende Gletscher, welche man von den bereits ausgebildeten durch ihre Farbe unterscheidet; denn während jene die Farbe des reinsten Azur haben, erscheinen diese ganz hellgrün. Lange dürfte es also wohl noch dauern, bis man auf dem Grünschacher das prächtige Schauspiel eines Gletschers bewundern wird, von dem gar Manche schon träumen."

Ist's nicht herrlich, Freunde, daß wir noch immer nicht mit Pickel und mit Steigeisen über einen Gletscherspaltengletscher von der Bergstation der Raxseilbahn zum Ottoschutzhaus ziehen müssen?

Aber im Ernst: Was nicht ist, kann noch (oder besser gesagt: kann wieder) werden! Nur wir, wir werden es nicht erleben.

Die letzte Eiszeit in Europa fand ungefähr zwischen 100.000 und 10.000 Jahren vor unserer Zeit statt. Es ist dies die „Würmeiszeit" (die nach der Würm, einem Abfluß des Starnberger Sees in Bayern, benannt wurde, weil dort die Ablagerungen dieser Eiszeit besonders deutlich erkennbar sind).

Damals waren auch Schneeberg und Rax Gletscherberge!

Vom Schneeberg strömte das Eis durch die Breite und Krumme Ries und durch den Schneidergraben in den Puchberger Talkessel und außerdem über die Trenkwiese hinab ins Klostertal. Von der total vergletscherten Rax bra-

* . . . „schnerfertiefenenttagt" – das heißt aus epischer Sprache in unsere simple Umgangssprache übersetzt etwa „dem Rucksack entnommen"!

chen die Eismassen ab ins Große Höllental, ins Naßtal und in die Prein. Der Höllentalgletscher reichte fast bis zur Schwarza hinab. Unvorstellbar?

Zum Verstehen der Eiszeiten müssen wir vor allem unseren geschichtlichen Zeitbegriff ablegen. Zweitausend Jahre – also eine Periode wie die von der Zeitenwende bis heute – sind in der Urgeschichte nur wenig, in der Erdgeschichte überhaupt nur ein Hauch.

Sollten einmal infolge einer neuerlichen Klimaverschlechterung in den Hochtälern der Alpen die angehäuften Schneemassen auch im Sommer nicht abschmelzen, einige hundert Jahre nicht abschmelzen können – dann rücken die Gletscher wieder durch die Täler vor, und es wäre wieder eine Eiszeit da. „Es fehlt unserer Vorstellungskraft nur der Maßstab der Erfahrung, um sich ein Bild zu machen, mit welcher Hochgewalt und welchem Tempo sich solche eiszeitliche Naturdramen vollzogen haben", schrieb der berühmte Schweizer Prähistoriker Ernst Uehli.

□

1857 war der Engländer John Ball der erste Bergsteiger, der auf einem Dolomitendreitausender stand – auf dem Monte Pelmo. An einem anderen Dolomitendreitausender scheiterte John Ball – den Sieg über die Marmolada feierte 1864 der Wiener Paul Grohmann. Grohmann war es auch, der als erster die Große Zinne, den Langkofel und noch viele andere schwierige Dolomitengipfel bezwang. Das klettertechnische Können der Wiener Bergsteiger stand damals also schon auf einer ziemlich hohen Stufe. Nur auf den Wiener Hausbergen kletterte man noch nicht. Der Gipfel war das Ziel, und der ließ sich dort auch ohne Kletterei erreichen.

Freilich: Holzknechte und Jäger sind schon am Beginn des 19. Jahrhunderts in den Steilabstürzen der Rax unterwegs gewesen. Auch Erzherzog Johann, der im Großen Höllental jagte, hatte einige Routen durch die Wände des Tales für seine Jäger und Treiber mit Eisenketten und Stiften sichern lassen. Diese Routen gerieten später wieder in Vergessenheit und lebten nur noch in schauerlichen Hausbank-Erzählungen ausgedienter Jäger und alter Holzknechte weiter. Man erzählte von einem Weg durch eine düstere Felsenbucht (Teufelsbadstube nannte man sie). Und man erzählte auch von einer riesigen Höhle im hintersten Winkel des Höllentales (Gaisloch nannte man sie), an der vorbei man angeblich über einen alten Holzknechtsteig zur Höhe steigen konnte . . .

Tatsächlich hatten Holzknechte, die um 1810 den damals noch oben im Gaislochboden bestehenden Forst schlägerten, die Wand über der Gaislochhöhle mit einigen Steigbäumen und Eisenstiften für den Aufstieg passierbar gemacht. Dieser alte Holzknechtsteig wurde dann um 1860 durch einige Eisenklammern für Jagdgänge wiederhergestellt. Doch die Jäger behielten ihr Wissen um diesen Anstieg für sich, und für die Touristen blieb das Große Höllental weiterhin ein „Tal ohne Ausgang". Erst vor wenigen Jahren machten die beiden Bergsteiger A. Duspiwa und A. Kapfenberger die Entdeckung, daß es seinerzeit in der Gaislochwand nicht nur einen sondern zwei Holzknechtsteige gegeben hat!

Dieser zweite Holzknechtsteig befindet sich ca. 200 Meter rechts von der Gaislochhöhle und führt durch eine sehr steile, brüchige Wand. Einige Eisenstifte und mächtige Ringhaken (zwischen denen früher wahrscheinlich Seile gespannt waren) markieren diesen einmalig kühnen „Weg zum Arbeitsplatz". Eine Nachbegehung des Weges wäre sicherlich interessant, aber bis jetzt hat sogar guten Kletterern davor gegraust, in diese rasendurchsetzte, brüchige Wand einzusteigen. Hut ab vor den Holzknechten von einst!

□

„Deutsch-Mythologische Landschaftsbilder" hieß ein dicker Wälzer, der 1891 erstmals erschien und damals viele Leser zu begeistern vermochte. Sein Verfasser Guido von List versuchte darin wortgewaltig zu beweisen, daß das Abendland seine Kultur ausschließlich den Germanen und dem germanischen Wesen verdanke. Bald wurde dann auch eine „Guido von List-Gesellschaft" gegründet, deren Ziel die Veröffentlichung und

Verbreitung der Forschungsergebnisse des „Meisters" war. Auch das Höllental war Gegenstand seiner Forschungen:

„Hermuth (Hermodur), einer der Söhne Wuotans, sollte versuchen, den ermordeten Balder aus der Gefangenschaft der Todesgöttin Helia loszubitten; er ritt auf Wuotans Schleifner, dem achtfüßigen Wunderpferd, sogleich dahin. Neun Nächte lang ritt er durch dunkle, tiefe Täler, bis er zum Gellerstrom kam, wo er über die mit Gold belegte Gellerbrücke reiten mußte, welche von einer Jungfrau, Zänkerin benannt, bewacht wurde. Er setzte, nachdem er Weisung erhielt, seinen Weg fort, bis er ans Helgatter kam, das er mit dem Rosse übersetzte, und ritt vor Helias Saal. – Diese Schilderung hebt die langen, dunklen Täler hervor, den Gellerstrom, die Brücke, das Helgatter, und läßt sich ergänzen durch den «Brunnen der Wurt» (Urdas-Quelle), welche unter der dritten Wurzel der Welt-Esche entspringt . . ."

Für List hatte das Höllental seinen Namen von der Göttin Helia und soll einst Sitz einer der höchsten Gottheiten des germanischen Volkes gewesen sein. Der Kaiserbrunnen war für ihn natürlich der „Brunnen der Wurt" . . .

„In all diesen bewältigenden Wechsel der Landschaft blickt ernst und erhaben, ohne Regung, unveränderlich, das stolze Dreihaupt des Schneeberges hernieder, ein Bild des Ewigen ob dem Vergänglichen. – Betrachten wir nun aber dieses stolze Dreihaupt, so finden wir neben zwei Namen jüngerer Zeit (Kaiserstein und Klosterwappen) noch im ‚Donnerkogel' (Mitterkogel) zweifellos einen Rest altmythischer Heiligung. Einstmals mögen die beiden anderen Gipfel Wuotans und Lokis Namen getragen haben, um der Hohen Heiligen Dreieinheit zu entsprechen. – Soweit des Höllentales Bannkreis reicht, sehen wir nur den ernsten Charakter der furchtbaren Schicksalsgewalten dem Tale in seinen mythischen Namen eingeprägt, und wie ein fernherleuchtender Hoffnungsstrahl aus Himmelshöhen blickt in die ‚neun tiefen und dunklen Täler' das Dreihaupt des Schneeberges herab, das einstmals in der Zeiten Frühe der Sitz gewesen der höchsten Drei-Götter, Wuotan, Donar, Loki . . ."

Guido von List war aber nicht nur ein besessener Ario-Germane, sondern ist in seiner Jugend auch ein begeisterter Bergsteiger gewesen. Am 8. Mai 1871 unternahm er mit Richard Issler den „entschieden lebensgefährlichen Versuch" (wie es nachher hieß), den Klammernsteig über der Gaislochhöhle zu begehen. Neuschnee zwang jedoch die beiden Bergsteiger zum Rückzug. Beim Abstieg glitt List aus und stürzte 25 Meter tief ab – ohne sich dabei erheblich zu verletzen. Aus Dankbarkeit für dieses große Glück ließ er dann im November des gleichen Jahres auf eigene Kosten das Gaisloch versichern. An Seilen ließen sich Holzknechte von oben in die Wand, um sechs Zentner Ketten zu verspannen. So entstand der „Guido List-Steig" (der heutige Gaislochsteig) im „Tal der Helia".

□

Über der Gaislochwand entspringt eine kleine Quelle, welche die Felsen ständig mit Wasser überrieselt. Die Quelle – im Sommer eine angenehme Erfrischung für durstige Bergsteiger – überzieht im Winter Wand und Versicherungen mit einem oft meterdicken Eisvorhang. Eine Begehung des Gaislochsteiges im Winter ist eine zünftige Eistour, zu der heute die Bergsteiger an schönen Sonntagen (und wenn besonders viel Eis im Gaisloch ist) mit Pickel und Steigeisen losziehen.

Als am 26. Februar 1877 der Alpinist Alois Faschingbauer mit dem Wirt vom Baumgartnerhaus August Suschnik und dessen Knecht Jakob zum winterlichen Gaisloch auszog, nannte man das ein „Selbstmörderunternehmen" – und das nicht ganz zu Unrecht, wenn man Faschingbauers Bericht liest: „Mit einer Haue der primitivsten Art (ein einfaches Küchenbeil) fing ich als Erststeigender an, den Weg zu bahnen. Mit den Fußspitzen auf der Eiswand stehend, hielten mich meine Genossen am Seil fest. Nach einer Stunde wirklich großer Gefahr wird ein aus der Eisrinne herausragender Teil der Eisenklammern erreicht – ein lauter Juchzer verkündet meinen Gefährten, mir nachzufolgen. Es war die höchste Zeit, da das Seil zu kurz wurde; es mußte bereits durch Stricke, die man von den Schneereifen abgenommen (!), ergänzt werden."

So bravourös ging die erste Winterbegehung des Gaisloches vor sich. Es war zugleich eine der ersten extremen Winterbesteigungen.

□

1876 fanden die ersten Versuche statt, den sagenhaften Steig durch die Teufelsbadstube wiederzufinden. Auch Heinrich Heß, der berühmte Erschließer des Gesäuses, beteiligte sich an einigen der vielen (vergeblichen) Erkundungen. Erst im Sommer 1877 gelang Dr. Wratislaw Fikeis und Franz Krischker die Wiederentdeckung. Auch sie fanden zunächst nicht den Originaleinstieg des Steiges, sondern kletterten direkt über die Wand hinauf in den großen Badstubenkessel (dieser Anstieg wird heute „Wilde Teufelsbadstube" genannt).
Wie romantisch und abenteuerlich diese Pfadsucher der Vergangenheit das Gebirge erlebten, beweist der Bericht über die Wiederentdeckung des Teufelsbadstubensteiges:
„Der große Kessel ist erreicht ... Feierliche Stille herrscht an diesem geheimnisvoll versteckten Felsenwinkel, nur zuweilen durch das Geräusch herabsickernder Wassertropfen oder durch das eigentümliche Summen irgendwo jäh zu Tal stürzender Steine unterbrochen. Keine Spur eines menschlichen Fußes, ringsum vermag das Auge nur Gemssteige zu sehen, die sich rasch in den unzugänglichen Wänden verlieren. Es muß hier an trüben Tagen, wenn dicht herabwallende Nebel nur die nächsten Felspartien erkennen lassen, unendlich melancholisch sein.
Heute wars anders, da der lichtvolle tiefblaue Himmel selbst die schroffen Felsen im milden Lichte erscheinen ließ. Lange vermochten wir es nicht, uns dem ungewohnten Zauber dieser Alpennatur zu entwinden; wie festgebannt standen wir zwischen Rhododendren in tiefem Schatten, bald im Anschauen der dunklen Felswände versunken, bald hinblickend über das Becken des Höllentales und auf die vom hellen Sonnenlichte umfluteten Klobenwände, deren einförmig weißes Grau von so manchem kühn aufstrebenden Nadelbaum, wohltuend fürs Auge, unterbrochen wird. Und doch galt es vorwärts, hinauf zu kommen, um den Schleier weiter zu lüften. Beseelte uns doch der Wunsch, dieses vielleicht seit vielen Dezennien ungekannte Gebiet neu zu erschließen, auf daß wir und andere wackere Freunde alpiner Schönheit bei diesen verschlossenen, aber unvergänglichen Reizen der Natur noch oft zu Gast sein können.
Wieder gings dann ans Suchen eines gangbaren Pfades, nach kurzer Rast bei einigen Holundersträuchern, die fast vermuten lassen, daß hier einst eine Hütte gestanden.
Ein neues Rätsel harrte unser, denn rechts auf dem Felskopfe, bis zu einem denselben von den Wänden scheidenden jähen Kamin hinaustretend, fanden wir in demselben eine viele Klafter lange in Ringen laufende Eisenkette, welche aber plötzlich abbrach.
Es mag hier den Kamin hinab mit Benützung der Kette wieder auf den Grund des Großen Höllentales gehen, allein die jeden Augenblick herabpolternden Steine sind ein nie ruhender Feind, welcher die Klammern zum Teil zerstörte und jedem lebenden Wesen das Vordringen zu wehren scheint.
Hier endet unser Können, und auch die Felsabstürze im Hintergrund der Terrasse schließen die Möglichkeit hinaufzukommen durch ihre dräuende Wildheit aus.
Auch der Felsriegel zur Linken erwies sich bald als ungangbar. Aber wir ruhten nicht.
Und siehe! Ganz vorne links, nahe dem Absturz der starrenden Felsen, gegen die Große Hölle zu, schmiegt sich ein schmaler, fast unkennbarer Steig über leicht bewegliches Geröll, hart ober den unteren Abstürzen laufend, innig an die Felslehne an, und führt alsbald zu einer nahezu senkrechten, wohl 12 bis 14 Meter hohen Wand.
Lange schon mag die kunstfertige Hand im Grabe ruhen, welche hier dem trotzigen Felsen die steinernen Klammern anschmiedete und an die ebenfalls in den Fels gehauenen Eisenstifte hölzerne Stufen fügte.
Einen sicheren Blick und großes Geschick besaß dieser Felsenbezwinger jedenfalls, denn noch heute, obschon schuttbedeckt und teilweise verwittert, trägt die Felsenstiege sicher und gefahrlos, und der alte trotzige Fels wird nun so manchesmal des Touristen gepanzerten Schuh auf seinem Nacken zu dulden haben."

Die Wiederentdeckung des Teufelsbadstubensteiges war für alle Raxfreunde eine Sensation. Damals sah man in dem Steig den einzig möglichen Durchstieg durch die „senkrecht und meist spiegelglatte, teilweise sogar leicht überhängende" Loswand.

1894 wurde der Steig vom Österreichischen Touristenklub vollkommen neu und solide gesichert und dadurch auch sehr bald zum beliebtesten Felsensteig der Rax. Wer heute beim Aufstieg über die große Leiter genau auf die Felsen schaut, kann dort noch die (zum Teil mit Blei gefaßten) Löcher erkennen, in denen einst die „Eisenstifte mit den hölzernen Stufen" des Ur-Teufelsbadstubensteiges steckten.

□

Im Sommer 1877 wurde von den Bergsteigern Fikeis und Krischker auch das „Bärenloch" in den Kahlmäuern touristisch begangen und von Ernst und Rudolf Leonhardt die „Wildfährte".

Die Kahlmäuer: „Reich gegliederte Wände erheben sich aus dem dicht bewaldeten Talgrund, breit ausgedehnt, mit unzähligen Graten und Rippen, ein vollendet schönes Gesamtbild, unzweifelhaft das schönste der Rax. Eine fast feierliche Stille liegt über der herrlichen Landschaft; mag es die stille Einsamkeit des Tales, mag es die reiche alpine Geschichte der grün umsäumten Mauern, oder die Erinnerung an froh verlebte Tage sein – auch minder empfindsame Gemüter fühlen den Zauber, der hier alles umfängt" (Fritz Benesch in seinem Raxführer, 1894).

Damals wurde das „Bärenloch" auch „Dampflucke" genannt, weil ein besoffener Jäger diesen Weg einmal abgestiegen war und trotz seines „Dampfs" unversehrt unten angekommen war. Trotzdem zählte es zu den verrufenen Wegen, die nur hie und da von einem Wilderer, „der da oben gut aus wußte", begangen wurden. Fikeis und Krischker gelang der Durchstieg erst nach etlichen Erkundungsgängen von unten und von oben. Sie fanden nachher „ungefähr dieselbe Befriedigung wie jener Ingenieur, der einen Berg von den entgegengesetzten Seiten zu einem Tunnel anbohrt, die Richtung genau berechnet und nach einer gewissen Zeit mit beiden Stollen zusammentrifft".

Und weiter heißt es in dem Bericht: „Wir haben, um etwaigen Liebhabern solcher Partien den Durchstieg zu erleichtern, die Richtung mit roten Strichen an Fels und Baum markiert, einen Steig, so gut es ging, mit Stock und Schuh traciert, die lockeren Steine in den Wänden entfernt und das Krummholz stellenweise mit dem Messer gelichtet. Es ist ein schwacher Versuch, unseren alpinen Kameraden das Bärenloch zugänglicher zu machen: mögen wir durch häufigen Besuch desselben einige Anerkennung finden!"

Uns Heutigen will es scheinen, daß dieses „Zugänglich-Machen" des Bärenloches mit Stock und Schuh tatsächlich nur ein allzu schwacher Versuch gewesen sein mag. Wir sind breite Wege gewohnt, und wir schimpfen schon, wenn eine Markierung etwas verblaßt ist. Aber damals waren die Bergsteiger noch bessere Pfadfinder, Fährtenleser – sie werden den schwachen Spuren durch das Bärenloch dankbar gefolgt sein.

□

Der erste Felsensteig für Touristen, der auf der Rax angelegt wurde, war der Gamsecksteig. Sein Verlauf wurde nach vielen Erkundungen zunächst theoretisch festgelegt. Dann ließ der Bauherr – der Österreichische Touristenklub – Felsen sprengen, Eisenketten und Drahtseile anbringen und auch eine Leiter aufstellen.

Nachdem er auch markiert worden war, konnte der neue Steig im Jahre 1875 eröffnet werden. Wohl keiner seiner Begeher denkt heute noch an die Mühen (und auch an das Geld), die das Anlegen eines solchen Weges durch unwegsames Gelände einst gekostet hat.

Der Gamsecksteig ist vor allem als Verbindungsweg zur Schneealpe angelegt worden, und bald nach seiner Eröffnung wurde die Dreigipfeltour Schneeberg – Rax – Schneealpe modern und dann auch die Viergipfeltour, bei der noch die Veitsch als vierter Berg dazukam. Ein Bericht über eine solche Viergipfeltour in der Zeitschrift „Der Gebirgsfreund" aus dem

Jahre 1887 gibt eine Vorstellung von der Leistungsfähigkeit unserer alpinen Urgroßväter: ,,Die neueste großartige Unternehmung unseres Mitgliedes Ernst Schultheiß ist seine Viergipfeltour Schneeberg – Rax – Schneealpe – Veitsch, welche er von Payerbach nach Mitterndorf in der erstaunlich kurzen Zeit von 27½ Stunden am 3. und 4. Oktober 1897 ausgeführt hat. Hievon entfallen nicht ganz 20 Stunden auf den Marsch und der Rest auf die Rasten. Vor 4½ Jahren hat der verstorbene Demeter Diamantidi dieselbe Tour, die für das Zeitausmaß von 24 Stunden damals noch zu den alpinen Problemen im Wiener Ausflugsgebiete gerechnet wurde, wirklich innerhalb 24 Stunden ausgeführt, und hierin liegt das wichtige unterscheidende Moment zwischen den vorliegenden beiden Leistungen. Diamantidi hat das Problem zuerst gelöst und den Tagesrekord für die Viergipfeltour geschaffen; er benützte aber auf den verbindenden Talstrecken der Zeitersparnis und der gleichzeitigen Rast halber den Wagen, um so den Zeitansatz von 24 Stunden nicht zu überschreiten. Diamantidi's Tour ist also eine reine Sportleistung und wurde auch als solche von ihm selbst aufgefaßt. Schultheiß aber kümmert sich nicht um die Summe der aufzuwendenden Stunden, geht die trennenden Täler wacker aus und hält unterwegs viel mehr als ein Drittel seiner ganzen Marschzeit Rast. Wenn wir von ihm zudem noch zu hören bekommen, wie innig ihn hier ein verspätetes Johanniswürmchen, dort die wieder aufgenommene Tätigkeit eines alten Mühlrades berührt habe, wissen wir alles: können wir ihm da den Vorwurf entgegenhalten, es hätte ihn der bloße Sportsteufel über Berg und Tal gejagt? Bei der enormen Leistungsfähigkeit seiner Wanderbeine müßte man wohl jeden seiner überaus zahlreichen Ausflüge als bloße Sportsausübung bezeichnen und ihm jede Naturempfindung direkt absprechen.

Die Route, welche Herr Schultheiß genommen, ist: Payerbach – Eng – Baumgartnerhaus – Emmysteig – Klosterwappen – Baumgartnerhaus – Krummbachgraben – Kaiserbrunn – Höllental – Prein – Schlangenweg – Lackenhoferhütte – Heukuppe – Gamsecksteig – Naßkamm – Windberg – Farfelwandsteig – Neuberg – Veitschbachtörl – Draxlerkogl – Veitschalmhütten – Hochveitsch – Radwirtshaus – Mitterdorf. Die im Auf- und Abstiege im Ganzen überwundene Seehöhe beträgt weit über 10.000 Meter und es wurden pro Stunde bei den Aufstiegen durchschnittlich mehr als 600, bei den Abstiegen mehr als 1000 Meter zurückgelegt, welche Zahlen die außergewöhnliche Leistungskraft unseres werten Vereinsmitgliedes in's rechte Licht stellen."

□

Am 10. Oktober 1876 wurde der Grundstein zum ersten großen Schutzhaus auf der Raxalpe gelegt, nachdem das an den Hängen der Heukuppe im Jahre 1870 erbaute Hüttchen der Alpinen Gesellschaft ,,D'Schwefelbanda" den Bedürfnissen der Touristik nicht mehr genügt hatte. Erzherzog Karl Ludwig, der zweitjüngste Bruder des Kaisers von Österreich, war Pate bei dieser Feier, und nach ihm erhielt dieses Haus des Österreichischen Touristenklubs auch seinen Namen. Die alpine Chronik vermerkt dies als ein ,,großes, sensationelles Ereignis". Durch die Anwesenheit eines Mitgliedes des Kaiserhauses bei dieser Schutzhüttenfeier wurde der Alpinismus auch von allerhöchster Stelle sanktioniert und sozusagen als ,,gesellschaftsfähig" anerkannt. Überdies war die für die Erbauung dieses Hauses aufgewendete Summe von 15.000 Gulden bis dahin noch nie für einen alpin-touristischen Bau aufgewendet worden. Die Feier: ,,Kurz vor neun Uhr kündigten drei rasch aufeinanderfolgende Kanonenschläge an, daß der Erzherzog das Siebenbrünnertal erreicht habe. Sofort wurde am Preiner Wetterkogel die von der Gesellschaft ,D' lustigen Alm-Buam' gewidmete acht Meter lange schwarzgelbe Flagge aufgezogen, und donnerten auch von dort Kanonenschläge herab. Es war ein schöner, spannungsvoller Moment. Die Sonne brach siegreich durchs Gewölk. Lang hinrollend, in herrlichem Echo widerhallten die Kanonenschläge an den Abstürzen des Preiner Wetterkogels und Predigerstuhles. Auf allen vorspringenden Felsen drängten sich Gruppen und blickten zur Tiefe, wo man das Herannahen des Erzherzogs beobachten konnte."

Dann kamen die üblichen Ansprachen, auf die der Erzherzog „mit starker und lauter Stimme" antwortete. Daraufhin folgte unter den Klängen der Volkshymne und wieder unter Kanonendonner der feierliche Akt der Grundsteinlegung. Den Abschluß der Feier bildete ein improvisiertes Volksfest mit Ringkämpfen, Stockwerfen und Wettläufen.
Der Chronist dieser Feier meldet, daß an diesem Tag eine wahre Touristeninvasion die Gegend bedrohte. Und dann nennt er Zahlen: Insgesamt mochten an diesem Tag einschließlich „der zahlreich zugeströmten Landbevölkerung etwa 300 Personen auf dem Raxplateau gewesen sein". So viele Menschen befördert heute an schönen Tagen in weniger als einer Stunde allein die Raxseilbahn auf den Berg!
Übrigens: Se. Majestät Kaiser Franz Joseph hatte für den Bau dieses Schutzhauses 100 Gulden gespendet, die Alpine Gesellschaft „Die neun lustigen Bergkraxler" hingegen 125 Gulden!

□

1893 wurde das von der Sektion Reichenau des Deutschen und Österreichischen Alpenvereins erbaute Erzherzog Otto-Schutzhaus eröffnet. Als die Sektion Reichenau mit dem Bau dieses Hauses begann, zählte sie nicht mehr als 28 Mitglieder! 1908 bekam das bereits zu klein gewordene Haus den heute dominierenden Zubau, der mit dem Ur-Ottohaus geschickt verbunden wurde.
Im Alter von 18 Jahren kam Camillo Kronich mit seiner Mutter Gertraud in dieses Haus, zehn Jahre später übernahm er das Pachtverhältnis, das er dann erst als 77jähriger löste – 59 Jahre lang lebte Camillo Kronich auf der Rax. Und mehr als das! Er lebte nicht nur auf der Rax, er lebte auch für die Rax. 1958 ist Camillo Kronich gestorben.
Kronich war ohne Zweifel eine der stärksten Persönlichkeiten, die je als Schutzhüttenwirt tätig waren. Den „Raxkönig" hat man ihn auch genannt, und er war wirklich ein König in seinem Reich ... wenn er so durch die Gaststube schritt, hier einen gespickten Rehrücken empfahl, dort einem Halbschuhtouristen vom Abstieg durch die Teufelsbadstube abriet, hier die Einquartierung in ein Zimmer mit schöner Aussicht in die Wege leitete, dort ein Plätzchen verriet, an dem man Murmeltiere beobachten könne.
Kronich baute auf eigene Kosten Wege und Unterstandshütten, brachte Markierungen an und war Lebensretter vieler Menschen aus Bergnot. Gleichzeitig praktizierte er schon am Anfang unseres Jahrhunderts moderne Werbemethoden: das Einhämmern einer Firmenmarke! „Camillo Kronich–Ottohaus" war auf jedem der vielen Markierungszeichen zu lesen, auf dem Hüttenstempel und auf den holzgeschnitzten Andenken, auf jedem Felsensteig war es irgendwo mit Farbe an eine Wand gemalt, und wenn auf einer Tafel gebeten wurde, die Pflanzenwelt zu schützen, dann stand auch darunter: „Camillo Kronich–Ottohaus". Daß Kronich geplant haben soll, jedem Gast den Stempel „Camillo Kronich–Ottohaus" auf die Stirn zu drücken, soll allerdings nur ein boshaftes Gerücht sein.

In Kronichs großer Zeit – bis zum Beginn des Zweiten Weltkrieges – bildeten vor allem zwei Kategorien von Gästen seine Stammkunden.
Das waren erstens privilegierte Leute, die damals bereits über einen freien Samstagnachmittag verfügten und den Erholungswert eines Wochenendes im Gebirge erkannt hatten ... Industrielle, Militärs und vor allem Ärzte (auch der Nobelpreisträger Wagner-Jauregg wie auch der Generalstabschef der österreichischen Armee Conrad von Hötzendorf waren Stammgäste Kronichs). Diese fuhren mit dem Nachmittagszug nach Payerbach-Reichenau, ließen sich mit einem Fuhrwerk bis zum Fuß der Rax bringen und stiegen dann (drei Stunden) über den Törlweg zum Ottohaus auf.
Die zweite Kategorie von Kronichs Gästen waren die Geschäftsleute und Dienstnehmer, die bis Samstagabend (Ladenschluß 20 Uhr!) arbeiten mußten. Diese fuhren mit dem Abendzug, der gegen 10 Uhr vom Südbahnhof abfuhr, nach Payerbach-Reichenau. Nach der Ankunft um Mitternacht wanderten sie dann in die Prein oder in das Höllental, erwarteten irgendwo auf einem Plätzchen etwas dösend das Grauen des Morgens ab und begannen dann den Auf-

stieg. Für sie hatte Kronich bereits den Mittagstisch gedeckt. Ein im Jahre 1900 verfaßter „Vorschlag eines Jahresprogrammes für einen gemütlichen Raxliebhaber" empfahl für den Monat Dezember den kurzen Gaislochsteig nur aus dem Grund, weil man in den Wintermonaten auf anderen Steigen „leicht die Mittags-Essenszeit im Otto-Schutzhaus versäumen könne". 1907 wurde auf dem Wachthüttelkamm etwas oberhalb vom Ausstieg des Teufelsbadstubensteiges die Speckbacherhütte erbaut (sie wurde später wieder – aus Quellenschutzgründen – abgetragen, und heute erinnern nur noch ihre Fundamente an sie). Diese Speckbacherhütte störte damals den Raxkönig sehr! Die meisten Bezwinger eines Preintaler- oder Teufelsbadstubensteigs verzichteten angesichts der Speckbacherhütte darauf, noch höher hinauf zum Ottohaus zu stapfen. Sie stillten in der Speckbacherhütte ihren Hunger und Durst und legten sich nach dem Essen vor der Hütte in das würzig-duftende Gras und holten den versäumten Schlaf nach.

Worauf „Camillo Kronich–Ottohaus" beschloß, aus dem Großen Höllental einen Steig zu bauen, der weitab von dieser „Faulenzerfalle" direkt zu seinem Haus führe. Begeistert beschrieb er seinen Samstagabendgästen das neue Wegprojekt und sammelte dann – wenn diese in vorgerückter Stunde auch in vorgerückter Geberlaune waren – Spenden für den neuen Steig.

Kein Geringerer als der berühmte Alpenmaler und Bergsteiger Gustav Jahn (Erstbegeher des Jahnweges in der Hochtornordwand, des Jahnweges in der Bischofsmütze-Südwand u. a.) half Kronich bei der Trassierung dieses neuen Weges durch die 600 Meter hohe hintere Loswand. Und dort gab es das größte Hindernis ausgerechnet am Fuß der Wand: einen Abbruch, der lotrecht, glatt und unersteigbar war, an seiner niedrigsten Stelle 60 Meter hoch.

Aber damals war auch noch der Wiener Kunstschlossermeister August Čepl einer der vielen Freunde Kronichs, und dieser bezwang die Sechzigmeterwand mit der berühmten Zickzackleiter, in der man heute schon ein besonderes Museumsstück alpiner Eisenwegtechnik sehen darf. Über diese Zickzackleiter an der Einstiegswand schrieb Benesch in seinem Raxführer: „Sie ist der Prüfstein für die erforderliche Schwindelfreiheit des Touristen. Wer sie anstandslos bewältigt, dem wird das Folgende keine Schwierigkeiten machen. In umgekehrter Richtung kann es aber böse ausgehen, wenn der Tourist der Probe so nahe dem Tale nicht mehr gewachsen ist. Dann bleibt ihm nichts übrig, als die sechshundert Meter zum Plateaurand wieder hinaufzusteigen (!!!) oder zu riskieren. Bezeichnend für die große Exposition der Einstiegsleiter ist der Umstand, daß hier schon im ersten Jahre ein Mann mitten auf der Leiter derart vom Schwindel erfaßt wurde, daß er in einem Schwächeanfall herabfiel, zum Glück ohne sich gefährlich zu verletzen." – 1910 wurde dieser neue Steig eröffnet und „Alpenvereinssteig" benannt.

Man sagte allerdings damals, daß der neue Steig richtiger „Judensteig" heißen müsse, weil vor allem Juden (Kronichs Samstagabendgäste) durch ihre Spenden diesen Steig bezahlt hätten . . .

□

Nachdem Camillo Kronich im März 1904 vier vermißte Touristen dank der Hilfe zweier Bernhardinerhunde im letzten Augenblick vorm Erfrieren retten konnte, gehörten dann immer auch zwei Bernhardiner zum Ensemble des Ottohauses.

In den Hungerzeiten unseres Jahrhunderts (diese gab es wirklich!) wurden Kronichs Bernhardiner dann auch manchmal „zweckentfremdet" . . .

Kronichs Bernhardiner liebten das Spiel, so wie alle gutmütigen Bernhardiner. Es war daher ein Kinder- (bzw. Hunde-) Spiel, Kronichs Bernhardiner über den Törlweg hinunter ins Tal bis Hirschwang zu locken. Von dort rief man Camillo Kronich–Ottohaus an . . . „Ihre zwei Hunde sind uns bis nach Hirschwang nachgerannt!"

Kronich verfluchte seine Hunde in die Hölle und versprach gleichzeitig den Anrufern den Himmel fürs Wiederbringen der Höllenhunde . . . gratis Berg- und Talfahrt mit der Raxseilbahn, gute Belohnung . . .

Wer immer Kronichs Bernhardiner wieder im Ottohaus ablieferte, bekam dann neben der guten Belohnung auch noch das Beste aus Kronichs Küche und Keller aufgedrängt. Guter Lohn für eine Samstagwanderung vor einer Sonntagsbergfahrt!
Einer dieser Bernhardinerkidnapper von damals: „Wir hätten ja den Kronich auch von der Raxseilbahn-Bergstation aus anrufen können. Aber wir sind mit den Hunden wirklich hinunter bis nach Hirschwang gerannt. So ehrlich waren wir – – –!"

□

Fast musealen Charakter hat heute schon das „Bergsteigerstüberl" des Ottohauses. Mit seinen braunen Holzwänden und dem grünen Kachelofen in der Ecke ist es ein urgemütlicher Raum. Die Wände schmücken Raxfotografien von Camillo Kronich sowie für diesen Raum eigens angefertigte und gespendete Gemälde bekannter Maler wie Otto Barth, Emil Schaffran u. a.
Barth, dessen Bild „Gebet der Bergführer auf dem Großglockner" einst als „unübertreffliches Meisterwerk" gefeiert wurde, war einer der vielen bergsteigenden Maler oder malenden Bergsteiger. Auf der Rax beging er 1901 mit Gustav Jahn erstmals den Malersteig in der Preinerwand.
Auch der berühmte Jahn (mit seinen 20 Erstbegehungen in den Alpen) war ein Liebhaber der Rax. Wie intensiv er diesen Berg erlebte, beweist sein wahrscheinlich bestes Bild „Frühling auf der Rax". Drei Bauern mit Gamsveigerlbuschen auf den Hüten gehen gelassen und still über einen etwas steinigen Almboden. Es ist kein schöner Tag; der Himmel ist wolkenverhangen und die Sonne scheint nur trüb. Bei den Lechnermauern liegt noch Schnee. Auch die drei Männer sind nur Fremde in dieser Landschaft, und ihre Schritte werden bald verklungen sein. Dann wird weiterhin nur Stille über dieser herben Bergöde liegen. So wie in fast allen Bildern Jahns steckt auch in diesem eine verhaltene Melancholie.
Jahn wollte seine Bilder gern im Besitz von Bergsteigern wissen – auch wenn ihm das weniger Geld brachte. Er gehörte keiner der damaligen Kunstrichtungen an, die Bergwelt war seine Schule und sein Maßstab. Im Herbst 1919 stürzte er im Gesäuse an der Ödsteinkante tödlich ab.

□

Das dritte große Schutzhaus auf der Rax ist das vom Niederösterreichischen Gebirgsverein erbaute und am 24. September 1899 eröffnete Habsburghaus (das zu Ehren von Kaiser Franz Joseph I. anläßlich seines 50jährigen Regierungsjubiläums so benannt wurde).

Ohne Zweifel hat das Habsburghaus von den drei großen Raxschutzhäusern die schönste Lage. Da ragen wie ein grandioses Bühnenbild die stillen ernsten Kahlmäuer in den Himmel, da bietet sich der Ausblick auf die Kuppen, Mulden und die weiten Latschen- und Grasböden der Raxhochfläche. Leo Landl, ein Bergsteiger der alten Wiener Schule, wurde einmal auf dem Weg zum Habsburghaus von Bekannten gefragt, was er dort zu unternehmen gedenke . . . „Schauen!" antwortete er darauf, „Nix als schauen!"
Das Habsburghaus ist von den drei großen Raxschutzhäusern aber auch das alpinste. Nur drei Minuten von seiner Türschwelle entfernt steht ein kleines Eisenkreuz, das an ein tragisches Unglück erinnert . . .
Anfang Jänner 1919 übernahm das jungverheiratete Ehepaar Rosa und Karl Jahn die Bewirtschaftung des Habsburghauses.
Am 8. Februar des gleichen Jahres stiegen der fünfundzwanzigjährige Jahn und der Pächter des Ludwighauses Souschek vom Preiner Gscheid aus auf die Rax. Jahn trug 25 Kilogramm Proviant auf dem Rücken. Bei einem fürchterlichen Schneesturm und 22 Grad Kälte erreichten beide das Ludwighaus. Der erfahrene Souschek riet Jahn ab, den Weiterweg zum Habsburghaus zu wagen, aber Jahn wollte unbedingt noch „sein" Haus erreichen. Er erreichte es aber nicht . . .
Am 11. Februar wurde dann seine Leiche gefunden – nur drei Minuten von „seinem" Haus entfernt!
Jahn hatte sich in dem Schneesturm verirrt, war stundenlang herumgeirrt, hatte schließlich

seine Skier abgelegt und war zu Fuß im meterhohen Schnee weitergewankt – bis er erschöpft zusammenbrach und erfror. Den Rucksack mit dem damals – 1919! – kostbaren Proviant hatte der tote Hüttenwirt noch am Rücken.

□

„Grellweiße Steine. Gelbgrüne Wiese mit nassen Stellen. Schwarze Krumm-Kiefern. Hellgraue, vom Winde ausgelaugte Bäume. Hier werden keine kleinen Kinder malträtiert. Hier wünscht niemand, Sektionsrat zu werden. Hier fällt Regen, saust Wind. Hier fällt Schnee, braust Sturm!"

Das ist eine Rax-Impression des Dichter-Bohemiens Peter Altenberg (1859–1919), der auch ein begeisterter Raxbesucher war.
Die „Raxpartie" war Anfang unseres Jahrhunderts bereits zum festen Begriff geworden. Nicht nur drei große Schutzhäuser erwarteten auf dem Berg ihre Gäste, auch ein markiertes Wegnetz mit einer Gesamtlänge von 345 Kilometern stand dem Raxbesucher bereits zur Verfügung. Das Hauptverdienst an dieser Arbeit hatte die alpine Gesellschaft „D' Reißtaler", die zwar nur ca. 30 Mitglieder zählte, deren Vorstand Bernhard Zipperling aber allein für Markierungsarbeiten 248mal die Rax aufsuchte. Zipperling war überhaupt einer der eifrigsten Raxbesucher: mehr als 500mal hat er sie erstiegen!
Damals waren die alten Anstiegspfade wie Törlweg und Schlangenweg bereits breit ausgebaut und neue Wege geschaffen worden (Brandschneide, 1903, und Wachthüttelkammweg, 1906). Der „kühne Steiger" konnte aus einer beträchtlichen Anzahl von gesicherten Felsensteigen sein Ziel wählen (Reißtaler-, Gretchen-, Bismarck- und Preinerwandsteig, Gamsecksteig, Wildfährte und Bärenloch, Hoyos- und Alpenvereinssteig, Teufelsbadstube und Gaisloch). Und es gab auch bereits ausgesprochene Raxliebhaber, die man nur auf diesem Berg traf. 1907 wurde dann auch tatsächlich ein Verein gegründet, der sich „D' Raxgmoa" nannte. „Geht's mit auf d' Rax!" ist der Titel eines Gedichtbandes von dem damals sehr bekannten Mundartdichter Leopold Hörmann (u. a. Verfasser des Volksstückes „'s Nullerl"). Seine „bergfrohen G'sang'ln" sind eine Art Dokument der „Raxpartie" von einst . . .

DER ALMGREISLER

Ön Almgreisler hoaßn s'
Den dickn Herrn Schmid,
Denn er nimmt ön sein Rucksack
An – Greislerladn mit.

A ganze Salami –
Da bringt er nix z'ruck –
An Kopf schwarzen Radi,
An Speck, a groß's Stuck.

A halbsdutzend Wuchteln,
An' Butter zan Schmiern,
A Büchsen Sardinen
Und Äpfel und Birn.

A Packl Schock'lad
Und a schweiners Karree,
Aft in an' kloan' Plützerl
An schwarzen Kaffee.

Und an' Trost nimmt er mit:
Wann's nu z'weni' sollt' wern,
Er kann ja a drob'n
In an' Schutzhaus einkehrn!

HOAMFAHRT

Z'schund'ne Knia, a z'rissne Hosen,
Und voll Kot und ganz verschwitzt,
Schau nur, wiar er bei der Hoamfahrt
Im Waggon stoanmüade sitzt!

Mitternacht wird's, bis er hoamkimmt.
Do' er hat a Leb'n, a zachs,
Und am nächst'n schöna Sunntag
Siachst 'n wieder – auf der Rax!

□

Kurz nach der Jahrhundertwende erklangen in den Raxwänden Sonntag um Sonntag laute Hammerschläge . . . „Der narrische Čepl ist wieder an der Arbeit", sagten die Bergsteiger, und viele waren mit dieser Arbeit gar nicht einverstanden. Der Wiener Kunstschlossermeister August Čepl baute nämlich Eisenwege.

Inserat aus dem Jahre 1911 über Čepls Kletterschloß, mit dessen Hilfe zwei Raxsteige versichert wurden

Čepl war ein Original, ein wohlhabender Mann, der aber auf der Rax jahrelang im gleichen schäbigen Lodenrock und in einer geflickten Hose herumlief und von Brot, Powidl und Brimsen lebte. 1903 erfand er seinen „Kletterapparat" (ein Klemmschloß), und mit diesem seilte er sich über Wände ab, durch die heute die kühnsten Durchstiege sechsten Grades führen (Blechmauer, Blechmauernpfeiler, Gaisbauernwand u. a.).

An der Blechmauernkante versagte einmal dieses Patent-Kletterschloß, und Čepl hing dann einen halben Tag, eine ganze Nacht und noch einen halben Tag lang in der Luft.

Bevor Čepl diesen Kletterapparat besaß, ließ er sich an einem von zwei Seilen gehaltenen Sitzbrett über die Wände hinunter und bohrte seine Löcher in den Fels. So versicherte er im Höllental den Hartbergerriß und den Höhlensteig; auf eigene Kosten, und nur weil es ihn freute. Über diese Wege schrieb Fritz Benesch (in seinem Raxführer, Ausgabe 1909), daß sie „für den ernsten Alpinisten als Produkte einer pathologischen Bergsteigerei nur historisches Interesse haben". Und – wie der Bergführer Spielbichler erzählte – um das Bergsteigen vor dem Untergang zu bewahren, und um des lieben Friedens willen, entfernte Čepl die Drahtseile schließlich wieder.

Čepl war in die Rax und in das Abenteuer verliebt. Die Rax war seine Heimat. Und wie andere in ihrem Hausgarten Kohl pflanzen oder Rosen züchten, bohrte Čepl Hakenlöcher, spannte Drahtseile, arbeitete Jahr um Jahr wie ein Kuli in den steilsten Wänden.

1906 erschien eine kurze Notiz im „Gebirgsfreund": „Unser Mitglied, Herr August Čepl, berichtet über einen neuen Durchstieg durch die Königsschußwand, welchen er mit Hilfe des von ihm erfundenen Kletterapparates eröffnet hat und der an Schönheit alle benachbarten Steige übertreffen soll. Der Anstieg ist vom Anfang bis zum Ende sehr schwierig, und ohne die herabhängenden Seile wäre es unmöglich, zur Höhe zu gelangen. Nur äußerst tüchtige, turngewandte Kletterer sollen diesen Steig begehen." – Dieser Königsschußwandsteig (Königsschußwand = alter Name für die Preinerwand) ist einer der kühnsten Eisenwege, die bis heute gebaut wurden. Er geriet später in Vergessenheit und wurde erst 1947 wiederentdeckt. Damals wurde dann auch das bereits abgerostete Drahtseil wieder repariert; 1977 ist es auch an anderen Stellen gerissen. (Mit Seil und Zwischensicherung ist dieser einmalige Eisenweg für geübte Kletterer trotzdem noch begehbar.) Die eindrucksvollste Stelle dieses Steiges ist der mächtige, weit überhängende dunkle Höhlenspalt, durch den man auf den oberen Teil der Preinerwandplatte gelangt.

1910 arbeitete Čepl am Alpenvereinssteig. Gleich darauf begann er mit der Arbeit an einem neuen Weg durch den steilsten Teil der Preinerwand. Auch für diesen Steig trug Camillo Kronich die Kosten und führte Gustav Jahn die Wegerkundung im Gelände durch. Čepl brachte dann die eiserne Einstiegsleiter, die Stifte, Klammern und Drahtseile in der senkrechten Wand an. 1913 wurde der Steig eröffnet und nach dem Vorstand der AV-Sektion Reichenau „Hans von Haid-Steig" benannt.

1921 war dann auch der Untere Haidsteig fertiggestellt. Benesch bezeichnete diesen in seinem Raxführer als „eine der ärgsten Schwindelproben auf der Rax".

Heute gibt es Eisenwege in den ganzen Alpen. Aber die ersten Eisenwege überhaupt, die baute seinerzeit der „narrische Čepl" an der Rax. (Ein Eisenweg ist eine komplette Steiganlage. Wenn in einer Wand einzelne Stifte ein-

geschlagen sind oder eine Eisenleiter oder ein Drahtseil eine Stelle erleichtern, dann spricht man von einem „gesicherten" oder „versicherten" Steig.)
Heute ist das Begehen von Eisenwegen große Mode geworden. Sie vermitteln jedem Schwindelfreien und jedem turnerisch Begabten das Gefühl, ebenfalls ein extremer Kletterer zu sein. Oder sie gleichen – wie es der Erschließer der Hohen Wand, Domprälat Dr. Alois Wildenauer, formulierte – „einem Kinderspielzeug, das zuweilen auch Erwachsene gern in die Hand nehmen".
Eintragung im Steigbuch des Haidsteiges:

„Der Geierschrei, die Kletterei,
die locken uns stets hierher herbei!"

Reimt sich nicht besonders, und Geier gibt's auch keine auf der Rax. Aber das wonnigliche Gefühl des Höhersteigens in einer senkrechten Wand, das kann man am Haidsteig wirklich ausgiebig genießen.
Der erste Schöpfer von Eisenwegen, der Wiener Kunstschlossermeister August Čepl, ist heute vergessen. Er hat auch schon zu seinen Lebzeiten weder große Anerkennung gesucht noch gefunden. Einer seiner Zeitgenossen, der berühmte Bergsteiger Heinrich Pfannl, hatte einmal geschrieben: „. . . nur unsere eigene Freude leben wir in der Bergen, die Welt vergessend und des Alltags Lust und Leid."

□

Der Winter 1896 war sehr schneereich. Am Sonntag, dem 8. März, riß knapp unterhalb vom Ausstieg des Reißtalersteiges (Raxenmäuer) eine losgetretene Wächte die drei Bergsteiger Pfannl, Schottik und Waniek mit in die Tiefe und begrub sie. Heinrich Pfannl (der Erstbegeher der Hochtornordwand) hat die dramatische Bergung seines toten Bruders und dessen Gefährten in seinem Buch „Was bist du mir, Berg?" geschildert.
Sonntag abend: Pfannls Bruder war auch mit dem letzten Zug nicht nach Wien zurückgekehrt . . .
Montag: Bergrettungen mußten damals noch von den Freunden oder Verwandten des Verunglückten selber besorgt oder zumindest durch Engagieren von Einheimischen organisiert werden. Pfannl fuhr mit dem ersten Zug nach Payerbach und erfuhr aus einem Telefonat, daß die drei Bergsteiger weder die Lackenhoferhütte noch das Ludwighaus erreicht hätten. Mit zwei Bergführern und einigen rasch zusammengerufenen Holzknechten eilte Pfannl bei dichtem Schneetreiben und schwerem Sturm die Rax hinauf. An einer Stelle, wo der Sturm den Neuschnee weggeweht hatte, waren deutlich Spuren zu erkennen . . .
„Hier sind sie gegangen! Zwischen hier und der Lackenhoferhütte, die sie nicht mehr erreicht, hat sie ein noch dunkles Schicksal ereilt. Sind sie erschöpft sitzen geblieben und im Sturme erfroren? Sind sie verwundet? Liegen sie unterm Lawinenschnee, vielleicht noch atmend und noch zu retten?"
Der Sturm wurde zum Orkan. Man ruft. „Keine Antwort als das übermächtige Dröhnen des Orkans, der bald weißbeladen mit Schnee herunterfegt, bald Schneesäulen turmhoch emporreißt."
Und dann wurde die ganze Suchmannschaft plötzlich von einem abgehenden Schneebrett mitgerissen. Kein großes Schneebrett. Dunkle Körper ringen sich wieder aus dem Schnee und stolpern durch den weißen Wirbel. Niemand wurde verletzt. Pfannl beschloß, die Suche abzubrechen, um keine Menschenleben zu gefährden.

Pfannl hatte aber auch oben eine Wächte gesehen, die in einer Breite von fünf bis sechs Metern durchschlagen war. Darunter eine Lawinenbahn . . . „Nun weiß ich, warum mir keine Stimme aus den Felsen antwortet. Ich kenne die Bahn, in der ihr zur Tiefe gefahren!"
Plötzlich wieder ein Krach! Vier Körper verschwinden im wirbelnden Schnee. Diesmal gab es einen Verletzten, einen Mann dem „ein Bein im Knie herausgedreht" wurde. Pfannl fuhr noch am gleichen Tag nach Wien zurück, um Freunde für eine Bergung zu mobilisieren.
Dienstag: Sturmgepeitschter Regen fegte durch die Straßen Wiens. Mit einer Schar Kameraden fuhr Pfannl wieder nach Payerbach. Auch viele Journalisten reisten mit. In der Prein warb Pfannl noch einen Trupp Helfer an.

Mittwoch: Beim ersten Morgengrauen setzte sich eine lange Reihe von Männern in Bewegung. An der abgegangenen Lawine – 40 bis 50 Meter breit und an die 200 Meter lang – begann man mit langen Stangen in den Schnee zu stochern ... „Einige Herren beobachteten die oberen Teile des Berges, um uns rechtzeitig vor einer etwa herabkommenden Lawine zu warnen. Einige Male meldet ein oder der andere Mann, daß er auf einen elastischen Körper gestoßen. Sofort ausgraben! Nur ein dichter Zerbenast! Nun aber, 40 Minuten nach Beginn der Arbeit, meldet sich wieder einer. Wir graben nach. Ein Stutzen, eine Hose, ein Mensch! Lebt er? Ist er tot? Gott sei dank: Es ist Waniek, nicht mein Bruder! Der lebt vielleicht doch noch! Wie dächt' ich jetzt daran, daß auch die anderen jemandem sterben! Wie furchtbar dieses Schwanken zwischen hellem Hoffen und dunkler Gewißheit, menschlicher Hilfsbereitschaft und der Selbstsucht des wunden Herzens! Waniek liegt ausgestreckt auf dem Rücken, die Füße voran. Um den Leib hat er das Seil, als Mittlerer angeseilt; vom Knoten läuft der eine Seilarm locker aufwärts in den Schnee; der andere Seilarm geht ihm zwischen den Beinen durch und unter seinem Rücken wieder aufwärts. Dieser Teil des Seiles hat ihn anscheinend schwer verletzt: ein Zug daran bringt das abgerissene Ende des kerngesunden, fast neuen Seiles zum Vorschein, das nur unter furchtbarem Druck und schwerer Schädigung der beiden Menschenkörper gerissen ist. Das andere Ende hält. Rasch graben wir nach und finden – meinen Bruder! Er liegt nur einige Dezimeter unterm Lawinenschnee; um seinen Kopf ist etwa ein Viertelkubikmeter Schnee hellrot von Blut. Auch er liegt ausgestreckt auf dem Rücken, die Augen weit aufgerissen, die Arme erhoben, die Finger wie zum Greifen geöffnet – seine letzte Wahrnehmung war offenbar die Empfindung des Sturzes, dort oben an der durchbrochenen Wächte, daher die suchend aufgerissenen Augen und die instinktiv ins Leere greifenden Hände. Die nachstürzenden Schneemassen haben ihn erschlagen, daher das Blut, und der sofort eingetretene Tod hat seine letzte Bewegung versteinert." – – –

Dieses Unglück bewies nicht nur wieder einmal, daß die Wiener Hausberge Hochgebirge mit allen Hochgebirgsgefahren sind – es führte auch zur Gründung des ersten Bergrettungsdienstes der Welt!

Noch im gleichen Jahr vereinigten sich in Wien alle alpinen Vereine zum „Alpinen Rettungsausschuß Wien", und gleichzeitig bildeten sich in Reichenau an der Rax und im Schneebergdörfel Bergrettungsdienst-Ortsstellen. Das gute Beispiel wirkte anregend, und so wurde bald auch in Deutschland, Frankreich, Italien und in der Schweiz das Alpin-Rettungswesen organisiert.

Natürlich war am Anfang alles nur improvisiert! Wenn zum Beispiel ein Bergunfall an der Rax gemeldet wurde, dann versuchte zunächst der Rettungsleiter – das war der damalige Vorstand der Alpenvereinssektion Reichenau Hans Staiger – einige seiner gerade zufällig anwesenden Bergkameraden irgendwo zu finden. Dann wurde eines der auf Spaziergänger wartenden Pferdefuhrwerke gemietet, und mit klappernden Hufen fuhr die Rettungsexpedition zur Bergung los. Während die Retter zum Unfallort aufstiegen, warteten ein Gendarm (mit Helm und Säbel!) und der Arzt beim Wagen auf die Verunglückten oder Toten. Der Arzt war der damals achtzigjährige Dr. Gustav Mayerhold, der sich aus Idealismus freiwillig für die gute Sache gemeldet hatte.

Die Ausrüstung der Rettungsmänner war natürlich noch dürftig. Leichte, zusammenklappbare Tragbahren gab es damals noch nicht. Also nahm man lieber eine Säge, eine Hacke, einige Nägel und Schnüre für eine Bergung mit, um dann im Gelände aus einigen Bäumchen eine Trage basteln zu können.

Wenn es sich um Bergungen außerhalb der Ortsstellenbereiche handelte, funktionierte der „Alpine Rettungsausschuß Wien" ebenfalls recht umständlich. Eine bestimmte Anzahl von Bergsteigern mußte sich verpflichten, einmal im Monat an einem bestimmten Wochenende zu Hause zu bleiben. Geschah dann irgendwo ein Unglück, wurde das der Zentrale gemeldet. Diese verständigte sofort alle Polizeikommissariate, in deren Bezirk die einzelnen Rettungsmänner wohnten. Worauf ein Polizist den

Rettungsmann in seiner Wohnung aufsuchte und ihm den Treffpunkt und das Einsatzziel der Rettungsexpedition mitteilte. – Wer damals irgendwo weiter drinnen im Gebirge verunglückte, der wußte, daß er erst frühestens am Montag gerettet werden konnte.
Damals hätte auch einer der braven Rettungsmänner von seinem Hausherrn fast die Kündigung bekommen, weil dieser nicht länger einen Mieter in seinem Haus dulden wollte, der in jedem Monat einmal von der Polizei abgeholt wurde!
Aus dem „Alpinen Rettungsausschuß Wien" wurde später ein „Alpiner Rettungsdienst", eine „Bergwacht", ein „Bergrettungsdienst". Heute sind die schnell einsatzbereiten Ortsstellen des Bergrettungsdienstes mit den modernsten Hilfsmitteln ausgerüstet.
Damals wurden die Verunglückten noch am Buckel der Bergrettungsmänner zu Tal getragen oder wie ein Stück Vieh am Seil über eine Wand hinuntergelassen. Damals gab es fast keine Bergung, nach der die Rettungsmänner nicht ebenso erschöpft waren wie die Geretteten!
Ein Bergrettungsmann von heute hat es dank der modernen technischen Hilfsmittel leichter; aber hart ist sein Dienst noch immer. Die Reste eines Menschen zu sammeln, der einige hundert Meter abgestürzt ist, ist etwas Grausiges. Die Bergrettungsmänner müssen auch das tun, auch das gehört zum Idealismus für die alpine Sache.
„Habe ich Sie schon belästigt?"
Es gibt wohl kaum einen Raxbesucher von heute, an den diese Frage noch nicht gerichtet wurde. Sie ist sozusagen der Slogan, mit dem „der Pehofer" freiwillige Spenden für den Bergrettungsdienst sammelt.
„Der Pehofer" gehört heute schon so zur Rax wie die Zerben und die gute Luft. Er hat unzählige Menschen aus Bergnot gerettet, ist Träger des Ehrenzeichens für Rettung aus Bergnot, und wenn die Rettungsmänner der Ortsstelle Reichenau heute mit einem ganz modernen Einsatzfahrzeug losbrausen, dann weiß jeder von ihnen, daß das Geld dafür fast ausschließlich vom Pehofer gesammelt wurde.

Man kann sagen, daß an schönen Sonntagen der Pehofer auf der Rax allgegenwärtig ist wie der liebe Gott. Seine bevorzugte Route: Seilbahn hinauf – Ottohaus – Bergstation – Seilbahn hinunter – mit dem Moped zum Weichtalhaus und nach Kaiserbrunn – Seilbahn Talstation. Es gab aber auch schon Bergsteiger, die im Ludwighaus befriedigt sagten: „Hier erwischt uns wenigstens der Pehofer nicht!" – und dann sehr enttäuscht waren, als plötzlich hinter ihnen eine gutmütige Brummbaßstimme ertönte: „Habe ich Sie schon belästigt?"
Der Pehofer hat auch schon viele Menschen vor einem Unglück bewahrt. Schlechtausgerüstete oder Leute, die trotz Schlechtwetter justament losziehen wollen, hören nicht gerne auf gute Ratschläge. Der Pehofer hat dann eine wohl etwas makabre, aber dafür sehr wirksame Methode, solche Leute zur Vernunft zu bringen. Er greift nach seiner „Bildergalerie", blättert darin ein wenig und legt ein Foto vor . . . „So hat der Mann dann ausgeschaut, der vor drei Jahren geglaubt hat, er kann im Frühjahr in Halbschuhen den Alpenvereinssteig abigehn!" Das Foto zeigt den von Pehofer geborgenen Leichnam. „Pehofers Bildergalerie" hat schon vielen Menschen das Leben gerettet.
An einem strahlend schönen Tag sagte einmal jemand begeistert zum Pehofer: „Ist das heut nicht ein herrlicher Tag?" Worauf dieser knurrte: „Herrlich wird dieser Tag erst, wenn bis zum Abend nix passiert ist!"

□

Am 12. September 1910 hätten die Trassierungsarbeiten für eine Bergbahn beginnen sollen, die von Payerbach in die Prein und übers Preinergscheid hinauf zum Raxplateau geführt hätte. Wiens Bergsteigerschaft war jedoch gegen diese Bahn. Volks(auf)begehren von anno dazumal: Die Bahn wurde dann tatsächlich nicht gebaut. Drei Jahre später wollte man eine Straße auf die Rax bauen. Wieder Proteste! Auch diese Straße wurde nicht gebaut.

Rechts: Die Kahlmäuer

Links: Auf der Direkten Preinerwandplatte

Links: Am Eingang in das Große Höllental. Die Auswahl von Felsensteigen ist groß. Rechts oben: Unterwegs auf dem Akademikersteig im Großen Höllental

Links oben: Das schöne Band auf dem Oberen Zimmersteig. Rechts oben: Die große Leiter auf dem Teufelsbadstubensteig. Links unten: Der Kaisersteig im Reißtal ist ein richtiger Familiensteig

Rechts: Am Beginn des Malersteiges durch die Preinerwand

Links: Das Habsburghaus

Tiefblick vom Schlangenweg gegen die Prein

Erst nach dem Ersten Weltkrieg wurde eine Bewilligung für den Bau einer Seilschwebebahn auf die Rax erteilt. Diese wurde am 9. Juni 1926 (nach einer Bauzeit von nur 9 Monaten!) dem Verkehr übergeben, und bis zu ihrem 50jährigen Bestandsjubiläum im Jahre 1976 beförderte sie unfallfrei 7,2 Millionen Fahrgäste.

Die ersten Seilschwebebahnen in den Alpen wurden 1908 eröffnet: der „Wetterhornaufzug" in der Schweiz und die „Drahtseilbahn Bozen-Kohlern". Große Streit- und Preisfrage: Gilt nun die Boznerbahn der ehemaligen Österreichisch-Ungarischen Monarchie oder die Raxseilbahn der Republik Österreich als erste Seilbahn Österreichs?

Jedenfalls hatte man bei den ersten Seilbahnbauten große Angst vor einem Seilriß. Man ließ also die Tragseile möglichst locker hängen und baute viele Stützen. Im Ersten Weltkrieg baute man dann – um Zeit zu sparen – weniger Stützen und spannte dafür die Seile straffer. Und siehe da, aus der Not war eine Tugend geworden: Dieses neue (Spar-)System erwies sich als besser und sicherer!

Die Raxseilbahn wurde also nach diesem neuen, von dem Meraner Ingenieur Zuegg zum Patent gemeldeten Schwebebahnsystem von der Firma Bleichert & Co. gebaut. Die Ingenieure hatten wohl ein System, aber jeden einzelnen Arbeitsvorgang des Unternehmens mußten sie selbst entwickeln . . .

Die zuallererst errichtete Hilfsseilbahn für den Bau der Tragstützen und des Bergstationsgebäudes brachte folgende Lasten zur Höhe: 2,550.000 kg Flußsand aus der Schwarza für Bruchsteinmauerwerk und Eisenbetonkonstruktionen, 400.000 kg Ziegel, 650.000 kg Bauholz, 320.000 kg Zement, 230.000 kg Kalk, 260.000 kg Eisen, 144.000 kg Lebensmittel und Getränke für die Arbeiter auf dem Berg und 108.000 kg Wasser zum Trinken, Kochen und Waschen. Für den Transport der beiden je 24.000 kg

Steckbrief der Raxseilbahn

Seehöhe der Talstation: 528 m

Seehöhe der Bergstation: 1545 m

Länge der Bahn: 1895 m

Mittlere Neigung: 53,7 %

Fassungsraum der zwei neuen Leichtmetallgondeln: je 40 Personen

Fahrzeit: ca. 6 Minuten

Durchmesser der Tragseile: 53 mm

Durchmesser des Zugseils: 26 mm

schweren Tragseile vom Bahnhof Payerbach nach Hirschwang (auf einem von einem Traktor gezogenen Spezialwagen) wurden während der Fahrt Panzerstahlplatten auf die Straße gelegt, um ein Einsinken der Räder des schwer beladenen Wagens in den Straßensand zu verhindern. Drei über die Schwarza führende Brücken mußten zur Erhöhung ihrer Tragfähigkeit gestützt werden.

Das Hinaufziehen der Tragseile auf den Berg erfolgte mit sieben (von Menschenhand betriebenen) Seilwinden. Leistung pro Tag: allerhöchstens 100 Meter. Kommentar eines der Seilbahningenieure: „Es war, als kröche ein endloser, schwarz-glänzender Wurm wie eine Schnecke am Boden dahin". – Wäre bei dieser Arbeit das Tragseil entglitten, dann wäre es mit rasender Geschwindigkeit den Berg hinuntergeschnellt und hätte dabei Bäume und Häuser wie eine Riesensense niedergemäht!

Mit Winden wurden dann die Tragseile auf die eisernen Stütztürme gehoben. Gespannt wurden sie von der Talstation aus, indem man an jedes Seil 34.000 kg schwere Eisenbetongewichte hängte. Die beiden (zerlegten) 70-PS-Dieselmotoren für die Bergstation wurden dann schon (mit kleineren Motoren) auf der Hauptbahn hochgezogen.

Die Arbeiten an der Raxseilbahn fanden auch in dem Winter 1925/26 keine Unterbrechung (alle Arbeiter an dem Steilhang zogen mit Pickel und Steigeisen zu ihrem Arbeitsplatz!). Und es ist kaum zu glauben, daß bereits in dem darauffolgenden Sommer ein Fahrgast von

Links: Im noch winterlichen Gaisloch über dem Großen Höllental

der neuen Raxseilbahn schwärmen konnte: „Die Fahrt auf der Raxbahn ist ein Vergnügen von ganz besonderer Art. Das lautlose Hinaufgleiten an dem hohen, steilen Gebirgshang erzeugt das wonnige Gefühl des Fliegens, ohne daß der Gedanke der Unsicherheit im geringsten aufkommt."
„In zwei Stunden von Wien im Hochgebirge" – mit diesem Slogan warb die Raxbahn bald nach ihrem Betriebsbeginn. Vom Wiener Südbahnhof bis Payerbach–Reichenau rechnete man mit etwas mehr als einer Stunde Schnellzugsfahrt, die Fahrt mit der elektrischen Lokalbahn von Payerbach nach Hirschwang (seit 1963 eingestellt) veranschlagte man mit einer halben Stunde, dazu noch die Seilbahnfahrtzeit (damals noch neun bis zehn Minuten). Und wenn der Schnellzug keine Verspätung hatte und die Lokalbahn („Geisterbahn" nannte man sie auch) pünktlich abfuhr, und wenn einem auf dem Weg von der Lokalbahn-Endstation bis zur Talstation der Seilbahn nicht ein Schuhband riß und die Seilbahn ihre Luftreise ebenfalls sofort antrat, dann konnte man tatsächlich zwei Stunden, nachdem der Zug die rauchige Halle des Wiener Südbahnhofes verlassen hatte, in vollen Zügen klare Hochgebirgsluft atmen und „großartige Bilder sehen, wie sie sonst nur das Auge des Hochtouristen erschaut" . . .

□

Am 20. September 1936 weihte Kardinal-Erzbischof Dr. Theodor Innitzer das zum Gedenken an alle im Krieg und am Berg gefallenen Bergsteiger errichtete Raxkirchlein (1936 – niemand ahnte damals, daß bald ein zweiter Weltkrieg beginnen werde!)
Der Bau dieses Kirchleins war sozusagen eine Angelegenheit der „alpinen Familie". Die Anregung dazu stammte von dem Bergsteigerpfarrer Dr. Alois Wildenauer; Architekt Zacher (ebenfalls Bergsteiger) zeichnete die Pläne, und Architekt Hermann Kubaczek (Erstbegeher kühner Raxklettersteige) führte dann den Bau aus. Und im Raxkirchlein wurden dann auch in einem Buch die Namen aller an der Rax tödlich abgestürzten Bergsteiger eingetragen.
Dieses Raxkirchlein wurde aber bald mehr als nur eine Totengedenkstätte. Es wurde auch zu einer Hochzeitskirche für viele Bergsteiger. Und damit lebte (natürlich nicht gewollt, sondern unbewußt) antiker Geist wieder auf. Denn die meisten Heiligtümer der Antike waren Göttern und Göttinnen geweiht, die Todes- und Fruchtbarkeitsgötter zugleich waren. Leben und Tod – das bedeutete für den Menschen der Antike etwas Zusammengehöriges . . . so wie auch Sokrates vor seinen Richtern sagte, die ihn zum Tod verurteilt hatten: „Keinem guten Menschen kann etwas Schlimmes geschehen, weder im Leben noch im Tode."

□

„Der elastische Boden, die kräuterdurchwürzte Luft, die freie Bewegung, alles dies wirkt

wohlthuend auf Körper und Seele", hatte 1844 Alexander Mauchmayer über „Hochgebirgs-Partien" auf der Rax geschrieben. Aber da wird ihm wohl kaum einer beipflichten, der heute den Weg von der Neuen Seehütte in den Gaislochgraben absteigt.
Dieser Weg führt durch eine grüne Wildnis, die aus Mammutlatschen von gut drei Metern Höhe besteht. Diese haben den schmalen Pfad um- und überwuchert, und der arme Wanderer wird auf diesem Weg zum Wurm, der sich drehen und wenden muß, um überhaupt weiterzukommen. Und wenn im Hochsommer die Sonne heiß in dieses Latschenfeld brennt, wenn sich der Wanderer mit harzverklebten Fingern die Latschennadeln aus den Haaren zupft – dann wird er auch nicht Mauchmayers „Berghymnus" einstimmen ...

„Dort, wo jede Größe schwindet,
Sich der Baum am Boden windet,
Hebt sich frei des Menschen Brust
Ihrer Stellung sich bewußt."

Dieser verwachsene Pfad zeigt, was seinerzeit an Arbeit zur Erschließung der Rax geleistet wurde und was noch immer notwendig ist, um die bestehenden Wege zu erhalten.
Über den Ho-Tschi-Minh-Pfad (einen Dschungelweg) wurden im Vietnamkrieg die Guerillakämpfer von Nordvietnam aus versorgt.
Zu dieser Zeit bekam der Weg von der Neuen Seehütte in den Gaislochgraben von den Bergsteigern auch seinen Namen: „Ho-Tschi-Minh-Pfad."
Heute ist der „Ho-Tschi-Minh-Pfad" bereits ein eingeführter Name und Begriff in der „Raxgmoa" ...
Verzweifelt war allerdings einmal ein gut mit Landkarte, Führer und Kompaß ausgerüsteter Familienvater, dem man als kürzesten Abstieg zum Gaisloch den „Ho-Tschi-Minh-Pfad" empfohlen hatte und der einen Weg mit diesem Namen weder in der Landkarte eingetragen noch im Führer verzeichnet fand!

□

Zur „Raxgmoa" von heute gehört auch „der Doktor".
„Der Doktor" – das ist Universitätsprofessor Dr. Dr. Viktor E. Frankl, geboren 1905 in Wien, der durch die Begründung der Logotherapie (= „Ärztliche Seelsorge", wie Frankls internationaler Bestseller heißt) und der Existenzanalyse weltberühmt geworden ist. Frankl hat außer in Wien auch Lehrstühle an berühmten Universitäten Amerikas inne, und seine Bücher erschienen in Millionenauflagen in aller Welt (auch in Chinesisch und Japanisch). Der heute weltweit zitierte „Papa Freud" hatte 1924 als erster das Genie in Viktor E. Frankl erkannt. Und was immer heute Frankl schreibt, das gilt international als das bedeutendste auf psychotherapeutischem Gebiet seit Sigmund Freud ...
Nur innerhalb der „Raxgmoa" ist Frankl nur „der Doktor"!

„Der Doktor" kennt wohl alle schwierigen Raxklettersteige, und in seinem Buch „Ärztliche Seelsorge" schreibt er auch über das Bergsteigen: „Bergsteigen setzt aktive Beteiligung voraus; passives Zuschauertum fällt hier weg. Es kommt zu echten Leistungen: bezüglich körperlicher Leistungsfähigkeit ist beispielsweise der Kletterer in gewissen Situationen (der Lebensgefahr) gezwungen, das Letzte aus sich herauszuholen; in seelischer Beziehung wieder liegen ‚Leistungen' vor, wo immer er seelische Schwächen, wie Ängstlichkeit, überwinden lernen muß. Wobei zu beachten ist, daß der Kletterer die Gefahr nicht (um ihrer selbst willen) ‚sucht', sondern sie ‚versucht'. Die Rivalität jedoch, die beim übrigen Sport zur Rekordsucht führt, wird beim Alpinismus in die hochwertige Form eines ‚Rivalisierens mit sich selbst' übergeführt. Ein weiteres positives, ein soziales Moment stellt schließlich das Erlebnis der Seilkameradschaft dar."
Nach einer langen und sehr erfolgreichen wie auch sehr anstrengenden Vortragsreise durch die USA war „der Doktor" bei einer Kletterfahrt an der Rax nicht so ganz in Form. Sein Seilkamerad (ein einfacher Arbeiter) nachher zu seinem Spezl: „Wir müssen uns jetzt ein bisserl mehr um den Doktor kümmern ... es wär schad' um ihn, wenn er so ganz verkommen tät!"

Am 5. Oktober 1957 glaubte der Kassier der Raxseilbahn zu träumen, als ein Mann von ihm verlangte: „Einmal Bergfahrt und eine Fahrradkarte!" Ein Irrer? Kein Irrer, sondern ein ganzes Irrenhaus. Denn hinter diesem Irren standen noch weitere sechs Mann mit dem gleichen Wunsch.
Es waren sieben zünftige Bergsteiger und Bergrettungsmänner aus Payerbach und Umgebung, welche – nur zu ihrer Gaudi – das Raxplateau einmal auf Fahrrädern überqueren wollten.
Der Seilbahnbetriebsleiter hatte Humor und gestattete den Radtransport. Und dann begann die erste Radbefahrung des Raxplateaus: Bergstation – Ottohaus – Seehütte – Bergrettungshütte am Trinksteinsattel (da hinauf wurden die Räder allerdings getragen) – Habsburghaus – Ludwighaus – dann Abfahrt über den Schlangenweg zum Preinergscheid.
Es gab bei diesem Unternehmen viele Kettenrisse und Patschen, und die Radlerei über Stock und Stein war natürlich auch sehr anstrengend. Einer der Raxradler: „Mei, wie gemütlich ist doch dieser Weg, wenn man ihn zu Fuß geht!"
Verwundert schüttelte so mancher Raxwanderer den Kopf über diese Raxradler. „Warum macht ihr das?" fragte einer.
Er bekam zur Antwort: „Wissen Sie, wir, wir sind alles kranke Leut', denen der Arzt Höhenluft und auch viel Radfahren verordnet hat. Diese ärztliche Anordnung befolgen wir jetzt!"

□

In einem kleinen Aufsatz, der im Jahre 1875 geschrieben wurde, und der sich unter dem Titel „Das Touristenwesen in hundert Jahren" mit der Zukunft des Bergsteigens befaßt, heißt es: „Aber die Touristik wird bestehen, der Wandertrieb im Menschen, seit Uranfang eine sich stets in anderen Formen äußernde Eigenschaft, wird nicht erloschen sein, die Freude und das Vergnügen an Naturschönheiten und pittoresken Bildern kann aus dem Menschen überhaupt nicht schwinden und das Bedürfnis nach frischer freier Luft wird vielleicht später noch dringender an unsere Nachkommen herantreten als an uns."
Voraussagen über hundert Jahre erwiesen sich bisher nur selten als richtig. In diesem Fall stimmt jedoch alles, auch wenn die „Raxpartie" im Verlauf dieser hundert Jahre gewisse Wandlungen erfahren hat.
Nur wenig Freizeit gab es vor dem ersten Weltkrieg. Also fuhr man am Samstagabend mit dem letzten Zug nach Payerbach und am Sonntagabend mit dem allerletzten Zug wieder nach Hause. Man wollte den Tag nützen, und man genoß bewußt jede Minute dieses Tages. Ganz bestimmt erlebte man den Berg wesentlich intensiver als heute. Damals suchte man auch noch das Abenteuer des Unbekannten, beging unmarkierte Pfade, die heute längst vergessen sind, wurde in der „Roten Erde" oder im „Schwarzloch", auf dem „Jägerriegel" oder in einem „Nagelegraben" zu Winnetou auf Fährtensuche. Und wenn auch so mancher Winnetou nachher furchtbar schimpfte, weil der unbekannte Anstieg ein ganz arger Schlauch fast ohne schöne Aussicht (auf die man damals großen Wert legte) war . . . was sollte er machen? Die schönen, lohnenden Anstiege kannte er ja alle schon! Aber das Unbekannte . . .
In der Zeit zwischen den beiden Weltkriegen hatten die Menschen wohl schon etwas mehr Freizeit – dafür meistens weniger Geld. Man schlief in Höhlen oder Zelten – und das Lagerfeuer loderte. Immer sucht man in Zeiten der Not nach einer Welt, in der auch ein armer Teufel noch als Mensch gilt.

Das war auch die Zeit, in der die jährliche „Raxpartie" fest in den bürgerlichen Wiener Vergnügungskalender aufgenommen war, so wie der monatliche Besuch des Heurigen und der jährliche des Praters und des Schönbrunner Tiergartens. Man liebte es, in Gesellschaft auf die Rax zu steigen, weil es so lustiger war. Jeder Gesangsverein oder Tarockklub veranstaltete auch einmal im Jahr seine „Raxpartie". Fragt man heute noch einen dieser Generation nach dem Teufelsbadstubensteig oder nach dem Schlangen- oder Törlweg, so wird sich sein Gesicht in seliger Erinnerung verklären. In dieser Zeit ging es auf der Rax meist sehr lustig zu. Um so unheimlicher war dann das Schweigen, das sich über den Berg senkte, als der Zweite Weltkrieg begann.

Nach dem Zweiten Weltkrieg mußte sich die „Raxpartie" erst wieder entwickeln. Zunächst wollten die Männer nicht gehen, weil sie im Krieg ohnedies zuviel marschiert waren; nach dem Beginn des Wirtschaftswunders und der Motorisierung liebte man dann mehr ein gutes Essen und weite Autoreisen. Man schaute sich die Berge lieber von unten an, oben hatte man „keine Verwandten".

Dieses „Wirtschaftswunderleben" machte natürlich die Menschen krank. „Fit – mach mit!" hieß die neue Parole. Auch das Bergsteigen und Bergwandern wurden als große Gesundheitsspender wiederentdeckt („Bergsteigen tut not!" hatte schon einige Jahrzehnte früher der Geisteswissenschaftler Herbert Cysarz behauptet, und Toni Hiebeler, der Extrembergsteiger und erste Bezwinger der winterlichen Eigernordwand, meinte, daß zuletzt Nichtbergsteigen doch wesentlich „lebensgefährlicher" sei als die ganze Bergsteigerei). Jetzt wurde auch die „Raxpartie" wieder modern.

Heute gehört zum Wandern meistens auch das Wanderbüchl. So ein Wanderbüchlwanderer muß sein Büchl mit einer gewissen Anzahl von Hüttenstempeln füllen, dann bekommt er eine silberne Wandernadel oder ein goldenes Wanderabzeichen. Die kann er sich auf den Hut stecken. Nachdem zwei solche Wanderbüchlwanderer sich im Ottohaus ihre Büchl gezeigt hatten, sagte der eine dann leise und bedauernd zu seiner Frau: „Dieser arme Teufl tut mir leid! Hast g'sehn, was dem noch an Stempeln fehlt? Wo der noch überall hinhatschen muß, bis er endlich alle Stempel beisammen hat!"

Und dann gibt es auch noch solche Leute wie den „Raxler"! Ein Arbeiter in der Papierfabrik von Hirschwang, der an jedem Sonntag um fünf Uhr früh aufsteht und ob's nun stürmt oder schneit auf die Rax rennt . . . und dann gleich wieder hinunter. „Ich genieß das, wenn ich beim Abigehn die anderen aufigehn seh!" – sagt er. In Wirklichkeit ist der „Raxler" ein unverbesserlicher Romantiker, für den die Rax ein Berg ist, der an jedem Wochenende anders ist als am Wochenende vorher . . . im Frühling, im Sommer, im Herbst und im Winter, einmal in der Morgensonne, dann wieder im Nebel oder im Schneetreiben. „Ich brauch keinen Mount Everest!" sagt der Raxler. „Mir genügt die Rax als Berg!"

Vielleicht wird eine „Raxpartie" auch noch in hundert Jahren als ein herrliches Sonntagsvergnügen gelten. Vielleicht auch nicht. Dann aber werden die Menschen um vieles ärmer geworden sein.

Skiglück an und auf der Rax

In Mürzzuschlag, neben der Straße zum Semmering, ist in dem schönen alten Mauthaus seit 1966 das wirklich sehenswerte „Wintersportmuseum" untergebracht. Mürzzuschlag – der erste Skiort Österreichs, ein Wintersportzentrum bereits in einer Zeit, in der Kitzbühel und St. Anton am Arlberg noch tief im Winterschlaf lagen.

Der Skilauf in Österreich begann damit, daß sich zwei Steirer – der Bergsteiger und Radsportler Max Kleinoscheg aus Graz und der Gastwirt Toni Schruf aus Mürzzuschlag – für die nordischen „Laufhölzer" interessierten und sich solche 1890 dann auch in Norwegen bestellten. Ein Paar dieser Bretteln ist im „Wintersportmuseum" zu sehen, dabei auch der Brief eines Norwegers, worin dieser Kleinoscheg mitteilt, daß seiner Meinung nach auch der Schnee Mitteleuropas für den Skilauf geeignet sei . . . Zwanzig Jahre später schrieb Max Kleinoscheg in einem Brief: „Wenn ich heute im Eilzug nach Kitzbühel fahre und auf jedem Hang im Mur-, Palten- und Ennstale die eleganten Doppelspuren der schnellen Bretteln glitzern sehe, auf jedem Hügel welche, zusammen viele Tausende, so bilde ich mir immer ein – sieh, das sind die Früchte, die ich bescheiden säte, und meine lieben alten Bretteln, die ich noch immer habe, sind die Mitgründer des so mächtig gewordenen Wintersports, die ersten Bausteine so vieler Wintersportplätze, in denen Hunderte lukrativen Gewinn finden und Hunderttausende ihre Gesundheit stählen."
Nachdem Kleinoscheg und Schruf damals ihre „Norwegerbretter" erhalten hatten, begannen sie diese auf den Hängen, Hügeln und Bergen rund um Mürzzuschlag zu erproben. Mit Erfolg! Im Februar 1893 fand dann in Mürzzuschlag nicht nur das erste Skirennen Mitteleuropas statt, sondern auch schon das erste Skispringen. Dabei wurde eine Weite von sechs (!) Metern erzielt; die Sprungschanze war ein Misthaufen! Und um die Rennläufer nach dem Ziel einzubremsen, hatte man Asche über den Schnee gestreut – das hatte zur Folge, daß jeder Läufer, der da mit Karacho hineinfuhr, nachher wie ein Neger aussah. Aber 2000 Zuschauer waren gekommen, aus Graz sogar ein Sonderzug (auch das war eine Premiere: der erste Ski-Sonderzug im Alpenland!).

„Davos ist Davos. Aber Mürzzuschlag is a wos!" – Mit diesem Slogan (dieses Wort gab es allerdings damals noch nicht) warb Toni Schruf für seinen Heimatort. 1904 wurde dann bereits mit Plakaten zu „Nordischen Spielen" in Mürzzuschlag eingeladen (auch ein solches Plakat ist im „Wintersportmuseum" zu sehen).
Außer drei Meter langen Norwegerskiern und Steighilfen (wie unter die Bretteln mit Schnüren gebundenes Reisig oder Steigeisen) sind in diesem Museum nicht weniger als 600 verschiedene Bindungen zu sehen – angefangen von den ersten primitiven Weidenrutenbügeln und „Skipatschen" usw. bis . . .
Theodor Hüttenegger, der Gründer dieses Museums: „Hier kann man ermessen, wieviel Geist, aber auch Ungeist verwendet wurde, um zu den heutigen Bindungen zu gelangen, welche Irrwege gegangen und welche Fehlschlüsse kombiniert wurden, die aber vielleicht nötig waren, um den Skilauf auf seine jetzige Höhe zu bringen. Wieviel Menschen hatten nicht nur jahrelang ihre Arbeitskraft in eine Verbesserung gesteckt, um dann, als sie endlich an ihrem Ziel angelangt waren, erfahren zu müssen, daß ihre Erfindung schon überholt sei. Nicht nur ein Angebot wurde dem Museum gemacht auf Ankauf oder Ausnützung, und stets folgte herbe Enttäuschung, wenn geantwortet werden mußte, dies sei nicht Aufgabe desselben. Der einzige Trost, der ihnen geboten werden konnte, war, die nun wertlosen Konstruktionen in die Sammlung aufzunehmen."
(Auch die modernen, sogenannten „Sicherheitsbindungen" befinden sich in diesem Museum!)

In jenem Februar 1893, in dem in Mürzzuschlag die erste Skisportveranstaltung Mitteleuropas stattfand, zogen auch drei Männer mit geschulterten Skiern von der Prein aus über den Reißtalersteig auf die Rax. Das waren die Bergsteiger G. Schmiedl und Theodor Keidel (Erstbegeher der Keidel-Wessely-Kamine der Planspitze-Nordwand) und der Schriftführer des 1892 gegründeten „Österreichischen Skivereins" Josef Müller, der als „Ski-Müller" bald ein bekannter Mann wurde.
„Ski-Müller" erzählte später: „Angeregt durch Nansens begeisterte Schilderung des Skilaufs, begann ich mich schon Anfang der neunziger Jahre mit dem Skilauf zu beschäftigen.

Es war damals nicht leicht, Skier zu bekommen. Ein norwegischer Silberarbeiter, welcher zu jener Zeit in Wien lebte, verschaffte mir und einigen Freunden Skier aus Fichtenholz mit Zehenriemen und Rohrstäben. Vorbild oder richtige Anleitung hatten wir nicht, wir übten ‚wild', ohne System, wie es jedem einfiel. Das Resultat war auch danach. Unzählige Gliederverrenkungen, Muskelzerrungen, Beulen und Hautwunden, die ich mir bei den Übungen zuzog, konnten aber meine Begeisterung nicht dämpfen. Andere Freuden erlebten wir nur in sehr bescheidenem Maße; es erfüllte uns schon mit Stolz, wenn es gelang, über einen bescheidenen Hügel glücklich abzufahren."
Als der „Ski-Müller" mit seinen zwei Kameraden dann nach dieser ersten Skibesteigung der Rax durch den Karlgraben abfahren wollte, hatten sie Schwierigkeiten mit ihren langen Hölzern. Also trugen sie diese auf dem Buckel wieder hinunter ins Tal. In ihrem Bericht „Eine Raxtour auf Schneeschuhen" stellten sie mit Bedauern fest, „daß der junge Sport noch einiger Zeit bedürfe, um eine Vollendung zu erreichen, die ihn auch für alpin-touristische Zwecke geeignet erscheinen lasse".
Die Rax hielten sie als Skiberg wenig geeignet, weil sie „wenig Auslauf" aufzuweisen habe. Der „Auslauf" war für die Skiläufer von damals sehr wichtig! Wie wichtig, davon gibt ein Ratschlag eine Vorstellung, der in der Vereinszeitung des „Österreichischen Skivereines" am Anfang der neunziger Jahre gemacht wurde: „Die Abfahrt vollzieht sich so, daß sich der Skifahrer oben auf dem Hange zusammenkauert, sich fest auf den Stock zurücklehnt und die Augen schließt. Dann saust er pfeilgeschwind hinab, solange bis ihm der Atem vergeht. Jetzt muß er sich seitwärts in den Schnee werfen, warten, bis er wieder zu Atem kommt, und dann wiederholt er wieder das Sausen, dann bleibt er wieder liegen, holt Atem, saust wieder und so fort, bis er unten ankommt."
Zdarsky entwickelte dann seine „Alpine (Lilienfelder) Ski-Fahr-Technik", weil es ihm sein „turnerischer Ehrgeiz nicht gestattete, sein Heil im Niederwerfen zu suchen"!

□

„Viele Skifahrer behaupten, die Raxalpe sei kein Skiberg. Sie stellen da wohl zu hohe Anforderungen an den Berg. Gewiß haben andere Gebirge, wo der Windanprall nicht so groß ist, eine tiefere, gleichmäßigere Schneelage als die Raxalpe, und darum wird man im tiefen Winter mit Vorteil andere Gebiete aufsuchen; aber man darf nicht vergessen, daß die Rax bis in den Mai hinein ausgedehnte, fahrbare Schneefelder hat, und das bedeutet bei solcher Nähe zu einer Zweimillionenstadt eine Verlängerung der Wintersportsaison um zwei volle Monate.
Viele Wintersportler machen dann gern von der Einrichtung, die der Musterwirt des Ottohauses, Herr Kronich, zur Bequemlichkeit der Skifahrer getroffen hat, Gebrauch und schicken ihre Ski im Spätwinter per Post zum Ottohaus hinauf, damit diese dort für die 8–10 Sonntage, wo die Rax noch eine Schneedecke trägt, zur Verfügung stehen, um schließlich per Post wieder nach Hause gesendet zu werden. So entfällt der oftmalige, lästige Transport der Ski bis zu den Höhen des fahrbaren Schnees" – schreibt Fritz Benesch in der 5. Auflage (1914) seines Raxführers. (Leider können wir heute nicht mehr erfahren, wie dieser Skipostversand damals – als es noch keine Seilbahn gab – organisiert war!)
Camillo Kronich, Ottohaus, hatte auch sehr schnell die Bedeutung des Skisports erkannt, und das Ottohaus wurde zum Zentrum des Wintersports auf der Rax. Der „Österreichische Wintersportklub" hatte dort sein Standquartier

aufgeschlagen, und im Frühling gab es viele Meisterschaftsrennen und Sprungkonkurrenzen (bei denen der Bergmaler und Bergsteiger Gustav Jahn meistens Sieger wurde).
Für die Plateau-Skiwanderer hatte Kronich Stangen-Skimarkierungen anbringen lassen und für die Abfahrer den Kesselgraben ausgeholzt (schon in der 4. Auflage des Raxführers, 1909, berichtet Benesch, daß man an schönen Sonntagen oft 50 – 100 Skiläufer darin treffen könne).
Nach der Erbauung der Raxseilbahn war Kronich ebenfalls wieder sofort aktiv: Er ließ die 5 Kilometer lange Schoellerabfahrt von der Bergstation bis Hirschwang ausbauen.
Camillo Kronich, Ottohaus, tat aber noch mehr. Als meisterhafter Fotograf machte er schon seit der Jahrhundertwende immer wieder Winteraufnahmen von „seinem" Berg, die nicht nur von seltener Schönheit sind, sondern auch von ganz besonderer Ausdruckskraft ... Bilder von gewaltigen Schneewächten und von dick verschneiten Bäumen, die wie Gespenster aussehen; Bilder von ruhig über weite Schneefelder dahinziehenden Skiwanderern; Bilder, die zeigen, wie schön es auch im Winter am Berg sein kann und auch dem konservativsten Sommerwanderer Lust machen konnten, das gleiche ebenfalls einmal zu sehen und zu erleben ... Und das war es auch, was Kronich mit seinen Fotos erreichen wollte!

□

Vor plötzlich einfallendem Nebel und vor überraschenden Schneestürmen auf dem Raxplateau wird immer wieder gewarnt ...
Um zwölf Uhr Mittag schien noch hell die Sonne und man sonnte sich an diesem Sonntag in den Liegestühlen vor dem Ottohaus. Und schrieb Ansichtskarten ... „Wir sind bei herrlichem Wetter auf der Rax!" (Auch im tiefsten Winter werden an Sonnentagen auf den Sonnenseiten der Rax Temperaturen bis zu +25° gemessen!)
Gegen ein Uhr Mittag zogen im Westen plötzlich dunkle Wolken auf. Bald umhüllte dicker Nebel das Schutzhaus, und die ersten Schneeflocken wirbelten durch die Luft.
Um zwei Uhr Nachmittag lag der Neuschnee bereits fünf Zentimeter hoch. Und ein eisig kalter Sturm fetzte jedem, der vor das Schutzhaus trat, spitze Eisnadeln so heftig ins Gesicht, daß er die Augen nur unter Schmerzen offenhalten konnte. Sichtweite: Zwanzig bis fünfzig Zentimeter.
Um drei Uhr Nachmittag trat der Bergrettungsdienst in Aktion: Er begann die Gäste des Ottohauses zur Bergstation der Seilbahn zu führen ... vermummte Gestalten, die wie Gespenster in dem Flockenwirbel verschwanden.
Der Weg vom Ottohaus zur Seilbahnstation: Eine gut drei Meter breite Straße für Motorfahrzeuge, die das Ottohaus versorgen; ein mit vielen Schneestangen markierter Weg, auf dem man bei Sonnenschein gut zu viert oder fünft nebeneinander dahinwandern kann. Gehzeit: 30 Minuten. Aber diese Autostraße und diesen Wanderweg gab es an diesem Sonntagnachmittag nicht mehr. Da gab es nur noch ein Sausen und Brausen und ein Weiß, das den Augen weh tat. Und aus diesem Weiß kamen Hilferufe, von links, von rechts, von überall her ...
Stundenlang hatte die Bergrettung dann noch zu tun, um alle Ottohausgäste und alle in der Gegend Verirrten zur Bergstation der Raxseilbahn zu lotsen. Nachher sahen alle Rettungsmänner wie wandelnde Eiszapfen aus.
„Das soll unsere Rax sein?" fragte einer am Ende der Aktion.
Der Einsatzleiter nickte. „So sind schon einmal die Berge ... auch unsere Hausberge!" murmelte er dann etwas später.

Die Pointe dieses Berichtes: Das alles geschah nicht etwa an einem Wintertag, sondern im August eines Jahres, von dem man am Ende überall und allgemein feststellte, daß es besonders mild gewesen sei.
Und noch eine Pointe zu diesem Bericht: An dem gleichen Sonntag waren Wiens öffentliche Bäder von Betriebsbeginn bis Betriebsschluß bei gutem Wetter überfüllt und ausverkauft. „Ein Badesonntag wie noch nie" – so konnte man am Montag in der Zeitung lesen.
Und die letzte Pointe: An diesem Montag suchte einer der Bergrettungsmänner von diesem Sonntag einen Arzt auf, weil er seine Finger so „pamstig" (plump) und unempfindlich empfand ... und der Doktor war verzweifelt, weil

er in dieser Augusthitze nur an Kreislaufschäden und so weiter dachte – nur nicht daran, daß man sich auch im August auf der Rax Frostschäden holen könne!

□

Gedenkspruch von Camillo Kronich für die am 25. Dezember 1893 auf der Rax einem Schneesturm zum Opfer gefallenen Bergsteiger Hans Deinzer und Rudolf Lischke:

„Männer, Freunde! Ihr vom Tale,
denkt der Opfer und fürwahr,
eine Mahnung seis für alle:
Nie zu Trotz in die Gefahr!"

□

Abenteuerliche Raxerzählung: „Bei sechzehn Grad Kälte im dichtesten Schneegestöber mitten am Plateau, verlier' ich meinen Kollegen. Ich ruf', ich pfeif', endlich nach einer halben Stunde kommt er daher – ich bin wie auf glühenden Kohlen gestanden!"
(Aus: „Heitere Mitteilungen der hochalpinen Gesellschaft «Mir Zwa»", Wien 1908)

□

Der Skiläufer findet heute an der Rax folgende Möglichkeiten:

● *Die Kesselgrabenabfahrt.* Nach Beseitigung der Windbruchschäden von 1976 ohne Zweifel noch immer das Beste, was die Rax dem Skiläufer zu bieten hat. Ein bisserl Skiwandern, ein bisserl Dahingleiten durch eine weiße Welt, aber auch ein etwas steilerer Hang muß erstiegen werden – „Kein Preis ohne Fleiß!" Dann die Abfahrt: 7 Kilometer lang mit 1100 Metern Höhenunterschied!
Früher hing an der Felswand des gefürchteten „Gatterls" eine Tragbahre „zur gefälligen Benützung" für die an dieser Steilstufe „unglücklich Gestürzten". An vielen Bäumen der Rax sind auch heute noch Markierungstafeln aus der Zeit des wieder so modern gewordenen „Jugendstils" angebracht, die zu der nun bereits schon „klassisch" gewordenen „Kesselgraben-Skiabfahrt" weisen. Welcher andere Skiberg der Alpen hat schon eine solche Tradition?

● *Die Schoellerabfahrt, der Seilbahngraben, das Große Wolfstal* – „Diese drei Abfahrten kann man an einem Tag befahren. Voraussetzung dafür sind allerdings: keine Menschenschlangen vor der Raxseilbahnkassa und Mumm in den Knochen", schreibt Hans Schwanda in seinem 1965 erschienenen Buch „Skiglück vom Wienerwald bis zum Dachstein".
Die „Schoellerabfahrt" von der Raxbahn-Bergstation nach Hirschwang (wo sich die Raxbahn-Talstation befindet) war bereits in einer Zeit, in der es die Begriffe „lifteln" oder „Skischaukel" noch nicht gab, eine Tempobolzerabfahrt, bei der es viel galt, wie oft man sie an einem Tag gefahren ist. Schon vor vierzig Jahren (nach heutigen Vorstellungen also noch in der Steinzeit des Skilaufs!) trumpfte ein (damals) Junger auf: „Sechsmal bin ich heut' die Schoeller g'fahrn, und wenn die Raxbahn ein bisserl g'schwinder wär, dann hätt' ich sie auch noch ein siebentesmal derpackt!"
Der „Seilbahngraben" war einst das große Skiabenteuer an der Rax. Man zeigte (fast) mit dem Finger auf jeden, der „sogar auch schon den Seilbahngraben gefahren ist!"
Das „Große Wolfstal" wurde als Skiabfahrt erst verhältnismäßig spät entdeckt. Wahrscheinlich hat die felsige Unterbrechungsstelle die Skiläufer lange Zeit von dieser Abfahrtsmöglichkeit abgehalten. Heute wird das Wolfstal als „alpine Abfahrt" bezeichnet. „Was heißt da alpin?" fragte ein Skiläufer bei der Einfahrt in den zunächst seichten Graben. Bald darauf, an den Felsen, verlor er zunächst die Handschuhe, dann die Skistöcke, dann die Ski – und zuletzt selber den Halt. Es haute ihn über das Felswandel etwa 3 Meter hinunter in den weichen Schnee . . . und da wußte er nun, was „alpin" heißt!

● *Die Abfahrt durch den Karlgraben,* die gut zu verbinden ist mit einer Besteigung der Heukuppe oder einer Raxplateauwanderung.

● *Eine Raxplateauwanderung überhaupt* – von

der Raxbahn-Bergstation irgendwohin den Skimarkierungen nach und wieder zurück.

● *Der Langermann-Graben* für Abfahrten im Spätfrühling und noch später für Fahrer mit Kurzski.

(Am Rande vermerkt: So wie es in der Archäologie „Versunkene Städte“ gibt, so gibt es auf der Rax auch eine „Versunkene Skiabfahrt“ – das ist die „Zikafahnleralm-Abfahrt“. Sie galt einst als ein „Geheimtip“ all der Skibergwanderer oder Bergskiwanderer, die begeistert von dieser Abfahrt schwärmten und gleichzeitig flüsterten, daß man von dieser Abfahrt nur ja nicht zuviel reden solle, weil sie sonst noch ebenso von Menschen „überschwemmt“ würde wie der Kesselgraben. Nun – die Abfahrt blieb geheim und die Zeit verging und die immer üppiger wuchernde Vegetation unserer Zeit legte sich über die schmalen Abfahrtsflächen, so wie der Flugsand über die Städte der Vorzeit. Heute müßte man diese einst so viel gepriesene „Zikafahnleralm-Abfahrt“ bereits mit der Axt [bzw. Motorsäge] wieder „ausgraben“!)
Trotz dieser recht vielfältigen Möglichkeiten wurde es in den Wintern der letzten Jahre immer stiller auf der Rax. Das Hartpistenfahren ist zur großen Mode geworden und die Skiläufer in ihren plumpen Abfahrtsschuhen waren einfach zu „gehbehindert“ für die meisten Raxabfahrten . . .

„Sturm heult von den Bergen nieder,
jagt die Nebel vor sich her,
treibt den Frost in alle Glieder,
und der Schnee ist tief und schwer.

Da! Durch Sturm und Nebelwetter
hört man sechsfach einen Schrei
als ein Zeichen für die Retter,
daß ein Mensch in Bergnot sei!

Und sie packen ihren Schlitten,
Schienen, Sonden und Verband,
kämpfen dann mit schweren Schritten
gegen Sturm und Nebelwand.

Endlich sind sie an dem Orte,
wo das Unglück wohl geschah.
Dort! Ein Mensch, er ringt um Worte:
‚Meine Retter, sie sind da!‘

Aber die, mit ernsten Mienen,
seh'n sich den Verletzten an.
Welcher Knochen ist zu schienen,
ehe man ihn bergen kann?

Doch da gibt's kein langes Deuten.
Schienen hat da keinen Sinn!
Denn er hält den Bergwachtleuten
zwei gebroch'ne Bretteln hin.

Jetzt gibt es ein Donnerwetter:
‚Himmel Herrgott noch einmal!
Wegen abgebroch'ner Bretter
gibt man doch kein Notsignal!‘

‚Gebt mir bitte keine Watschen!
Sagt, was sollt' ich denn sonst tun?
Ich kann keine zwei Schritt hatschen
in den neuen Abfahrtsschuh'n!‘“

So hat Pauli Wertheimer gedichtet.
Inzwischen hat sich wieder einiges geändert. Der Skilanglauf ist wieder modern geworden und die 28 Quadratkilometer große Raxhochfläche wurde als Langlauf-Paradies entdeckt.
Auch das in den letzten Jahren immer beliebter gewordene Steilwandabfahren wurde nun auf der Rax geübt. Es war der Spitzenkletterer James Skone, der im Februar 1976 als erster (teilweise gesichert) durch die 45° geneigte Klobenwandschlucht abfuhr. Und im März 1976 fuhren Wolfgang Slanec und Richard Skarek über den Preinerwandsteig („Versicherter Felsensteig. Nur für geübte Bergsteiger!“) mit Skiern ab.
Das ist ihr Bericht: „Montag, 22. März 1976. Herrliches Frühlingswetter. Wir sind die einzigen, die an diesem Tag die erste Gondel der Raxseilbahn benützen. Sofort montieren wir unsere Felle und beginnen mit der Überschreitung zum Preinerwandgipfel. Wir lassen uns dafür nur wenig Zeit, denn die Sonne beginnt bereits den Schnee aufzuweichen. Der Preinerwandgipfel ist bald erreicht und wir besichtigen unsere Abfahrt vom Gipfel aus. Und wirklich, es gibt eine Möglichkeit zwischen den Felsen, durch Rinnen und über Grate bis zum Wald hinab zu fahren. Wir zögern nicht lange, machen noch einige Auflockerungsübungen, und dann ab in die Wand! Ich beginne mit der Abfahrt und muß vorerst den Schnee testen. Die Verhält-

nisse sind nicht ganz optimal, weil der Schnee schon ein bißchen zu tief geworden ist. Vorerst geht es gerade von der Wegtafel des Preinerwandsteiges in der Rinne hinab. Bevor diese jedoch in eine Felswand übergeht, queren wir über einen schmalen Schneegrat nach rechts in eine andere Rinne. Diese queren wir, um in einen ausgeprägten Graben zu gelangen. Im Graben geht es schön hinab, bis wir zu der schwierigsten Stelle kommen. Sie ist nur drei Meter breit und hat eine Neigung von 50°. Doch auch diese Hürde schaffen wir rasch und gut und setzen unsere Abfahrt (400 m) fort. Nachher steigen wir wieder über den gleichen Weg auf, doch das entpuppt sich bald als ein viel schwierigeres Unternehmen als die genußreiche Abfahrt. Ohne Steigeisen und Pickel verlangte der Aufstieg viel Körper- und Nervenkraft.

Unsere Skitour ist allerdings damit noch nicht zu Ende. Wir laufen wieder in unseren Spuren zum Ottohaus zurück und begeben uns nach einer kurzen Rast zur Einfahrt des Großen Wolfstales. Hier geht es genußreich in schnellem Tempo abwärts. Wir können fast bis ins Höllental abfahren. Alles in allem: Ein schöner, erlebnisreicher Skitag!"

Viel hat sich geändert seit jenem Februar 1893, in dem die Skiläufer an der Rax noch zu wenig „Auslauf" fanden . . .

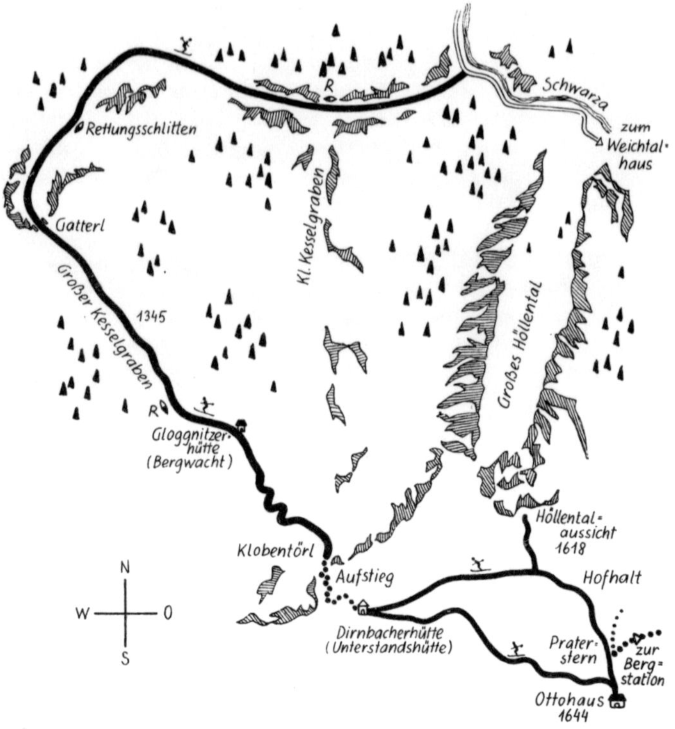

„Raxalpe – Älteste Standardabfahrt: der Kesselgraben", entnommen dem im Schrollverlag erschienenen Buch „Skiglück" von Hans Schwanda

„Nur für die Elite der Felsensteiger!"

„Das Reisthal, vor wenigen Jahren seiner Entlegenheit halber nur sehr spärlich besucht, hat sich in den Jahren 1879 und 1880 zu einem Haupt-Rendezvous der kühnsten und verwegensten Bergsteiger der Residenz entwickelt. Die mannigfach übereinander gethürmten, von Wasserrissen und Schluchten durchfurchten Felsmauern im Hintergrunde des Reisthales sind die Uebungsschule der Wiener Hoch-Touristen, das Lieblingsterrain aller Verehrer des Klettersportes geworden" – so berichtet Josef Rabl in der 2. Auflage (1883) seiner Raxmonographie. In den Kahlmäuern begann die extreme Erschließung der Rax.

1878 wurde der Zerbenriegelsteig von dem Bergführer Daniel Innthaler (dem späteren Erstbegeher der Planspitze-Nordwand im Gesäuse) entdeckt und mit den Brüdern Dr. Emil und Otto Zsigmondy durchstiegen. „Fast unausgesetztes Ziehklimmen, prächtige Grat- und Wandpassagen wechselten da mit den verschiedensten Sprungübungen ... Die Krone des ganzen Steigens aber ist der Schlußkamin – eine mächtige Erosionsschlucht mit riesigen drohenden Wänden. Am Eingang derselben teilt sich der Weg, rechts führt der Steig für weniger Geübte herum, hier haben auch die launigen Wegbezeichner neben jenem Pfeil, welcher in die Schlucht weist, hingemalt: Nur für die Elite der Felsensteiger!" – so berichtet Heinrich Heß von diesem „Wilden" Zerbenriegel, der dann drei Jahre später von einem „Allerwildesten" Zerbenriegel noch übertrumpft wurde.
1880 wurde der Danielsteig von Daniel Innthaler gefunden und im folgenden Jahr mit Dr. Eduard Suchanek begangen – ebenfalls ein „eminent schwieriger Steig, der nur der Elite der Felsenkletterer zugänglich sein dürfte".
1880 wurde auch von Louis Friedmann und Friedrich Eckstein der Narrensteig begangen – „bei weitem der interessanteste und gewiß auch der schwierigste Steig, der bis jetzt im Raxgebiet ausgeführt worden ist".
1883 wurde das Zsigmondy-Gamseck von den Brüdern Zsigmondy erstmals begangen – „der neue Steig kann sich, was Großartigkeit der Felsszenerien betrifft, jedem der begangenen Steige würdig an die Seite stellen. Was seine Schwierigkeit betrifft, so dürfte er darin jeden seiner Rivalen übertreffen".
Eine Freude am Überwinden von technischen Schwierigkeiten spricht aus allen diesen Fahrtenschilderungen. Man steigt nicht mehr zur Höhe, um einen Gipfel zu erreichen. Die klassische Zeit des Alpinismus geht dem Ende entgegen. Ein neuer Abschnitt zeichnet sich bereits deutlich ab: Auch der Weg wird zum Ziel.

□

Damals wurde es rasch Mode, in der Nähe von leichten oder versicherten Steigen neue, schwierigere Wege durch die Felswände zu suchen. Als Gegensatz zu den zahmeren Wegen nannte man die neuen Wege „wild". So entstand neben dem zahmen Gamsecksteig ein „Wildes Gamseck", neben dem Reißtalersteig ein „Wilder Reißtalersteig", neben dem Gaislochsteig ein „Wildes Gaisloch" u. a.
Eugen Guido Lammer – der große führerlose Bergsteiger, der Feuergeist, der alle künstlichen Hilfsmittel am Berg ablehnte, der Verfasser von dem nun bereits klassisch gewordenen Bergbuch „Jungborn" – beging 1883 in Begleitung des Forstreferenten Fritz Leeder erstmals das „Wilde Gamseck". Fast drei Jahrzehnte später beging er es wieder mit seinen Kindern und schwelgte dabei in alten Raxerinnerungen ...
„Wir saßen in der Morgensonne am Rande des Raxplateaus, ließen die Füße hinabbaumeln über die schattige «Wildfährte» und bewunderten die grauen, wilden Kahlmäuern. Schon seit einer Woche führte ich meine Kinder, die Fünfzehnjährige und den Achtjährigen, den Schneeberg und die Raxalpe immer hinauf und hinunter, beide dürstend nach Erlebnissen und nach

Kletterspässen, ich selber wonneplätschernd in einem tiefen, reinen See von Jugenderinnerung, – hatte ich doch die beiden Berge dereinst jeden über vierzigmal erstiegen und verehrte in ihnen so wie viele Alpinisten meine gestrengen Lehrmeister. Und auch jetzt lernte ich wieder Neues in gutem und bösen Sinne. Da waren wir z. B. vorgestern den «Preintalersteig» heraufgekommen, einen hübschen unversicherten Loswandsteig, sofort liefen wir meine einst geliebte, jetzt so schnöde zurechtgemachte «Teufelsbadstube» hinunter, und noch an dem selben Tage gingen wir den prächtigen «Alpenvereinssteig» hinauf.

Dieser Alpenvereinsweg überwindet unten einen lotrechten Wandabsturz mit imposanter Riesenleiter an einer Stelle, die nie jemand hätte erklettern können. Solches Erschließen einer wirklich unzugänglichen Bergseite, die uns weiterhin viel Großes und Schönes zu schenken hat, kann man annehmbar finden . . .

Ich führte vorerst meine Kinder unten an dieser Wand entlang und zeigte ihnen alle die Stellen, an denen ich 1884 stundenlang meine gefährlichen Versuche gemacht hatte, ehe es mir glückte, das sogenannte «Wilde Gaisloch» zu entdecken, damals den schwierigsten Raxsteig. An einem solchen Absatze war ich in Stockhöhe über dem Geröll auf einem Rasenpolster gestanden, der wie ein Schwalbennest an der lotrechten Mauer klebte. Während ich auslugte: wie weiter? brach er plötzlich aus, und ich flog die vier bis fünf Meter parallel zur Wand hinab, schlug auf dem Geröll mit dem Schenkelknochen auf und fiel dann abwärts auf Hände und Gesicht. Verletzt war ich kaum bis auf einige blutende kleine Schürfungen, brauchte aber eine Stunde zum Erholen, ehe ich weiter experimentieren konnte und endlich das Rechte fand. Heute waren wir die «Wildfährte» heraufgekommen und eigentlich alle recht traurig. Heiliger Montanus, oder wer sonst der Alpinistenpatron sein mag! Was haben sie aus dem wundervollen «Bärenloch» und der schöneren «Wildfährte» gemacht, wie haben sie die beiden in Ketten geschlagen, die Einfaltpinsel, und so uns und sich selber die Freude zernichtet! Und ich erzählte den Kindern, daß die Wildfährte mein liebster Kletterbummel gewesen. Einmal im Frühsommer 1884 steige ich sie keines Args gewärtig wieder hinauf, da trifft es mich wie ein Keulenschlag: Drahtseile, viele Handhaben, allenthalben ausgemeißelte Felstritte und auf der hohen Kanzel, wo ich so gern, in Rhododendron liegend, ins Weite hinausträumte, gar eine Bank! «Bergsteigerruhe» stand darauf; warum nicht gleich: «Moritzruhe»? Mit bebenden Fingern schrieb ich darunter: «Pfründnerhospital». Na wartet, ihr rohen Freuden- und Naturschänder! Es wäre mir ein Leichtes, all eure Schand- und Spottwerke zu zerstören und wegzumeißeln, ohne daß ihr mich gerichtlich überführen könnt. Und euer heiliges Recht, uns die reine Natur zu verhunzen, werde ich nie anerkennen. Aber mit dem Stumpfsinn kämpfen selbst Götter vergebens. Und ich bin kein Schleicher im Verborgenen, auch meine Rache soll nicht zerstören, sondern Neues bringen. ‚Spornstreichs' – gespornt von Wut über solchen Streich – ging ich wieder hinab, spähte allerorten und kämpfte mit dem Gewände manche Stunde lang, bis ich ihn gefunden hatte, den geradesten Aufstieg von dem untersten, damals noch nicht verschandelten Teil der Wildfährte zum Plateau, einen recht gepfefferten Klettersteig. Eine Woche später markierte ich ihn mit zornroten Strichen. Sie haben mich dafür im Hüttenbuch namenlos beschimpft, auch ebenso witzlos, die Namenlosen. Aber der beste Witz, der unvertilgbare Witz der Tat (practical joke sagen die Engländer) war doch der meine, nämlich die «Schneidige Wildfährte»; ursprünglich wollte ich sie die «Anständige Wildfährte» oder die «Menschenwürdige Wildfährte» nennen.

So war es 1884, und jetzt mußten wir drei uns wieder von unserem Ärger darüber erholen, daß das Naturgefühl unserer Zeit noch mehr verroht war, obwohl sie alle mit verdrehten Augen ganz entzückt tun. Zwischen Krummholz stiegen wir über die Plateauwiesen aufwärts bis zum Eck der Gemsen; dort auf hoher Landwarte hatten wir bald das Schlimme vergessen, und jubelnd ging es am Seil hinunter über den Grat meines «Wilden Gamsecks», dieses landschaftlich schönsten aller Raxwege. Eben sollte der vorauskletternde Robert in den Kamin hinabschlüpfen, da hörten wir Kommandorufe von unten: ‚Dorthin den linken Fuß! Da greifen Sie

mit der rechten Hand!' – ,Donnerwetter!' – Und schon taucht ein hagerer Weißbart auf mit schweißbeflecktem Steirerhut, und hinter ihm wird ein fetter Tourist heraufgeseilt, das glattrasierte Gesicht weiß wie frischer Schafkäse und ganz umsäumt mit Perlen von Angstschweiß. Ein Bergführer? Gibt's denn sowas auf der Rax? Ja, das muß dann – ,Daniel? Aber natürlich! Grüß Gott, lieber Innthaler! Ich bin der Lammer Guido'. Frohes Händeschütteln nach 25 Jahren! ,Aber weiß, weiß, Daniel!' ,Ja, heit is mei 65. Geburtstag.' ,So? Wacker! Also Glückauf für noch etliche 25 Bergsteigerjahre! Und ich habe heute vor 28 Jahren dieses Wilde Gamseck da rot markiert und eine Woche vorher mit dem Leeder entdeckt.' Ich erzählte, wie ich bei diesem Kamin den Farbenpinsel quer in den Mund nahm und mir beim Klettern das nackte Knie damit rot beschmierte.
Ohne Teilnahme saß der erschöpfte Tourist daneben; vielleicht hatte er mich innerlich verflucht als den Urheber der Stunde seines Grausens."
1911 war das . . . und Lammer klagte damals schon in dieser „guten alten Zeit" über das „verrohte Naturgefühl"!

□

Die Luckete Wand. Sie wurde 1881 zum erstenmal von Daniel Innthaler mit J. Müller und C. Seltenhammer erklettert und galt bald als ein „berüchtigter Anstieg", den nur „Kletterer ersten Ranges" wagen durften.
Als der Bergsteigerpfarrer Dr. Alois Wildenauer im Jahre 1921 zur Luckerten Wand zog, war diese schon viele Jahre lang nicht gemacht worden, weil sie als unbegehbar galt. Es fehlte ein „notwendiger" Griff. Dieser war aber keineswegs ausgebrochen, sondern von einem ehrgeizigen Führertouristen, der einmal mit Daniel Innthaler diesen Weg gegangen war, mit Sprengpulver weggesprengt worden! Der Mann wollte einen Kletterweg gemacht haben, an dessen Schwierigkeiten nach ihm alle anderen Bergsteiger scheitern mußten oder sollten . . .
Der Bergsteigerpfarrer scheiterte nicht! Er kletterte rechts von der weggesprengten Wandstelle höher. Und stieg nach Bezwingung der Luckerten Wand über den Kaisersteig ab ins Tal und wanderte dann frohgemut in sechs Stunden die fast dreißig Kilometer bis zum Bahnhof Payerbach. – Wie man sieht, ist das Bergsteigen eine so großartige Sache, daß ihm auch Psychopathen, die es leider ebenfalls bei jeder großartigen Sache gibt, nichts anhaben können.

□

Josef Rabl hatte es 1883 noch abgelehnt, von „gefährlichen Wegen" eine Beschreibung zu geben, denn „die große Mehrheit der Touristen und Naturfreunde wird es trotz der ausführlichen Schilderung vorziehen, die bequemeren und weniger gefahrvollen Wege zu wandeln; die Sportfreunde und Felsensteiger brauchen aber solche Schilderungen nicht, würden sie sogar als eine Entweihung ihres Cultus betrachten."
1894 erschien aber dann doch bereits ein „Spezialführer auf die Raxalpe", der auch ganz genaue Beschreibungen der „gefährlichen Wege" enthielt. Sein Verfasser war Fritz Benesch.

Hofrat Dr. Fritz Benesch (1868–1949), seinerzeit bedienstet in der k. k. Staatsbahnverwaltung, war bekannt als Bergsteiger (Erstbesteiger des Dent di Mesdi in den Dolomiten), als Führerverfasser (Raxführer mit vielen Auflagen, Schneebergführer, erste Auflage 1897, und Schneealpenführer, 1925) und auch als Bergfotograf (in seiner Jugend schleppte er eine 18 x 24 cm-Plattenkamera sogar auf schweren Felstouren mit). 1931 wurde ihm – dem Erschließer der Raxalpe – noch zu seinen Lebzeiten neben dem Ottohaus ein Denkmal errichtet.
Benesch war ein eher zart gebauter Mann und auch ein sehr stiller Mann, der nur in seinen Schriften zum Schwärmer wurde. Einer seiner Weggenossen meinte einmal, daß man sich bei einer Bergwanderung mit Benesch wie in einem Leichenzug unterwegs fühle – nur, daß in einem solchen doch mehr geflüstert wird . . .
Die Wegbeschreibungen für seine Führer konzipierte Benesch an Ort und Stelle. Unterwegs trug er in ein kleines Büchlein konsequent alle markanten Punkte ein, hielt mit der Uhr Geh-

zeiten fest, und wenn er schrieb, daß es von da bis dort „etwa 400 Schritte" sind – dann sind dies genau gezählte Schritte. Kein Wunder, daß der unterwegs schreibende Benesch bei der Verfassung des Raxführers oft verkannt wurde ... „Jetzt steigt da so ein kleines Mandl herum und schreibt auf, wieviel Bäum es gibt. Wer weiß, was die Herrschaften da wieder vorhaben?" erzählten die Holzknechte vom Höllental.

In der Alpingeschichte weltweit bekannt geworden ist Benesch dadurch, daß er in seinem 1894 erschienenen Raxführer als erster Bergsteiger eine alpine Schwierigkeitsbewertung aufstellte. „Vergleichsweise Rangeinteilung der Steige nach ihrer Schwierigkeit" ist der Titel dieses dann sehr umstrittenen Kapitels im Raxführer. (Übrigens: Auch heute noch sind alle Schwierigkeitsbewertungen umstritten!) Benesch schrieb damals: „Der Gesichtspunkt, von dem hierbei ausgegangen wurde, ist der, daß ein jeder Steig eine gewissen Summe von Schwierigkeiten in sich schließt, die nicht allein in technisch schwierigen Kletterstellen, sondern auch in aufregenden, exponierten Passagen, in der Länge der Kletterei, Brüchigkeit der Felsen und dergleichen bestehen, so daß schließlich eine bestimmte Durchschnittsforderung an den Touristen herantritt, der er vollkommen gewachsen sein muß. Ein gewisser Überschuß an Leistungsfähigkeit ist aber nebstbei noch unerläßlich, um auch plötzlich eintretenden ungünstigen Verhältnissen mit Sicherheit Rechnung zu tragen."

Die „Benesch-Skala" hatte sieben Schwierigkeitsstufen: I war das schwierigste, VII das leichteste. Beispiele:

I. Luckete Wand, Zsigmondy-Gamseck u. a.
II. Rote Schlurze, Wildes Gamseck, Protestwand u. a.
III. Danielsteig, Preintalersteig u. a.
IV. Klobenwandschlucht, Alpenklubweg u. a.
V. Wildfährtensteig, gew. Zerbenriegel, Bismarcksteig.
VI. Gaisloch, Gamseck, Reißtalersteig u. a.
VII. Die übrigen leichten, auch für Anfänger geeigneten Jagd- und Touristensteige.

Durch Hinzunahme von Zwischengraden (z. B. I–II) standen dem Bergsteiger von damals 13 Schwierigkeitsstufen für eine Bewertung zur Verfügung. Als später neue Wege begangen wurden, die entschieden schwieriger waren als I, half man sich, indem man diese mit 0 bewertete. Und als noch Schwierigeres gemacht wurde als 0, bewertete man es mit 00. Die Nullersteige und Doppelnullersteige waren zu dieser Zeit ein Begriff: Wer schon einen Nullersteig oder gar einen Doppelnullersteig gemacht hatte, galt als ein Klettergott. Bei der extremen Weiterentwicklung des Klettersports kam dann natürlich die alte Benesch-Skala nicht mehr mit (nach ihr müßte es heute sogar „Zehnnullersteige" geben).

So entstand dann die Sechserskala, bei der I als das Leichteste und VI als das Schwerste gilt und die unter Hinzuziehung von Zwischengraden (–I und I+) insgesamt 18 Bewertungsmöglichkeiten hat. Dazu kommen heute noch die Bewertungen von Wandstellen, die nur mit künstlichen Hilfsmitteln bezwungen werden können: A 1–3 für Normalhaken (A = artificiell). E 1–3 für Bohrhaken (E = Expansionshaken).

Die Namen der ersten Raxklettersteige ergaben sich aus dem Gelände: Luckerte Wand, Zerbenriegelsteig u. a. Bald wurden aber auch in Steignamen die Namen der Erstbegeher verewigt: Zsigmondy-Gamseck, Innthalerband u. a. Auch zu Ehren alpiner Vereinigungen wurden Steige benannt, so z. B. der Akademikersteig nach der akademischen Alpenvereinssektion Wien. – Heute werden Erstbegehungen zumeist nach verunglückten Bergsteigern benannt, deren Name in dem neuen Weg weiterleben soll, z. B. Rainer Grohmann-Gedenkweg u. a. Heute sind die Beschreibungen von Anstiegen knapp und sachlich, wie folgender Auszug aus der des Rainer Grohmann-Gedenkweges (Schwierigkeitsgrad –VI, A2) zeigt: „ ... 3 m nach l. und gerade hinauf auf ein Band und über eine Stufe auf eine Rampe (V, III+, H). Dieser wird nach l. gefolgt (V, –VI, H, Holzkeil) und Stand auf schönem Band (H, Holzkeil)." Dazu: H = Abkürzung für Mauerhaken. Holzkeile dienten zu dieser Zeit (1968) noch zum Verklemmen von Mauerhaken in etwa handbreiten glatten Rissen; heute verwendet man Plastikkeile.

Zu Beneschs Zeiten waren alle Wegbeschreibungen noch ausführlicher und auch persön-

licher. Benesch selbst war ein Meister des sachlichen, aber dennoch poetischen (den Führerbenützer stimulierenden) Stils. Zum Beispiel, wenn er über den Reißtalersteig in den Raxmäuern schreibt: ,,Sind auch wegen der niederen Höhe des Mauerkranzes besonders großartige Szenerien nicht zu erwarten, so liegt doch in diesem Teile der Rax ein ganz eigener Reiz, der sich mit bloßen Worten nicht erklären läßt. Die freundliche Fernsicht auf den Semmering und die Mürztaler Berge, der weite Blick in die grüne Steiermark und die Weltrichtung, die uns als der Zug unserer großen, herrlichen Alpen so eigen anmutet – alles mag zusammenwirken, um uns die heitere Landschaft bald so lieb zu machen wie sonst keine zweite dieses schönen Gebirges. Hier fühlen wir, daß es heimatliche Berge sind, die wir auch in der schöneren Fremde nicht vergessen können."
Gleich darauf meldet er allerdings sehr sachlich: ,,Unser Steig bildet erst den Übergang zu den ausgesprochenen Felsenwegen, darf jedoch, obwohl durch die reichliche Versicherung jeder Gefahr benommen, keineswegs von zu Schwindel neigenden Anfängern begangen werden."

□

Neben dem Großen Höllental und neben dem Talschluß mit den Kahlmäuern gilt, drittens, das Große Übeltal als das Schönste, was die Rax zu bieten hat. Schon Rabl schwärmte von den ,,dräuenden Wänden" und der Waldwildnis darunter, in der ,,Farrenkräuter, Moose und Flechten Glanzrollen spielen". Später schrieb Benesch in seinem Raxführer, daß an dem Großen Übeltal die meisten Bergsteiger achtlos vorbeiziehen, ,,ohne nur zu ahnen, welch unbeschreiblich schöne Bilder diese einsame totenstille Felsenwildnis birgt". – Daran hat sich bis heute nichts geändert.
Es gibt aber auch noch ein Kleines Übeltal; durch dieses stiegen seinerzeit die Holzknechte und Jäger ab, wenn sie es eilig hatten, nach Hause zu kommen. Dabei mußten sie allerdings einen steilen Felsabbruch überwinden. Diesen überlisteten sie folgendermaßen: Sie querten (natürlich ohne Seil) über ein schmales Rasenband in die senkrechte Wand bis zum Ende des Bandes und dann... dann ließen sie sich einfach auf einen Baum fallen, der an einem einige Meter unterhalb befindlichen zweiten Band seine Wurzeln geschlagen hatte. Ein etwas komplizierter und nicht ganz ungefährlicher Weg vom Arbeitsplatz nach Hause!
Der Raxführerverfasser Benesch war schon im steilsten Dolomitenfels unterwegs gewesen, bevor man ihn in das Kleine Übeltal an der Rax führte. Und er war dann von der Holzknecht-Abstiegstechnik so beeindruckt, daß er die Bänderquerung in seinem Führer beschrieb als eine ,,Passage, so grausig, wie wir sie auf der Rax sonst nicht mehr finden".

□

,,Ein Unglücksberg, an dem alpine Wildlinge zu Dutzenden abkollern!" – so wurde die Rax im Jahre 1900 im ,,Neuen Wiener Tagblatt" genannt.
Damals gab es zum ,,Abkollern" schon eine reiche Auswahl von Klettersteigen:
Den Zimmersteig (Erstbegehung 1893 durch Franz Zimmer und Gefährten),
den Katzenkopfsteig (1894, Theodor Keidel und Gefährten),
die Loswandkamine (1895, Heinrich Pfannl),
das Innthalerband (1896, Daniel Innthaler und G. Starke),
den Akademikersteig (1900, Eduard Pichler und Gefährten) . . .
Der Akademikersteig ist heute einer der am meisten begangenen Raxklettersteige, weil er der richtige Weg für jeden Anfänger ist. In einer großen (und irgendwie unheimlich wirkenden) Halbhöhle wird angeseilt. Dann klettert der Seilschaftsführer nach links hinaus in die senkrechte Wand. ,,Nachkommen!" – Nur zögernd folgt der Anfänger diesem Ruf. Doch sehr bald merkt er, daß es in der eigentlich ,,gar nicht so senkrechten Wand" Tritte wie auf einer Treppe gibt und Griffe so gut zum Umklammern wie die Haltegriffe in der Straßenbahn. Damit hat er sein Selbstvertrauen gewonnen . . . ,,Das Klettern ist ja gar nicht schwer, sondern ein Vergnügen!"

Höher oben klettert man am Gelben Turm – und dann kommt gleich darauf das „Fensterl". Das ist ein Loch in der Wand. Durch dieses klettert man. Eine markante Kletterstelle. Eben deshalb wird sie allgemein als die schwierigste Kletterstelle des Akademikersteiges empfunden. Aber das ist das „Fensterl" nicht. Die schwierigste Kletterstelle des Akademikersteiges befindet sich einige Seillängen unterhalb des „Fensterls" ... dort, wo man nach dem kleinen Schuttfeld und leichten Schrofen wieder vor einem Steilabbruch steht und diesen überwinden muß. Diese Kletterstelle sieht allerdings – von unten betrachtet – nicht markant, sondern ganz harmlos aus.
Vom Katzenkopfsteig (so benannt nach einem katzenkopfähnlichen Felsgebilde bei seinem Ausstieg) wird heute allgemein nur der untere Teil begangen und dann über den oberen Zimmersteig ausgestiegen. Höhepunkt dieses beliebten Kombinationsweges „Katzenkopf–Zimmersteig" ist das „Lachkabinett".
Dieses „Lachkabinett" besteht aus einer breiten Felsplattform, an der ein etwa vier Meter hoher und sehr enger Kamin ansetzt. Auf der Plattform sitzen die Zuschauer, im Kamin zappelt und strampelt sich ein Mensch Zentimeter um Zentimeter höher – oder bleibt stecken und kann nicht mehr weiter. Es gibt immer etwas zum Lachen im „Lachkabinett".

So heiter der Zimmersteig ausklingt, so ernst ist sein Beginn ... steiler, nach abwärts geschichteter Fels. Am unteren Zimmersteig gab es viele Tote (einer davon war auch der Sohn des berühmten Nordpolfahrers Julius von Payer). Schon kurz nach der Erstbegehung wurde für einen abgestürzten Kletterer am Wandfuß eine Gedenktafel angebracht und auch – damals war man noch besonders pietätvoll – eine Totenleuchte. Und es war Brauch, den Rest der Kerze aus der Kerzenlaterne (mit der man in der Samstag/Sonntagnacht durch das Höllental gezogen war) in memoriam an den Abgestürzten in solchen Leuchten zu entzünden. – Im Jahre 1901 stiegen der damalige Rettungsleiter von Reichenau Staiger und sein späterer Nachfolger Raimund Thäder über das große Schuttfeld zum Einstieg des Zimmersteiges auf. Schon von fern sahen die beiden im Morgengrauen das Licht einer brennenden Kerze am Einstieg des Zimmersteiges ... „Schau, wir sind heute nicht die ersten", sagten sie. Als sie zum Einstieg kamen, fanden sie die Leiche des Alleingängers, der, bevor er in den Zimmersteig eingestiegen war, die Kerze in memoriam entzündet hatte. Sie war auch zu seinem Totenlicht geworden ...

□

In dieser Zeit erwog die Bezirkshauptmannschaft von Wiener Neustadt allen Ernstes, den Unglücksfällen auf der Rax ein Ende zu machen, indem von den Bergsteigern vor dem Begehen eines schwierigen Steiges ein alpiner Befähigungsnachweis verlangt werden sollte. 1902 wurde der steile Felsgrat links des Teufelsbadstubenkessels erklettert, und als Protest gegen diesen eigenartigen Vorschlag „Wiener Neustädter-Weg" genannt. Der von Laubheimer, Schwenk und Stögmüller gefundene Wiener Neustädter-Weg war damals das Nonplusultra im Raxfels. „Die Schwierigkeiten dieses Weges sind so hervorragend, daß jeder nicht vollkommen sichere und über bedeutende Armkraft verfügende Kletterer eindringlichst vor seiner Begehung gewarnt werden muß", schrieb Benesch in seinem Raxführer. Eine Begehung des Wiener Neustädter-Weges wurde in dieser Zeit nachher im Ottohaus oft bei Sekt gefeiert. Heute wird dieser Weg als Anfängertour von den Bergsteigerschulen begangen ...

Damals ist man allerdings noch den schwierigen, engen und kraftraubenden Riß ganz von unten angegangen. Er wird „Büchlriß" genannt, weil in ihm das Steigbuch liegt, in das sich alle Kletterer einschreiben. (Einmal keuchte ein Kletterer in den Riß: „Du, Franz, ... dieser Büchl, der den Riß als erster gemacht hat ... dieser Büchl, das muß ein ganz wilder Hund gewesen sein!")
Und dann kam eines Tages der junge Bergführer Konrad Kain aus Naßwald und sah, daß man auch oberhalb von der Engstelle in den Riß steigen kann. Man muß dabei nur einen weiten Spreizschritt machen. Heute steigt wohl jeder in den „Büchlriß" mit diesem Spreizschritt, dem „Kainschritt", ein.

So wie der „Büchlriß" am Wiener Neustädter-Weg dem Bergführer Konrad Kain zu eng erschien, so mußte er wohl auch seine Heimat als zu eng empfunden haben. Er wanderte aus. 1914 machte Kain als Bergführer mit dem Amerikaner Otto Frind eine Reihe von Erstbesteigungen in Neuseeland, 1924 bezwang er den Mount King Edward (3820 m) in den Rocky Mountains. Der Raxführer Kain muß in Amerika ein Star unter den Bergsteigern gewesen sein. Das beweist eine Gedenktafel, welche die Bergsteiger aus der Neuen Welt zur Erinnerung an Konrad Kain in der Alten Welt anbrachten – neben der schmalen Straße, die von Naßwald aus zu den Kahlmäuern führt.

□

Zu dieser Zeit waren Wiens Bergsteiger führend im ganzen Alpenraum, ja man sprach sogar von einer „Wiener Schule". Ihre Vertreter (damit sind natürlich nicht nur ausschließlich Wiener allein gemeint) konnte man tatsächlich auf allen Bergen zwischen dem Alpenost- und dem Alpenwestrand antreffen. Sie alle haben sich auf der Rax für ihre größeren Ziele vorbereitet, und ihre Namen sind mit vielen Rax-Erstbegehungen verbunden.
Bald nach der Jahrhundertwende änderte sich jedoch die Situation. Anderswo war man nämlich nicht so zimperlich bei der Anwendung von Mauerhaken.
Eisenstifte als Steighilfen wurden schon seit langem von Jägern auf Jagdsteigen eingeschlagen. Die Bergsteiger begannen sie zu verwenden, als sie am Berg vor immer größeren Schwierigkeiten standen. Man verwendete die „Nägel" zunächst als Sicherungshilfe. Sie wurden mit Steinen (!) eingeschlagen. Da bei einem Sturz das über den Stift gelegte Seil oft abglitt, ging man schließlich dazu über, Ringhaken zu verwenden, in die man das Seil einband. Dieses Ein- und Ausbinden des Seiles war natürlich zeitraubend und nicht ganz ungefährlich, wenn man im Steilfels unterwegs war. Eine Verbesserung war das Einbinden des Kletterseiles mit einer Rebschnur in den Haken. Der metallene Schnappring, der von dem Münchner Otto Herzog um 1910 zum erstenmal verwendet wurde, war die endgültige Lösung dieses Sicherungsproblems, wurde aber gleichzeitig zum Hilfsmittel für eine neue Art des Bergsteigens: die Überwindung von Wandstellen mit Doppelseil und Haken.
Mit der Durchkletterung der Direkten Totenkirchl-Westwand im Wilden Kaiser und der Schüsselkarspitze-Südwand im Wettersteingegebirge (beide Wände 1913 erstmals durchstiegen) wurde die Kletterkunst auf eine Spitze getrieben, die, wie man damals sagte, nicht mehr zu überbieten sei. Alle diese Fahrten werden auch heute noch mit Schwierigkeitsgrad V bewertet. Nur mehr um einen Schwierigkeitsgrad konnte mit den modernen Hilfsmitteln das Bergsteigen weiterentwickelt werden.

Auf der Rax war man zu dieser Zeit über den Schwierigkeitsgrad IV noch nicht hinausgekommen. Man trug wohl verschämt Mauerhaken und Kletterhammer im Rucksack – aber man gebrauchte sie nicht. Denn das ist eine Eigenart des Wieners: daß er sehr an der Tradition hängt und sich dem Neuen nur zögernd erschließt. Damit war aber auch die führende Rolle, welche nach den Engländern die Wiener Bergsteigerschule bis dahin auf der Bühne des Alpinismus gespielt hatte, ausgespielt. Die Städte Innsbruck und München übernahmen nun diese Rolle, und später dann die Italiener und die Franzosen. Doch eine Eigenart der alten Wiener Bergsteigerschule hat sich bis in unsere Zeit erhalten: Vom Kahlenberg bis zum Mittelmeer wird man den Wiener Bergsteiger unterwegs in den Alpen finden.

□

An einem Septembertag des Jahres 1920 beging Erwin Radwein im Alleingang den unheimlichen Schrägriß durch die lotrechte, rotgelbe Blechmauer. Eine Woche darauf wollte er diesen Blechmauernriß mit seinem Bergkameraden Hanns Meurer markieren. Doch der Weg wurde nicht zu Ende markiert . . .
Bis in die Höhle vor der Stelle, wo sich der Riß fast schließt und man auf schmaler Felsleiste etwa fünf Meter weit hangeln muß, bis dahin waren die Zwei gekommen. In das von ihnen hinterlegte Steigbuch hatten sie noch einge-

schrieben, daß sie ihren Nachfolgern viel Bergglück auf diesem Steig wünschen. Aber dann hat sie selbst das Bergglück verlassen und sie wurden die ersten Todesopfer dieses kühnen Weges.

Zwei Mauerhaken stecken an der berüchtigten Hangelstelle; es sind Sicherungshaken und keine Kletterhilfen. Weder eingehängte Steigschlingen noch Seilzug nützen an dieser Stelle, man muß sie ehrlich erklettern. Das ist auch der Grund, daß es am Blechmauernriß schon viele Stürze gab und viele Bergungen notwendig waren. Seit seiner Erstbegehung ist der Nimbus dieses Kletterweges ständig gewachsen, und heute steigt nur noch höchst selten eine Seilschaft in ihn ein. So wie in allen Sportbereichen ist es auch beim Bergsteigen: Es gibt Supersportler und – ohne eine gute Mittelklasse dazwischen – die „Aucheinbisserlsportbetreibenden". Dem extremen Kletterer ist der Blechmauernriß zu leicht und für die anderen ist er zu schwer.

Ein Jahr nach der Erstbegehung des Blechmauernrisses erkletterten Karl Prusik und Alfred Heinlein die rechte Begrenzungskante des düsteren Felsenkessels der Teufelsbadstube. Der rote und der gelbe Überhang sind die markantesten Kletterstellen dieser Badstubenkante. Prusik ist als Erfinder des „Prusikknotens" weltberühmt geworden (es handelt sich dabei um einen Klemmknoten, der für jeden ins Seil gestürzten Bergsteiger lebensrettend sein kann). In seinem Fahrtenbericht über die Badstubenkante schrieb Prusik, daß dort die Sicherung für den Seilersten „höchst fraglich" sei. Einen Haken zu schlagen – das war damals noch verpönt!

Nur zögernd griff man damals in den Raxwänden nach einem Mauerhaken. Man suchte wohl die von den alpinen Vorfahren gemeisterten Schwierigkeiten zu übertreffen, aber man hielt sich noch immer getreu an deren Grundsätze. Und man erreichte Spitzenleistungen im hakenfreien Klettern. Alle diese Wege werden heute selten begangen, weil sie nicht nur schwierig, sondern auch gefährlich sind. Hier seien einige genannt: Čeplwand (1923, Willi Nerber, Stefan Schemer und Karl Puchinger); Preinerwand-Südostkante (1926, Hermann Kubacsek, Leo Rois und Franz Ascher); Direkte Badstubenkesselwand (1930, Franz Dangl, Emmerich Becina und Franz Platzer).

Die Direkte Badstubenkesselwand wird noch immer als die ernsteste Raxfahrt bezeichnet. Auf diesem Weg muß man klettern können! Er führt durch die senkrechte, meist von dunklen Wasserstreifen durchzogene Wand des Badstubenkessels empor. Gleich am Beginn ist ein Riß zu erklettern, der von riesigen, ineinander verkeilten Felsschuppen gebildet wird. Hier schlägt man lieber keinen Mauerhaken, weil man bei jedem Hammerschlag fürchtet, daß einem dabei der ganze Riß auf den Kopf fällt. Dann folgt eine Querung an der Abbruchkante eines splittrigen Dachüberhanges. Weiter geht es durch grasige Steilrinnen. Aus einem kleinen Felskessel scheint der Weiterweg nach oben aussichtslos zu sein – doch im Innern des Berges überwindet man in einem Höhlenspalt die ungangbare Wand. In einem Urwald endet dann die Direkte Badstubenkesselwand. Über dicke Moospölster und über riesige Baumleichen steigt man hinauf zum Wachthüttelkammweg. Nach den abenteuerlichen Stunden in dem düsteren, einsamen Badstubenkessel begrüßt man dessen Markierung dankbar als ein Zeichen der Zivilisation, in die man nun wieder glücklich zurückgekehrt ist.

Franz Dangl hat aber mit der Direkten Badstubenkesselwand nicht nur die ernsteste Raxkletterfahrt erschlossen, 1932 durchstieg er mit Rudolf Pammer die große Verschneidung in der Blechmauer, und diese Blechmauernverschneidung zählt ohne Zweifel noch immer zum schönsten, was an schwierigen Touren im Raxfels zu machen ist. Am „Dachl" wurde bei dieser Fahrt auch schon mit Seilzug gearbeitet.

Noch lauter war das Hämmern im Raxfels ein Jahr später zu hören: Franz Dangl und Rudolf Pammer arbeiteten an der „Direkten Blechmauer", wobei sie in dem 25 Meter hohen Ausstiegsriß Holzklötze zum Verkeilen der Mauerhaken benützten.

Kaum war die „Direkte Blechmauer" bezwungen, begannen andere Kletterer eine noch „direktere" Anstiegsmöglichkeit zu erkunden. In zwei Jahren (1933/34) wurden dann der untere und obere Teil der sogenannten „Unmittelbaren Blechmauer" begangen. Rupert

Schleiß war Initiator des Unternehmens, Ernst Wenisch, Ferdl Hey und Hannes Matauschek waren seine Gefährten. Von dem 30 Meter hohen Spiralriß wurde damals gesagt, daß er die „Grenze des Menschenmöglichen" sei. Erst 1947 wurde die „Unmittelbare" zum zweitenmal begangen (und zum erstenmal beide Teilstücke zugleich).
In dieser Zeit wurden noch zwei Wege begangen, die – nach den Urteilen der derzeit besten Raxkletterer – neben der Badstubenkesselwand zum Schwierigsten im Raxfels zählen: die Stadlerrisse (1933, Wolf Stadler und W. Krötlinger) und der Spielbichlerriß (1934, Hannes Matauschek und Ernst Hönigschnabel). Beide Risse sind Freiklettereien, die ausgefeilte Klettertechnik verlangen; am Ende vom Spielbichlerriß ist ein 50 Meter langer Quergang zu überwinden, der, wenn er im Wilden Kaiser wäre oder in den Dolomiten, ganz gewiß zu den berühmten Schlüsselstellen der Alpen zählen würde.
Über Wolf Stadler, den Erstbegeher der Stadlerrisse, sagte man seinerzeit, daß er nie abstürzen könne, daß er aber wahrscheinlich einmal (weil er so bedächtig kletterte) auf einem Tritt verhungern werde. Stadler erfror an der Roßkuppen-Kante im Gesäuse nach einem Wettersturz. Hannes Matauschek, extremer Raxerschließer in den Jahren vor dem Zweiten Weltkrieg, ist heute Kaufmann in Gloggnitz und hat das Klettern aufgegeben. Hingegen ist Fritz Dangl noch immer als Berg- und Skiführer unterwegs. Schon in seiner wilden Jugendzeit wurde Dangl der „schöne Franz" genannt, weil er selbst im Steilfels immer wie ein Beau aus einem Modejournal gekleidet war. Und man sagte auch, daß der „schöne Franz" eher Kletterseil oder Kletterhammer für eine Tour mitzunehmen vergessen könnte – aber nie einen Kamm!

1935: Franz Gaisbauer, einer der besten Raxkletterer vor dem Zweiten Weltkrieg (der leider auch ihm den Tod brachte), arbeitet sich über die mächtigen Überhänge der Vorderen Blechmauer hinauf. Es ist noch immer ein faszinierender Anblick, von der Höllentalstraße aus Kletterern am „Gaisbauerweg" zuzuschauen. Fünf bis zehn Meter vom Fels entfernt baumeln die herabhängenden Seile in der Luft. Am Gaisbauerweg hat der Kletterer das Gefühl, direkt über der Höllentalstraße und über der Schwarza zu hängen.

□

In der vierten Auflage seines „Raxführers" (erschienen 1908) klagte Benesch noch, daß die „Reihe der neuentdeckten Steige noch immer kein Ende nimmt". In der fünften Auflage (1914) stellte Benesch jedoch schon mit Befriedigung fest, daß die Erschließung der Rax „ziemlich beendet" sei.
Zwanzig Jahre später waren einige junge Bergsteiger vom Österreichischen Touristenklub unterwegs, um verblaßte Markierungen zu erneuern und sonst noch allerlei Wegbetreuungsarbeiten zu verrichten – manchmal auch recht seltsame Arbeiten, wie Rudolf Klose erzählt . . .
„Am oberen Ende der Preinerwand hatten einmal ein paar überbegeisterte Einheimische mit riesigen, roten Lettern hingemalt: ‚Karl Ludwighaus'. Dort stand nun wohl mancher Bergwanderer und sah hinaus auf das liebliche Semmeringland, über dem leichte Sommerwölklein im Blau schwammen. In dies heitere Bild aber stach jäh und wild der rote Riesenpfeil, und die Lettern hämmerten dem armen Träumer die Wegrichtung ins Gehirn. Was blieb uns da übrig, als eines Tages loszuziehen in modernster Felsrüstung, die noch durch einen wuchtigen Steinmetzhammer vervollständigt worden war. Mit diesem klopften wir die Aufschrift ab. Wie Spechte hingen wir an der überhängenden Wand. Jeder von uns hatte ein Wort zum Löschen übernommen, das ihm noch lange nachher als Spitzname blieb: Dr. Blechschmid war der «Karl», Malouch das «Haus» und ich erhielt leider den längsten Namen «Ludwig mit dem Pfeil».

All diese Mühen aber hatten ungeahnte Nebenerfolge. Bei der stundenlangen Arbeit auf den weiten Höhen und in den tiefsten Winkeln der Wiener Hausberge konnten wir so manches «Problem» entdecken, das später von uns gelöst wurde. Die kühne Preinerwandplatte verlor ihre Schrecken, als wir stundenlang in ihrer Nähe arbeiteten . . ."

Daß diese (scheinbar) spiegelglatte Platte erkletterbar sein könne, hatte bis dahin niemand vermutet. Zwischen dem 11. September 1933 und dem 13. Mai 1934 gelang es dann Rudolf Klose und Fritz Schmid die Preinerwandplatte sogar auf drei verschiedenen Wegen zu durchklettern, wobei der Westweg der leichteste, der Ostweg der schwerste und der Direktweg der schönste der drei Anstiege ist. Für alle Raxkletterer wurde die Entdeckung der Preinerwandplatte ein wahrer Gewinn.

Die Männer vom Markierungsausschuß des Österreichischen Touristenklubs haben damals aber noch wesentlich mehr entdeckt: Sie entdeckten ein neues Klettergebiet, eine dreihundert Meter hohe Wand, steil und stellenweise sogar überhängend, eine Wand mit Rissen und Kaminen, mit Graten und Pfeilern – die Nördliche Lechnermauer.

Es war eine unbekannte Wand! Selbst die besten Raxkenner dieser Zeit kannten höchstens ihren Namen. Nur der Alleingeher Albin Roessel war 1919 einmal durch sie gestiegen. Sein Weg hatte keine Wiederholung gefunden. Trotzdem: die Wand sah prachtvoll aus! Und wieder tauschten die Wegmarkierer Farbtopf und Pinsel gegen Seil und Haken.

In den Jahren 1934 und 1935 erschloß dann der heutige Mathematikprofessor i. R. Rudolf Klose, meist in der Begleitung von Fritz Schmid, die Lechnermauern. Damit war das schönste Klettergebiet der Raxalpe entdeckt. Denn der Fels der Lechnermauern ist steil und fest; es gibt kein Gras und fast keine Schrofen, die Wege durch die fast dreihundert Meter hohe Wand haben alpinen Charakter. Man beging die Lechnermauernkamine und den Lechnermauerngrat, den Lechnermauernkessel und den Lechnermauernpfeiler, man ging über ein Dutzend herrlicher Kletterrouten in allen Schwierigkeitsgraden. Die Routenbeschreibungen dieser Wege schrieben die Erstbegeher in ein kleines Büchlein, das sie dann in das Tourenbuch des (heute nicht mehr existierenden) Spielbichler-Gasthauses im Höllental legten.

Im Weichtalhaus und im Spielbichlergasthaus, Zentrum und Treffpunkt aller Raxkletterer, riß man nur Witze über das Büchlein mit der Aufschrift „Lechnermauern-Durchstiege". Lechnermauern? Davon erzählt ja nicht einmal der Raxführer etwas, in dem sonst sogar jeder Wurzelweg mindestens seine halbe Seite hat. Lechnermauern-Durchstiege? Wenn in den Lechnermauern etwas zum Durchsteigen wäre, dann hätte dies schon Zsigmondy oder Jahn oder Pichl oder sonst einer von der alten Garde getan. Das konnte nicht gut möglich sein, daß im Jahre 1935 auf einem Hausberg-Kletterberg wie der Rax noch ein neues Klettergebiet zu entdecken war. Lechnermauern-Durchstiege? Man müßte einmal nur so zum Spaß alle diese Durchstiege in einem Tag begehen ... So witzelte man. Und in den Lechnermauern blieb es weiterhin still.

Erst zu Ostern 1946 stieg wieder eine Seilschaft in die Lechnermauern ein. Karl Lukan, Hilde Döberl und Edi Schlesinger wollten (mit nur zwei Haken und zwei Karabinern) „schnell" den Lechnermauernpfeiler erklettern. Die Seilschaft kam bis zum Beginn der Nasenquergänge, von denen es in der Wegbeschreibung heißt: „Acht Meter in brüchigem, überhängendem Fels (Haken) empor zu einem Haken. Nun Seilzugquerung nach rechts vier Meter in eine seichte Wandeintiefung (Haken). Zwei Meter abwärts und fallende Seilzugquerung nach rechts (Haken) zu einem abschüssigen Plattenband unter der Nase des Pfeilers." – Ein Hagelgewitter beendete dann schnell diesen Versuch mit untauglichen Mitteln. Erst zu Pfingsten 1946 gelang der (nun besser ausgerüsteten) Seilschaft die zweite Begehung des Pfeilers. Das Vorhandensein dieses Kletterparadieses sprach sich dann schnell unter den Bergsteigern herum. Innerhalb kürzester Zeit hatten alle Lechnermauernduchstiege ihre zweite, dritte Begehung. Und heute sind die einst so einsamen und später so geschmähten Nördlichen Lechnermauern zu einem der beliebtesten Kletterziele der Rax geworden.

Auch Neuland für die Jugend hatten Klose und Gefährten noch offen gelassen, wobei die erste Neutour unfreiwillig gemacht wurde. Eigentlich hatte Rudi Kowelka und Erich Goldschmid 1946 den Lechnermauernpfeilerweg von Schmid-Klose gehen wollen – sie versäumten jedoch den Beginn des Querganges, und als sie das merkten, waren sie schon hoch oben auf ihrem

„Kowelka-Goldschmid-Weg", wie dieser prachtvolle Pfeilerweg heute genannt wird. Damals aber waren die beiden unfreiwilligen Erstbegeher beschämt und moralisch am Boden zerstört, weil sie „so einen blödsinnigen Verhauer gebaut" hatten.

□

Wenig beliebt bei den Kletterern ist die Klobenwand im Großen Höllental. Schon immer schlief sie unter Dornen und Brennesseln einen Dornröschenschlaf!
1904 wurde in der Klobenwand ein „Südbahnersteig" erstbegangen. Einige Kostproben aus der Wegbeschreibung von Fritz Benesch ... „unangenehmer Ausstieg über erdiges, brüchiges Geschröfe" ... „leicht auf eine steile, große Sand- und Schutterrasse mit brüchigen Schrofen" ... „gefährliche Erdtraverse im brüchigen Fels nach rechts in eine jähe, erdige Rinne" ... – Drei Jahre später wurde in der Klobenwand „ein Staatsbahnersteig" gemacht. Auch die Staatsbahner konnten nichts Besseres bieten als die Südbahner, da auch auf diesem Steig – laut Benesch – „alles brüchig und mit Rasenpolstern durchsetzt ist".
Den ersten Kletterweg in der Klobenwand, der verhältnismäßig viele Nachfolger fand, entdeckten 1919 Ignaz Hocke und Georg Felix. Der Hocke-Felix-Steig mit seinem Quergang und dem langen Kamin bietet immerhin einige recht interessante Kletterstellen in seinem unteren Teil, der obere Teil ist dann allerdings ein nicht enden wollendes alpines Waldlaufgelände (Höhe der Klobenwand in diesem Teil: 800 Meter).
1933 wurde von Rudolf Klose und Fritz Schmid der erste extremere Durchstieg durch die Klobenwand gefunden – der Höllentalgrat. Wieder ein Auszug aus der Routenbeschreibung: „... schließlich über abwärts geschichteten Fels zu einer dicken *Lärche*. Schräg rechts in die Scharte (drei *Fichten*). Nun vier Meter rechts zu einer *Föhre*. Von deren flacher Krone aus Übertritt zur Wand und aufwärts zu einem *Baum*. Weiter auf einen Rasensattel mit *Föhre* ..."
Das ist keine Routenbeschreibung eines Felspfades, sondern eher ein Wegweiser durch eine Baumschule!
Erst die in den letzten Jahren begangenen Durchstiege durch die steilen Felsabbrüche der Klobenwand bieten eine „richtige Kletterei". Schnell beliebt wurde der 1971 von Alfred Kapfenberger und Gerhard Homola bezwungene „Gelber Pfeiler" (VI–, A2, Holzkeile). Begeistert schrieben die Zweitbegeher ins Tourenbuch vom Weichtalhaus: „Wundertour im Koksodrom der Klobenwand".
Die vielbeschimpfte Klobenwand ... Trotzdem findet man in den Steigbüchern, die in morschen, rostigen Kassetten liegen, Wiens prominente Bergsteigerschaft aus der Vergangenheit und der Gegenwart eingetragen. Obwohl seit eh und je die Bergsteiger über die Klobenwand schimpfen wie die Rohrspatzen. Aber so ist man schon im Lande um die Rax; man schimpft und raunzt, und ist im tiefsten Grunde des Herzens doch ein Romantiker, der Dornröschengärten aufsucht, um eine verwunschene Prinzessin zu finden.
Ein Gang durch die Klobenwand ist ein Gang durch alpines Ödland. Und das hat den Bergsteiger schon immer fasziniert.

□

Auch die Kahlmäuer – einst das „Lieblingsterrain aller Verehrer des Klettersports" – haben im Verlauf der Zeit an Beliebtheit verloren. Schwer erreichbar waren sie schon immer, und nach der Abtragung des alten Binderwirtshauses (aus Quellschutzgründen) und Sperre der Straße ab Hinternaßwald im Jahre 1968 sind nunmehr die „Sonntagskletterer" in ihnen noch seltener geworden. Zu Recht oder Unrecht?
Machen wir eine kurze Bestandsaufnahme der lohnenden Felswege in den Kahlmäuern.
Wildes Gamseck (–II, erste Begehung 1883 durch Eugen Guido Lammer und Fritz Leeder). Eine Gratkletterei mit wirklich scharfer Gratschneide! Jede Kletterstelle schaut schwieriger aus, als sie in Wirklichkeit ist. Eine Kletterei, die jeden Anfänger fürs Klettern begeistern kann.
Innthalerband (II+, eine Stelle IV–, erste Begehung 1886 durch Daniel Innthaler und O. Starkl). Der landschaftlich und klettertechnisch schönste Anstieg in den Kahlmäuern mit interessanter Schlüsselstelle.

Kahlmäuergrat (III, erste Begehung 1906 durch Karl Plaichinger und A. Blattmann). Im unteren Teil etwas brüchig, aber dann am eigentlichen Grat – für Kahlmäuerbegriffe – „fester Fels"! Würde der Grat öfter begangen (und damit etwas ausgeputzt) werden, könnte er zu einer wirklich schönen Felsfahrt werden. Das ist noch bei manch anderen Kahlmäuerklettereien so: Sie werden nicht begangen, „weils auf ihnen soviel Schotter gibt", und es gibt auf ihnen soviel Schotter, „weil sie kein Mensch geht".

Horrender Riß (III, –IV, erste Begehung durch Guido Mayer, O. Friedmann und E. Hartwich). Guido Mayer und sein Bruder Max eroberten nach der Jahrhundertwende mit den berühmten Dolomitenführern Angelo Dibona und Luigi Rizzi in den Alpen so ziemlich alles, was damals „als letztes Problem" galt: 1910 Ödsteinkante im Gesäuse, 1911 Laliderernordwand, 1912 Meijesüdwand u. a. In der alpinen Literatur wurden später die Brüder Mayer – unfairerweise ohne Beweise – nur als „Mehlsäcke" bezeichnet, die sich um viel Geld ihre Erstbegehungen gekauft hatten. Aber das stimmt nicht! Jeder Begeher eines der berühmten Dibona-Mayer-Wege weiß, daß Kletterstellen von solchen Schwierigkeiten wohl vom Seilersten mehr, aber auch von den Nachkommenden „ehrliches Klettern" verlangen. Und daß die Mayers auch als „Führerlose" gut waren, beweist der „Horrende Riß" an der Rax: Dieser ist eine sehr romantische, aber auch infolge des brüchigen Gesteins recht gefährliche Kletterei. Wandhöhe: 700 Meter!

Große Bärenlochmauer (IV, erste Begehung 1930 durch Karl Guberner und F. Huscha). Eine zu Unrecht vergessene Tour und eine einsame Wand, in der das Freiklettern Triumph ist! – Abstieg nach der Tour am besten über die

Rote Schlurze (II, erste Begehung 1881 durch Daniel Innthaler und Otto Schück) – „Rote Schlurze", das klingt recht grausig! Aber den Namen erhielt dieser Anstieg nur wegen der roten Erde und Felsen im unteren Teil; im oberen Verlauf bietet er eine kurze, aber wirklich nette Kletterei. Hätten die Erstbegeher den Anstieg „Rote Wand" oder „Teufelswand" genannt, dann würde er bestimmt häufiger begangen werden. Auch Bergsteiger sind durch klingende Namen beeinflußbar.

Binderriß (V+, erste Begehung 1933 durch Hans Nigmann und F. Pekovits). Er ist der empfehlenswerteste der zünftigen Wege, weitaus schwerer als die *Binderkante* (V+, A_1). – Einsame Spitze unter den schwierigen Kahlmäuer-Anstiegen ist aber noch der *Purtschellersteig*. 1919 wurde dieser von den Brüdern Kozesnik erstmals begangen; noch heute wird er mit dem Schwierigkeitsgrad V bewertet. Viele Kletterer sind auf diesem Weg schon umgekehrt, weil sie glaubten, falsch zu sein. Steiler, sogar leicht überhängender, kleingriffiger Fels . . . und weit und breit kein Mauerhaken . . . da stimmt doch etwas nicht? Es stimmt aber! Dieser Gruselweg wurde nämlich auch von den Erstbegehern ohne Verwendung eines Mauerhakens bezwungen. Diese hatten gar keine Mauerhaken mit. Sie waren auch nur zur Begehung einer Gamseckvariante mit dem II. Schwierigkeitsgrad ausgezogen . . . und dann hatten sie sich verhaut!

Damit sind wir auch schon am Ende unserer Inventur der lohnenden Kahlmäuer-Felsenwege. Viele sind es nicht.

Von eigenem Reiz ist aber das Begehen der Felsenpfade – wie Wilder Zerbenriegel oder Danielsteig –, deren verblaßte Markierungen durch steile Latschenhänge und über Schrofen auch zu Felsen bringt, deren Überwindung für die Kletterelite von einst das Nonplusultra war. Zu den landschaftlich schönsten Raxanstiegen zählen auch die versicherte „Wildfährte" und das „Bärenloch". Alle diese Wege stammen aus einer Zeit und sind Erinnerungen an eine Zeit, in der das Bergsteigen „noch ganz anders war". Sie gleichen einem Museum, dessen alte Objekte man oft still belächelt, und das man dann doch nicht ohne leise Wehmut verläßt . . .

Als noch der alte Binderwirt im alten Binderwirtshaus lebte (es war schon der Sohn des „wirklichen" alten Binderwirts!), da sagte dieser immer zu den jungen und tatendurstigen Kletterern: „Net enttäuscht sein, daß unsere Kahlmäuer kein Wilder Kaiser sind. Nur, wenn's da abifallt's, fallt's genauso gschwind abi wie im Wilden Kaiser!"

Der alte Binderwirt war Träger des Bergrettungs-Ehrenzeichens; den Wilden Kaiser kannte er nur aus den begeisterten Erzählungen der Kletterer (die von „seinen" Kahlmäuern etwas weniger begeistert waren). Natürlich war der alte Binderwirt böse auf diese Konkurrenz und oft sagte er: „Ihr werdet schon selber sehen, in ein paar Jahrtausenden schaut euer Kaiser genauso aus wie die Kahlmäuern! Denn der Fels is a nix anderes als a Baum. Und was gschieht mit jedem Baum, wann er alt wird? Morsch wird er und zerbröselt!"

□

1945 . . . ein neuer Anfang nach einem langen Krieg.

Die Hanfseile waren alt und mürb (neue Seile gab es nicht). Filz für die damaligen Kletterpatschen war Mangelware, also kletterte man barfuß (auch Trittschlingentouren!). In den Hakentouren steckte fast kein Haken, denn auch Mauerhaken waren Mangelware. Also ging man hakentechnische Wandstellen so, daß der Erste seine sechs, sieben Mauerhaken, die er hatte, in den Fels klopfte und sich dann vom obersten Haken abseilte, um die unteren Haken wieder herauszuschlagen. Der nachkommende Zweite mußte sich dann über die hakenlosen Stellen am Seil hinaufhanteln. Und das bei einer Verpflegung, die für ein ganzes Wochenende oft nur aus einem Stück Brot, einer Fischkonserve und einem Topf gekochter Erbsen bestand!

Trotzdem waren die Kletterer auch hungrig nach alpinem Neuland . . .

Das gab es zum Beispiel damals noch zwischen der Blechmauernverschneidung und dem Ausstieg des Blechmauernrisses. Aber: „Wenn überhaupt möglich, dann nur mit Saugnäpfen", sagten die Experten über die Durchstiegsmöglichkeit dieser glatten, zum Teil überhängenden Wandzone.

1947 durchkletterten Leo Kozel und Karl Lukan diese „Saugnapfwand" ohne Saugnäpfe und benannten den neuen Durchstieg „Weg der Jugend". Schlüsselstelle ist der Quergang dicht über dem Abbruchrand eines mächtigen Felsdaches. Man darf auf diesem nicht zu tief kommen, sonst zieht es einem unbarmherzig die Beine ins Leere. – Zwei Jahre später durchkletterten die beiden die Blechmauer noch an einer anderen Stelle, und auf diesem „Gipfelstürmerweg" wurden zum erstenmal an der Rax auch Bohrhaken verwendet.

Steinbohrer und Bohrhaken waren damals noch unterentwickelt. Aber auch heute ist die Anwendung des Steinbohrers nicht so einfach. Sie verlangt viel Kraft und viel Nerven: Das Drehen des Meißels, das gleichmäßige Schlagen des Hammers – und das alles meist in einer Trittleiter hängend, wobei man noch bedacht sein muß, das Körpergewicht gut auszugleichen, damit der Haken nicht herausgerissen wird, an dem man hängt! Gut eine halbe Stunde Arbeit kostet ein solide gebohrtes Hakenloch. Nach solch einer halben Stunde vermag man dann kaum mehr die verkrampften Fäuste zu öffnen. Man muß sie aber öffnen, weil man weiter klettern muß.

Es dauerte also noch einige Jahre, bis nach vielen vergeblichen Versuchen und mit einer besser entwickelten Bohrausrüstung das nächste Raxproblem gelöst werden konnte: die Direkte Bergsteigerwand in der Loswand. Der von Walter Gstrein und W. Ruf 1956 erstmals begangene Durchstieg ist nicht nur äußerst schwierig, sondern gilt auch als sehr gefährlich wegen der unsicheren, zum Teil schon wieder ausgebrochenen Bohrhaken.

Einer, der ebenfalls an der Bergsteigerwand abblitzte, war Leo Kozel. Sozusagen als Entschädigung dafür beging er dann 1960 mit Fred Duspiwa den „Kozelweg" in der Vorderen Blechmauer – 94 Haken, davon 6 Bohrhaken, halfen ihm über überhängende Wandstellen und Felsdächer hinweg. Damals galt für die Jungen der vierzigjährige Kozel bereits als ein „alter Mann". Er war ja derjenige, der sich noch vor dem Zweiten Weltkrieg von allen Extremtouren eines Franz Gaisbauer oder Hannes Matauschek die zweite Begehung geholt hatte, mehr noch sogar, der mit diesen „Raxklettergöttern" auch geklettert ist.

Auch für die ständig nachwachsende Schar der jungen Kletterer bedeutete die Rax zumeist mehr als nur einen Kletterberg. Wohl kletterten sie bei jeden Verhältnissen mit größter Sicherheit die schwersten Routen, um sich für große Hochgebirgswände vorzubereiten, doch zugleich war für sie die Rax auch geliebte

Bergheimat. Einige von diesen Jungen wurden weit über Österreich hinaus bekannte Spitzenbergsteiger ...

Diether Marchart zum Beispiel. 1958 beging er mit Peter Holl erstmals die Badstubenkesselwandverschneidung. Und dann erstieg er als erster im Karakorum den 7885 Meter hohen Distaghil Sar und durchkletterte die Matterhorn-Nordwand als erster Alleingeher. Und schrieb: „Manchmal, besonders wenn ich durch den Wienerwald gehe, bekomme ich ein Gefühl, als wäre ich schon sehr alt und würde nur mehr wehmütig an meine Jugend zurückdenken." – 1962 stürzte Diether Marchart bei einem Versuch, die Eiger-Nordwand als Alleingeher zu bezwingen, in den Tod.

Und da war Walter Philipp. Auf der Rax gelangen ihm einige sehr schöne Erstbegehungen (1956 der Diagonalriß in der Blechmauer, 1957 die kühnen Gaislochrisse u. a.), berühmt wurde er aber durch eine Erstbegehung in der Civettawand, die noch immer zu den gewagtesten Freiklettereien zählt, die es überhaupt in den Alpen gibt: die Philipp-Flamm-Verschneidung.

Philipps Partner an der Rax war zumeist Ernst Lehnert, der die Meinung vertrat, daß möglichst viele äußerst schwierige Klettermeter an den Hausbergen einen Kletterer auch reif für die großen Wände der Alpen machen. Lehnert kletterte also an einem Sonntag so im Durchschnitt seine drei Rax-Sechser und dazu noch eine leichte Genußkletterei als besinnlichen Abschluß. Während Walter Philipp seine Sturm-und-Drang-Periode mit einem bewußten Verzicht auf Extrembergsteigen beendete, blieb Lehnert weiter am Berg. 1974 stürzte er bei einer Alleinbegehung der Serles-Nordwand tödlich ab.

An der Rax wollten schon immer und wollen noch immer viele der Jungen brennend gern eine „Erstbegehung" machen. Von 1945 bis heute ist es eine ansehnliche Reihe von Namen, die (außer den bereits erwähnten) mit „guten Erstbegehungen" verbunden ist ... W. Bertl, Harald Braun, A. Gemperle, die Brüder Grohmann, Naz Gruber, Raimund Heinzel, Peter Holl, O. Horak, Peter Königsberger, Karl Kosa, Ossi Krammer, Sigi Krätzel, Walter Kubik, Peter Lavicka, Walter Lichtenstrasser, Hans Lindner, Adi Mayer, Pepi Obermann, Rudolf Reidinger, Kurt Reha, Roland Rochefort, Leo Seitelberger, James Skone, Wolfgang Tobler, Sigi Treml, H. Trestler u. a.

Ein Sprichwort sagt, daß viele Hunde eines Hasen Tod sind. Und viele gute Kletterer können auch ein verhältnismäßig großes Klettergebiet, wie es die Rax bietet, bis zur letzten und allerletzten Möglichkeit „ausklettern". Das zeigt als Beispiel deutlich der 1934 erstmals begangene Lechnermauernpfeiler.

1946 wurde an diesem Pfeiler der Kowelka-Goldschmid-Weg begangen, der dann 1955 von Willi Bartl und Gefährten einen direkten Einstieg bekam und 1961 von Walter Gstrein und Gefährten einen direkten Ausstieg.

Alle Möglichkeiten erschöpft? Keineswegs. An dem schmalen Pfeiler wurden noch einige Anstiegsmöglichkeiten gefunden:

1954: Bartlrisse (V+, A_1, Willi Bartl, P. Skladal)
1962: Jungmannschaftsweg (V+, A_2, G. Wolf, A. Wagner)
1963: Hans-Ebner-Gedächtnisweg (VI, A 2, Karl Kosa, G. Wolf)
1968: Rainer-Grohmann-Gedenkweg (–VI, A 2, W. Bertl, Harald Braun)
1968: Lechnermauernpfeiler „Direttissima" (VI, A 2, A 3, Karl Kosa, Peter Lavicka)
1970: Jungmannschaftsweg / Sekundärverschneidung (V+, A 1, G. Wolf, B. Löffler, F. Grotensohn)

Und jetzt? Jetzt gibt es am Lechnermauernpfeiler wirklich keine Möglichkeit mehr, eine Erstbegehung zu machen, die nicht wenige Meter neben einer anderen Route hochführen würde. Aber auch die Blechmauer ist schon gut „durchliniert". Um in ihr den Einstieg des „Roland-Rochefort-Gedächtnisweges" zu erreichen, müssen zuvor bereits drei andere Routen teilweise begangen werden: Blechmauernverschneidung, Drei-Sterndl-Risse, Götterdiagonale. Dann erst beginnt der 1969 von Alfred Kapfenberger, G. Rumpelmayr und G. Buchmann bezwungene Durchstieg durch das glatte und zumeist überhängende Mittelstück der Blechmauer. Nur Bohrhaken helfen dort noch höher, nur in Trittschlingen stehend kann nach jeder Seillänge Kletterei der Seilerste seinen Partner nachkommen lassen. Der kühnste Anstieg in der Blechmauer!

□

Auch in den Raxenmäuern wurde (hauptsächlich von Kletterern aus der Steiermark) ab 1945 extreme Erschließung betrieben. Wohl sind diese Wände nicht sehr hoch, aber schon vor der Jahrhundertwende wurde darin der Wilde Reißtalersteig begangen, dessen „Achtmeterwand" später der berühmte Kletterer Paul Preuß als die schwierigste Kletterstelle an der Rax empfand. Diese Wand wird heute noch mit Schwierigkeitsgrad IV bewertet und es stecken zwei Mauerhaken in ihr.

Im „Deutschmannriß" (V, Erstbegehung 1960 durch A. Schöggl und P. Fuchs) muß mit Holzkeilen gearbeitet werden.

An der „Direkten Schmidrißkante" (–VI, Erstbegehung 1963 durch A. Schöggl und R. Prassel) muß ein Schlingenstand eingerichtet werden.

Und am „Richard-Dierl-Gedenkweg" (VI, Erstbegehung 1963 durch R. Prassel und P. Weinfurter) muß ein zünftiges Felsdach überwunden werden.

Daß aber das Preiner Gscheid mehr ist als nur eine Wasserscheide, beweist diese kleine Geschichte. Trafen sich einmal zwei gute Kletterer im Montblancgebiet. Beide hatten an der Rax für den Urlaub hart trainiert. Keiner von den beiden kannte allerdings die „harten" Trainingswege des anderen, denn der eine war ein Wiener und der andere ein Kletterer aus Mürzzuschlag. Und der Wiener war noch nie in seinem Leben in den Raxmäuern (der Steirer) unterwegs gewesen, und der Steirer kannte sich wesentlich besser aus in den Dolomiten, im Wilden Kaiser und im Bergell – nur nicht auf der „anderen Seite" der Rax.

□

So wie vor der Entdeckung der Nördlichen Lechnermauern alle Kletterer wie mit Scheuklappen behaftet daran vorbeigegangen sind, so dachte später auch nach deren Entdeckung kein Kletterer daran, daß in den Wandzügen südlich von ihr (den Südlichen Lechnermauern und den Scheibwaldmauern) „etwas Ordentliches" zu machen sei ... „Dort sagen sich höchstens die Gemsen Gute Nacht!"

Doch 1965 begingen dann Johann Altenburger und Roland Rochefort die Nordostverschneidung in den Scheibwaldmauern und mußten dabei an die 30 Mauerhaken und 8 Holzkeile schlagen, um den Ausstieg zu erreichen.

Im gleichen Jahr begingen E. Weilguny, M. Strobl und Karl Kosa den Roten Pfeiler in den Südlichen Lechnermauern. In der Wegbeschreibung heißt es über die Schlüsselstelle: „Rein künstliche Seillänge, wohl eine der ausgesetztesten der Rax, VI, A 3, 12 Haken."

Ausgangspunkt für diese Begehungen war die Dirnbacherhütte am Ausgang des Gaislochgrabens. Diese kleine Unterstandshütte wurde in den letzten Jahren immer mehr zum zünftigen Bergzigeunerbiwak vor Kletterfahrten auf der Raxhochfläche. Wenns schön ist, schläft man auf der Blumenwiese neben der Hütte; regnet es, dann ist's auch auf dem Boden des zirka 8 Quadratmeter großen Hütterls gemütlich (zumindest trocken). Abendliches Geplauder unter den Sternen, Stille, Einsamkeit – und weit und breit kein Licht einer menschlichen Behausung in Sichtweite! Das ist ebenfalls die Rax, auf die eine Seilbahn führt!

□

1936 kletterte Rudolf Reif mit einigen Gefährten durch die Obere Wachthüttelwand. Dieser neue Anstieg wurde damals überhaupt nicht beachtet. Reif – 1920 Erstbegeher des Reifweges in der Stadlwand – war Jude. 1938 emigrierte er nach Shanghai. 1946 kam er nach Österreich zurück; als Sechzigjähriger, berghungrig und voll Auftrieb wie ein Sechzehnjähriger. So an die fünfundzwanzig Erstbegehungen machte er dann noch als Pensionist. „Kinder, machts einmal auch die Wachthüttelwand!" sagte er oft zu den Kletterern im Weichtalhaus. Aber das wollte keines der Kinder! Die Wachthüttelwand ... Klimmzug von Ast zu Ästchen ... danke! Und dann geschah es aber doch, daß sich einmal jemand in die Wachthüttelwand verirrte und hellauf begeistert von diesem Reifweg zurückkam. Heute ist es einer der beliebtesten und meistbegangenen Kletterwege an der Rax; an schönen Sonntagen im Frühling werden dort Platzkarten am Einstieg verteilt. Wenn das der Papa Reif noch erlebt hätte! Er war ein Original. Ein hochgebildeter Mann, der allerdings sein wienerisches „Pülcherkappl" lieber als einen Steinschlaghelm trug, der wie ein Wiesel kletterte und einmal über die bitteren Jahre seiner Emigration sagte: „Wenn ich nur an die Rax gedacht habe, dann habe ich im Magen und in der Brust immer so einen Krampf gespürt . . . jetzt glaub ich's auch, daß Sehnsucht weh tun kann!"

Ein zweiter „Reifweg" wird wohl kaum noch auf der Rax gefunden oder wiederentdeckt werden.

Originell war allerdings die erste Begehung der „Wasserverschneidung" (orographisch rechts von der Straße durch das Höllental westlich der Rechenbrücke) durch Peter Königsberger, Ernst Lehnert und F. Heisler im Jahre 1965. Aus der Wegbeschreibung: „Der Einstieg ist nur schwimmend oder mit dem Boot zu erreichen. 6 Meter über dem Wasser Standhaken."

Originell ist auch der „Haka-Höhlenweg" im Inneren der Königsschußwand, 1971 entdeckt von Alfred Kapfenberger und Haymo Haslauer. Aus der Wegbeschreibung: „Eine Steilstufe führt zum äußerst schmalen Briefkastenschlitz, der von uns schon mittels Kletterhammer erweitert wurde und schlanke Begeher durchläßt." Außerdem schreiben die Erstbegeher: „Mit dieser Tour wurde von uns ein origineller, etwas abenteuerlicher, romantischer Weg erschlossen. Kletterer, die Schwierigkeiten oder eine Hakentour suchen, kommen nicht auf ihre Rechnung." – Boshafte Randbemerkung zu dieser Wegbeschreibung: „Alpiner Blinddarm!"

Kühne Höhlenbefahrungen an der Rax wurden ebenfalls schon durchgeführt. Die Schächte der Rax zählen zu den tiefsten von Niederösterreich (Lechnermauernschacht 89 m, Schwaigriegelschacht 84 m, Preinerwandschacht 65 m) und sind zumeist nur mit Drahtseilleitern zu bezwingen.

Jedoch: Alpines Neuland in den Felsen der Rax zu finden, ist heute fast schon schwieriger geworden als dieses zu begehen. Der von dem Raxkenner und Raxerschließer Peter Holl herausgegebene „Führer auf die Raxalpe" enthält in seiner 2. Auflage (1974) bereits rund 550 Anstiege (Varianten mitgezählt).

□

Wie es weitergehen wird?

Der junge Bergsteiger von heute findet an der Rax eine reiche Auswahl von Kletterwegen aller Schwierigkeitsgrade. Aber – genügt ihm das?

Wie die Erschließung der Kahlmäuer zeigt, hatten sogar schon die Bergsteiger in klassischer Zeit ihre Freude daran, auf neuen Wegen immer größere Schwierigkeiten zu meistern. Zu jeder Tätigkeit auf dieser Welt gehört auch die Möglichkeit, daß man diese steigern kann. Die Lösung des Faustproblems, „sich immer strebend zu bemühn", hat auch für Spiel und Sport Gültigkeit.

Klettern im Winter war einmal eine Möglichkeit, auf bekannten Wegen durch die veränderten Verhältnisse ein vollkommen neues, gesteigertes Bergerlebnis zu finden. Darum galt auch eine erste Winterbegehung fast ebensoviel wie eine Erstbegehung. Aber von den guten Raxklettereien sind heute erste Winterbegehungen kaum noch zu holen. Und außerdem kam es in den milden Wintern der letzten Jahre schon oft vor, daß die in ihren Daunenjacken heftig schwitzenden „Winterbegeher" über die fast aperen Felsen hinaufklettern konnten.

Gesteigertes Erleben, gesteigerte Bergabenteuer bringt manchem jungen Kletterer auch der Alleingang von schwierigen Routen. Dazu etwas Grundsätzliches: Alleingehen ist auch für den besten Kletterer gefährlich, aber deshalb sind die Alleingeher keine potenziellen Selbstmörder, wie oft behauptet wird. Es gibt Zeiten im Leben eines guten, jungen Kletterers, in denen er sich im schweren Fels so sicher fühlt, daß er das Seil nur als Ballast empfindet. (Alles ist relativ: Ein guter Durchschnittskletterer empfindet etwa an dem leichten Preintalersteig ein Seil als lästig, während es ein weniger Geübter am gleichen Steig nicht missen möchte.) – Heute gibt es an der Rax kaum eine extreme Route,

die nicht auch schon ihre Alleinbegehung hat. Derzeit wird an der Rax das Freiklettern wieder modern – so wie es der Südtiroler Spitzenkletterer Reinhold Messner propagiert (Mauerhaken werden möglichst nur zur Sicherung verwendet und nicht als Steighilfen). Auch die amerikanische Klemmkeiltechnik (d. h.: anstatt Mauerhaken zu schlagen, werden in kleinere oder größere Felsritzen Plastikkeile verklemmt und der Karabiner in die daran befestigte Schnur eingehängt) wird auf extrem schweren Touren schon häufig praktiziert. Durch diese wenig Zeitaufwand fordernde Technik wird nun das „auf Bestzeit klettern" immer beliebter. Beide Techniken lassen sich derzeit noch steigern, aber eines Tages wird doch die oberste Grenze ihrer Anwendbarkeit erreicht sein.
Noch sind die Felsen der Rax ein Betätigungsfeld und auch ein (für die Jungen notwendiges) Selbstbestätigungsfeld, noch sind sie es. Aber später einmal?
Die Rax kann sich nicht ändern.

Hochgebirge für unser Leben lang

An einem Wochentag im August sind wir wohl ganz zeitig in der Früh von Naßwald weggegangen, haben aber dann erst gegen Mittag den Steinmann vom Gamseck auf der Raxhochfläche erreicht . . .
Für diese Bummelei gab es einige (gute) Gründe.

Grund Numero eins war ein Kahlschlag unterhalb des Naßkammes mit blutroten, saftigen Himbeeren. Wir sind daran nicht vorbeigegangen.
An der Quelle bei der Gamseckhütte haben wir natürlich getrunken. Und weil das dort so ein schönes Fleckerl ist, sind wir ein wenig sitzen geblieben und haben in die Gegend geschaut . . . und dann am Gupfsattel haben wir den Gemsen zugeschaut! Eine Gemsenmutter lehrte ihre Jungen das Abfahren über Geröll. Allerdings etwas unpädagogisch! Wenn eines der Gemsenbabys nicht recht wollte, gab ihm die Frau Mama mit ihrem Schädel einen Stups ins Hinterteil.
Das „Wilde Gamseck", das wir dann hinaufgeklettert sind, ist eine Genußtour. Wir haben es genossen, haben viel fotografiert und beim Steigbuch sind wir lange gesessen und haben nachgelesen, wer aller vor uns da war . . . (es waren viele!)
So haben wir den halben Tag verbummelt. Natürlich sind wir dann beim Gipfelsteinmann längere Zeit in der Sonne gelegen, bevor wir uns an den Abstieg machten.
Die „Wildfährte" ist einer der schönsten Felsensteige der Rax. Wie von einem Himmelsbalkon aus ist der Tiefblick ins Reißtal! Nur langsam kamen wir tiefer, weil wir immer wieder stehenblieben und schauten, schauten. Und mit dem Schauen kommen dann immer auch die Erinnerungen.
Unvergeßlich der Sonntag, an dem wir bei strömendem Regen loszogen, um den zünftigen Binderriß in den Kahlmäuern zu durchklettern. (Damals sind wir auf den Hausbergen bei „jedem Wetter" klettern gegangen, um auch das Klettern im nassen Fels zu trainieren, für den Fall, daß uns im Hochgebirge ein Wettersturz überraschen sollte.)
Wir stapften also durch den regennassen Wald hinauf, Anorakkapuze über dem Kopf, die Augen zum Boden . . .
„Wo geht ihr hin?" – Es beutelte mich richtig durcheinander, als ich so plötzlich unter mir diese Worte hörte.
Am Fuß eines mächtigen Baumes hockte unter einem grünen Wetterfleck ein alter Jäger. Wir sagten ihm, wohin wir wollten. Der Jäger sagte, daß wir verrückt seien . . . „Koa Mensch geht bei einem solchen Wetter, wo die Stoa alle rogglert (locker) sind, in die Wand!"
„Also . . . auf Wiedersehen!" sagte ich etwas verstimmt.
„Net auf Wiedersehen sagen!" sagte darauf der alte Jäger mit einer Stimme wie der Tod persönlich. „Lebendig sehen wir uns nimmer!"
Das war vor einem Vierteljahrhundert, und den alten Jäger habe ich dann tatsächlich nie wieder getroffen noch gesehen, und wahrscheinlich werde ich ihn auf dieser Welt auch nie mehr wiedersehen.
Diesmal saß am Fuß der Kahlmäuer und im Wald auf einem Baumstrunk ein Holzknecht und rauchte seelenruhig sein Pfeifchen. Ein Bild des Friedens. Wie spät es sei, fragte uns der Holzknecht. Fünf Uhr. – „Was . . .schon fünf Uhr? Da muß ich ja mit dem Arbeiten aufhören!" sagte er ehrlich geschockt und griff nach der Motorsäge zu seinen Füßen.
Dieser Holzknecht war an diesem Augusttag nach genau neuneinhalb Stunden der erste Mensch, dem wir wieder begegneten. Um halb acht Uhr früh hatten wir dort, wo einst das Binderwirtshaus stand, einen Mann und eine Frau beim Mähen getroffen, dann niemanden mehr. Auch oben auf der Hochfläche hatten wir, soweit unser Auge reichte, keinen Menschen gesehen. Nur Gemsen und Bergdohlen.

Der Tag klang so aus, wie ein Urlaubstag ausklingen soll:
Wir waren etwas müde (aber nicht sehr), und wir waren mit uns und mit dem Tag zufrieden (das aber sehr).
Zwei Wochen vorher waren wir in den Dolomiten unterwegs gewesen . . . und mit uns noch andere hunderttausend Menschen! Hektik und Menschenmassen (fast) überall. – Wären Schneeberg und Rax wenigstens tausend Kilometer von Wien entfernt, dann würden sie wahrscheinlich als ,,Oasen der Stille" ein Urlaubs-Geheimtip sein. Denn heute glaubt man noch immer daran, daß ein gesteigertes Naturgefühl nur in der weiten Ferne zu finden ist . . . mehr Reisekilometer = mehr Schönheit, mehr Urtümlichkeit, mehr Einsamkeit usw. Ein Aberglaube. Schneeberg und Rax – im Quellschutzgebiet der 1. Wiener Hochquellenwasserleitung – werden sich, zumindest in den nächsten Jahrzehnten, nicht viel verändern. Und sollte sich auch das Bergwandern und Bergsteigen und der Wintersport so weiterentwickeln wie in den letzten Jahren, so wird trotzdem jeder, der urtümliches Bergerleben und Stille sucht, das an diesen zwei Bergen finden – wenn er die wenigen Ballungspunkte (wie Bergbahnstationen) meidet. Was heute allgemein als ,,notwendige Erschließung" bezeichnet wird, darf diese beiden Berge (aus Quellschutzgründen) nicht berühren.
Ist das nicht wunderbar für uns alle, für die Schneeberg und Rax Hochgebirge und Hausberge zugleich sind?

Literatur

Augustin Ferdinand Freiherr von, Streifzüge durch die norischen Alpen, Wien 1840

Baumgartner Josef, Die neuesten und vorzüglichsten Kunststraßen über die Alpen, Wien 1834

Becker M. A., Niederösterreichische Landschaften, Wien 1879

Benesch Fritz, Spezialführer auf die Raxalpe, 1. Auflage 1894

– Spezialführer auf den Schneeberg, 1. Auflage 1897

Benesch–Pruscha–Holl, Führer auf die Raxalpe, 2. Auflage, Wien 1976

Britz Nikolaus, Lenau in Niederösterreich, Wien 1974

Clusius-Festschrift, Eisenstadt 1973

Cornelius Hans Peter, Die Geologie des Schneeberggebietes, Wien 1951

Damm Albert, Geomorphologie des Schwarzatales, Wien 1972

Dehio-Handbuch, Die Kunstdenkmäler Österreichs:

– Niederösterreich, 3. Auflage, Wien 1953

– Steiermark, 3. Auflage, Wien 1956

Drennig Alfred, Die I. Wiener Hochquellenwasserleitung, Wien 1973

Embel F. X., Fußreise nach dem Schneeberg, Wien 1801

– Schilderungen der Gebirgsgegenden um den Schneeberg in Österreich, Wien 1803

Festschrift zum 50jährigen Bestehen der Sektion Reichenau des DÖAV 1886–1936, Reichenau 1936

Feuchtersleben Ernst Freiherr von, Gedichte, Stuttgart 1836

Filek Egid, Gustav Jahn, Wien o. J.

Fischer Eduard Edler von Röslerstamm, Der Wanderer nach dem Schneeberge in Niederösterreich, Wien 1844

Führer durch das Waldbauernmuseum, Gutenstein 1973

Fünfzig Jahre Raxseilbahn, Wien 1976

Geiger Brunhilde, Lautstand und Volksleben in der Mundart von Puchberg, Diss. Wien 1956

Gunacker Margarethe, Zur Kulturgeographie des Puchberger Beckens und Sierningtales, Diss. Wien 1950

Güttenberger Heinrich, Das südöstliche Niederösterreich, Wien 1929

Haas Franz, Reichenau und seine malerische Umgebung, Reichenau 1890

– Puchberg am Schneeberg, Puchberg 1912

Halirsch Ludwig, Erinnerungen an den Schneeberg in vierzig Reisebildern, Wien 1831

Hauleitner Franz, Der Schneeberg, Wien 1973

Hellbach Rafael, Die Täler von Reichenau und Neuberg und ihre Umgebung, Wien 1870

Hofner Hans, Gloggnitz, St. Pölten 1942

Hörmann Leopold, Geht's mit auf d'Rax!, Wien o. J.

Hrodegh Anton, Über Fluß-, Flur- und Hausnamen im oberen Schwarzagebiet, in: Jahrbuch der Landeskunde von Niederösterreich, Wien 1919

Hubacek Herbert, Adolf A. Schmidl, Diss. Wien 1950

Hundert Jahre Österreichischer Touristenklub (Festschrift), Wien 1969

Janetschek Ottokar, Der Raxkönig, 2. Auflage, Wien 1929

Karst und Höhlen in Niederösterreich und Wien, Wien 1954

Knotzinger Franz, Der Rückgang des Gebirgsbauerntums in NÖ., Wien 1938

Koch Friedrich, Der unentbehrliche Führer auf den Schneeberg in Nieder-Österreich und dessen nahe Umgebung, Wien 1842

Leeder Karl, Geschichte des Hauses Hoyos in Österreich, Wien 1914

Leeder Fritz, Der Schneeberg in Nieder-Österreich, Wien 1873

List Guido, Deutsch-Mythologische Landschaftsbilder, Berlin 1891

Luft Alfred, 75 Jahre Schneebergbahn, Murau 1972

Lukan Karl, Die Rax – Berg am Ostrand der Alpen, in: Alpenvereinszeitschrift Band 83

– Rund um den Wiener Schneeberg, in: Alpenvereinszeitschrift Band 85

– Alpinismus in Bildern, Wien 1967

Masur Brigitte, Die Erschließung des Naßwalder-Tales, Diss. Wien 1975

Muchmayer Alexander, Das Thal von Reichenau, Wien 1844

Meisinger A., Die Naturdenkmale Niederösterreichs, Wien 1951

Niel Alfred, Der Schneeberg und seine Bahn, Wien 1967

Nordmann Johannes, Meine Sonntage, Wien 1868

Österreich-Lexikon, Wien 1966

Pap J. R., Heimatbuch der Gemeinde Reichenau, Reichenau 1958
Peterka Hubert – End Willi, Wiener Hausberge, Wien 1964
Petermann Reinhard, Im Bereich der Schneebergbahn, Wien 1925
Pichl Eduard, Wiens Bergsteigertum, Wien 1927
Pöttinger Josef, Niederösterreichische Volkssagen, Wien 1950

Rabl Josef, Die Raxalpe, Wien 1877
Reidinger Rudolf, Schneebergführer, 2. Auflage, Reichenau 1962
Ricek Leopold Georg, In des Schneebergs Mantelfalten, Wien 1924

Die Seilschwebebahn auf die Rax, Wien 1926
Schmal Felix, Skisport in Österreich, Wien 1911
Schmidl Adolf, Der Schneeberg in Unterösterreich mit seinen Umgebungen, Wien 1831
– Wiens Umgebungen auf zwanzig Stunden im Umkreise, Wien 1838/39
Schubert Karl Leopold, Rax, Wien 1933
Schultes J. A., Ausflüge nach dem Schneeberg in Unterösterreich, Wien 1802
Silberstein August, Land und Leute im Naßwalde, Wien 1868
– Die „Naßwalder" und das Weihnachstfest im Naßwalde, Wien 1866
– Denksäulen im Gebiete der Cultur und Literatur, Wien 1879
Stadler Rudolf, Die Wasserversorgung der Stadt Wien, Wien 1873
Stippel Johann, Die Geschichte des Marktes Gutenstein, Diss. Wien 1964

Tätigkeitsbericht 1929–1934 der Bergsteigergruppe der Sektion Österreichischer Touristenklub des DÖAV, Wien 1934
Thalhofsepp, Das alte Fremdenbuch des Thalhofes in Reichenau, Wien 1881

Unger J. C., Reise durch österreichische und steyrische Gebirgsgegenden, Wien 1803

Weidmann F. C., Der Tourist auf der Südbahn, Wien 1868
– Die Alpengegenden Niederösterreichs, Wien 1851
Winter Philipp, Segelflieger Robert Kronfeld, Wien 1932

Zdarsky-Festschrift, Wien 1936

Rechts: Auf der Wildfährte in den Kahlmäuern

Links: Die Brandschneide über Kaiserbrunn

Großen Höl-
tal

Links: Der Steigbaum am Einstieg des Hans-von-Haid-Steiges durch die Preinerwand

Rechts: Die große Leit
am Alpenvereinssteig

Oben: Die Nördliche Lechnermauer (markant der Lechnermauernpfeiler im rechten Bilddrittel). Rechts: Das älteste Schutzhaus der Rax – das Karl-Ludwig-Haus, links dahinter das Raxkirchlein. Nächste Seite: Die Schwarza im Höllental